KB092092

하와이
원주민의
딸

하와이 원주민의 딸

라메르La Mer 총서 002

초판 1쇄 인쇄 2017년 6월 5일 \ **초판 1쇄 발행** 2017년 6월 10일
지은이 하우나니-카이 트라스크 \ **옮긴이** 이일규 \ **펴낸이** 이영선 \ **편집 이사** 강영선 \ **주간** 김선정
편집장 김문정 \ **편집** 임경훈 김종훈 하선정 유선 \ **디자인** 김회량 정경아
마케팅 김일신 이호석 김연수 \ **관리** 박정래 손미경 김동욱

펴낸곳 서해문집 \ **출판등록** 1989년 3월 16일(제406-2005-000047호)
주소 경기도 파주시 광인사길 217(파주출판도시) \ **전화** (031)955-7470 \ **팩스** (031)955-7469
홈페이지 www.booksea.co.kr \ **이메일** shmj21@hanmail.net

ISBN 978-89-7483-853-9 03900
값 15,000원

이 도서의 국립중앙도서관 출판시도서목록(CIP)은 e-CIP 홈페이지(http://www.nl.go.kr/ecip)에서
이용하실 수 있습니다.(CIP제어번호: CIP2017012010)

라메르La Mer 총서는 너른 바다에서 건져 올린 너른 인문의 세계를 지향합니다.

From a Native Daughter

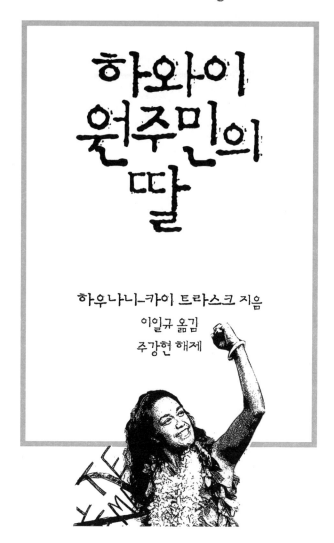

하와이 원주민의 딸

하우나니-카이 트라스크 지음

이일규 옮김

주강현 해제

서해문집

내 부모님 버나드 카우카오후 트라스크와
하우나니 쿠퍼 트라스크에게 이 책을 바칩니다.
부모님은 내가 하와이를 사랑하도록,
아이들이 살아갈 이 땅을 보살피도록 이끌어주셨습니다.

일러두기

우리나라 독자의 이해를 돕기 위해 이 책의 장 순서를 원서의 장 순서와 다르게 구성했
다. 원서에는 3, 4장이 먼저 나오고, 1, 2장이 뒤따른다. 또한 머리말에 이어 나오는 하와
이 역사 부분도 원서에는 머리말에 포함되어 있다. 1, 2, 3장 일부 챕터에서는 원서에는
없는 중제목을 넣기도 했다.

이 책의 개정판을 펴내는 데 에이코 코사사에게 신세를 크게 졌다. 기술적인 도움은 물론이고 자매처럼 일을 돌봐준 덕에 제시간에 개정 작업을 마칠 수 있었다. 코사사에게 진심으로 감사드린다. "마할로 누이."

이 책의 초판 출판을 아낌없이 지원해준 인디언의 후예이자 원주민 권리 운동가인 워드 처칠에게도 감사의 인사를 드린다.

정치적이든, 지적이든, 개인적이든 그 모든 여정을 나와 함께해준 데이비드 스태너드에게 고마운 인사를 전한다. 정치적 동지이자 사진가인 앤 랜드그래프와 에드 그리비에게 깊은 존경과 인사를 전한다.

20세기의 창조적인 지성과 혁명가 덕에 내 생각이 진화할 수 있었다. 프란츠 파농, 맬컴 엑스, 응구기 와 티옹오에게 큰 빚을 졌다. 족보상으로 나는 하와이 왕족의 은총을 입었다. 특히 하와이 민족의 존엄과 유산은 싸움으로만 지켜낼 수 있다고 믿었던 필라니와 카메하메하 계보에는 갚기 어려운 빚을 졌다. 이러한 선조에게서 내가 나왔고, 그들의 기억에 기대어 이 책을 쓰게 됐다.

1999년
하우나니-카이 트라스크

머리말

우리 하와이의 독립을 저지하려는 움직임에 우리는 반대한다. 우리 민중과 상의하지 않고 억지로 미합중국에 병합하려는 시도에 반대한다.

_ 후이 알로하 아이나(하와이 애국당), 1893년 미국의 하와이 정부 전복에 항의하며 클리블런드 대통령에게 보낸 각서 중에서

대대로 살아온 섬들의 원주민으로서 우리가 갖는 전통적인 권리와 특권을 한 줌 국회의원을 선출하는 투표와 맞바꿔 날려버려서는 안 된다고 나는 생각한다. 아주 오래전부터 하와이를 사랑해온 우리가 우리 땅에 눌러앉은 외지인의 탐욕에 굴복하여 생득권生得權을 희생해서는 안 된다고 생각한다.

_ 카모킬라 캠벨, 1946년 하와이 주 승격 문제를 두고 의회에서 발언한 내용 중에서

우리 조국은 비닐봉지처럼 여겨졌고, 싸구려 취급을 받았고, 착취당해왔으며, 지금도 그러하다. 하와이는 플라스틱 화환과 코코넛 재떨이와 '순수 오

리지널 알로하' 통조림이라는 상품으로 팔리고 있다. 그들은 우리를 강간하고 팔아치우고 죽였다. 그리고 여전히 우리가 그렇게 당해주리라 기대한다. (……) 하와이는 제국주의 미국의 식민지다.

_ 케하우 리, 1970년 자신의 고향땅에서 쫓겨난 하와이 원주민에 대한 언급 중에서

하와이 원주민의 자치정부를 만들 때가 왔다. 우리 주권과 민족자결 문제가 지금 당장 다루어져야만 한다.

_ 밀릴라니 트라스크, 1990년 하와이 주 의회에서 하와이 원주민의 주권에 대해 언급한 내용 중에서[1]

왕조 전복에서부터 100년 가까이 지난 지금 하와이 원주민의 이 같은 발언을 듣는 대부분의 미국인은 이게 무슨 소리냐며 펄쩍 뛴다. 그들이 제1세계의 소비사회에 푹 잠겨 있는 동안에 하와이는 핫도그나 CNN처럼 미국의 것이라고 믿게 됐기 때문이다. 게다가 미국인은 기회만 있다면 자신도 제국의 발자취를 따라 달콤한 낙원에 들어가 햇빛에 반짝이는 야자나무와 허리를 흔들며 훌라 춤을 추는 아가씨를 보며 즐기고 싶어 한다.

자신의 고향땅과 문화를 약탈하려는 이런 태도에 이의를 제기할 뿐만 아니라, 분노를 드러내며 결연하게 도전하는 원주민이 늘고 있다. 실제로 하와이 원주민은 왕조 전복 100주년을 기본적 인권인 민족자결의 부정에 항의하는 대규모 시위와 체포로 맞이했다. 우리는 지금껏 하와이 원주민 스스로 세운 정부가 미국이라는 외국 정부보다 바람직하다고 주장해왔다. 미국인이 어떻게 믿든, 식민지에서 살아가는 우리 대부

분은 우리나라가 강탈됐다는 사실에 감사해하지 않는다. 우리는 국적도, 영토도, 독립국가로서의 지위도 모두 빼앗겨버린 것이다. 우리는 결코 행복한 원주민이 아니다.

고대로부터 내려온 선조의 묘지에는 이제 유리와 철제로 만들어진 쇼핑몰이 가득하다. 수천 년 동안 수백만 명을 먹여 살려온, 기발하게 물을 대어 가꿔왔던 토란 밭도 지금은 광대한 주차장 아래 묻혀버렸다. 둥근 활어조를 정교하게 설치해 양식 연못이자 물고기 양어장으로 쓰던 커다란 만灣에는 오염물질이 섞인 진흙이 쌓였고 제트스키나 윈드서퍼와 요트가 끊임없이 날뛰고 있다. 감탄사가 절로 나올 정도로 아름다운 (하지만 곧바로 오염돼버린) 해변이지만 고층 호텔에서 연간 700만 명이 넘는 관광객이 쏟아져 나오는 바람에 지역주민은 그곳을 가까이할 방법이 없다.

한편 하와이, 마우이, 오아후, 카우아이 같은 큰 섬에는 공군비행장, 훈련장, 무기 저장 시설 그리고 '군 관계자 외 출입 금지' 주택지와 군 전용 해변이 있어 하와이 원주민의 머릿속에 누가 하와이의 주인인지를 계속 주입시키고 있다. 그렇다. 바로 미합중국이라는 식민주의 국가가 하와이의 주인이다.

미국에 의한 식민지화는 우리 선조로부터 내려오던 녹음 짙은 성스러운 땅에 물리적 변형 이상의 것을 초래했다. 야한 공연을 '폴리네시아 풍'이라며 버젓이 벌이고, 훌라 춤과 하와이 말을 써서 콘도미니엄 광고를 내고, 성스러운 헤이아우(사원)와 묘역을 관광객을 위한 레크리에이션 장소로 만들어 짓밟는 등 원주민과 관련된 것을 하나부터 열까지 기괴한 형태로 상품화해버렸다. 그 결과 우리는 정신적으로 큰 상처를 입었고, 우리 토지와 수자원 그리고 일상생활을 통제할 힘마저 점차 줄어들어 우리 본래의 문화를 표현할 수조차 없게 됐다.

모든 영역에서 하와이 문화를 싸구려 취급하기 때문에(예를 들면 상호간의 사랑과 관용이라는 전통적 가치를 의미하는 '알로하'라는 말은 이제 자동차나 수도관에서 증권, 에어컨에 이르기까지 모든 물건을 파는 데 쓰인다) 하와이 원주민이 아닌 사람도 관광산업과 정치가에게 떠밀려 '마음만은 하와이 원주민'으로 바뀌었다. '마음만은 하와이 원주민'이라는 문구에서 원주민의 정신이 기괴하게 핵심을 빼앗겼다는 사실을 알 수 있다. 경제적으로 보자면 원주민 한 사람당 관광객이 30명이라는 통계는 토지와 물, 공공정책, 법률, 정치적 사고방식 등이 관광산업의 부침浮沈에 좌우됨을 의미한다. 외국인이 쏟아져 들어오면서 우리 원주민은 다른 곳도 아닌 고향에서 하찮은 주변인이 되어야만 했다.

한편 하와이 주는 관광산업에 매년 수백만 달러를 쏟아붓고 진흥회(하와이 관광국)에까지 자금 원조를 제공한다. 게다가 관광국은 TV와 라디오에서 "관광산업에 투자하면 할수록 당신의 수입은 늘어납니다"라고 열심히 선전한다. 그렇게 해서 하와이 원주민이 '얻는' 것은 무엇인가?

일부 지역의 홍콩과 같은 엄청난 인구밀도, 미국 본토와 아시아로부터의 과도한 이민 유입에 따른 주택 부족, 돈 자랑하는 여행객의 주머니를 노리는 빈곤한 지역주민의 범죄율 증가 그리고 수자원 고갈 같은 열도 전체를 위협하는 환경 악화다. 이러한 재앙의 홍수를 막는 것은 고사하고, 주정부는 2010년까지 연간 1200만 명씩 관광객을 밀물처럼 불러들이려 계획하고, 경제 '안정'을 도모한다면서 로켓 발사 시설과 전함

모항 기지 건설을 독려하고 있다.

원주민을 멸시하는 최근의 이러한 움직임은 유럽의 탐험대가 처음 하와이 땅을 밟았던 1778년부터 시작된 고통의 또 다른 연속임에 틀림없다. '말라마 아이나(대지를 사랑하라)'라는 원주민 특유의 사고방식으로 드러나는 2000년에 걸친 원주原住 하와이 문명 자체가 산산이 부서지기 시작한 탓이다. 그 고난의 과정, 하와이 역사의 진실은 과연 무엇인가.

이 책은 내가 써온 여러 글을 모아 만든 것이다. 각각의 글이 처음 실린 저널과 단행본을 다음에 밝혀둔다.

1부 원주민 딸로부터: *The American Indian and the Problem of History* (Oxford University Press, 1987), 171~179쪽. / 1부 사랑스러운 홀라의 손길: *Border/Lines*, no. 23(1991/1992), 22~34쪽. / 2부 하와이 대학에서의 인종차별주의: *Amerasia Journal* 18:3(1992). / 2부 학문의 자유와 인종차별주의: *Restructuring for Ethnic Peace* (University of Hawaii Institute of Peace, 1991), 11~22쪽. / 3부 태평양제도의 정치학: *Amerasia Journal* 16(1990). / 3부 새로운 세계 질서: "Malama Aina: Take Care of the Land", *Global Vision: Beyond the New World Order* (South End Press, 1993), 127~131쪽. / 4부 쿠파아 아이나: *Politics and Public Policy in Hawaii* (SUNY Press, 1992).

바다와 하늘과 대지에게 경의를!

잉글랜드라는 지명과 영어 또는 앵글색슨족이 생기기 전에 우리 하와이 원주민의 문화는 형성되고 있었다. 그 문화는 사례가 드물 정도로 유럽 문화(기독교, 자본주의, 강탈적 개인주의가 발달한 문화)에 대한 반정립(안티테제)으로 돋보였다. 한편 몇 가지 점에서 하와이 원주민 사회는 전 세계의 원주민 사회와 놀랄 만큼 공통점을 가지고 있다.

하올레(백인) 내항 이전의 하와이 경제는 주로 대지와 바다로부터 얻는 생산물을 균형 있게 사용하는 데 중점을 두었다.[2] 사람이 사는 여덟 섬(오아후, 하와이, 마우이, 카우아이, 라나이, 몰로카이, 니하우, 카호올라웨)은 각각 산에서 바다로 뻗어나가는 분리된 구역('오카나'로 불린다)으로 나뉘어 있었다. 오카나도 하나하나가 다시 쐐기 모양의 '아후푸아아'로 나뉘어 산에서 바다로 뻗어 있었다. 아후푸아아는 다시 '일리'로 세분화되는데,

대지를 경작하는 '오하나(대가족)'가 각각의 일리에 살고 있었다. 하와이 원주민 사회에서 오하나는 중심적인 경제 단위였다.

대개의 원주민 사회와 마찬가지로 화폐는 없었다. 잉여물의 전용이나 귀중품 보관, 지불 연기 같은 관념도 아예 없었고 현실에서 이뤄지는 일도 없었다. 교환으로 경제적 이익을 얻는다는 생각이 애초에 없었기 때문이다. 바꿔 말하면 하올레 이전의 하와이에는 경제적 착취를 가능케 하는 기반 자체가 없었다는 말이 된다.

바다 근처에 사는 오하나와 내륙에 사는 오하나 사이의 물물교환이 하와이의 여러 섬에 빼곡히 모여 살던 수많은 공동체의 경제생활을 떠받쳤다. 아후푸아아는 경제적으로 독립한 단위였다. 하와이의 인류학자 매리언 켈리가 말했듯이 "하와이 원주민의 토지사용권 체계 아래서 각각의 아후푸아아에 사는 사람은 생활필수품을 손쉽게 구할 수 있었고" 따라서 '숲의 토지, 토란과 고구마 밭 그리고 양어장'의 유용성을 기반으로 독립성을 지켜 나갔다.[3]

혈연관계가 하와이 사회의 경제적 기반을 이루었다고 하면, '알리이(족장)'의 복잡한 네트워크도 혈연관계를 제외하고는 생각할 수 없다. 여러 알리이가 지위와 능력을 통해 서로 경쟁했다. 지위는 족장으로서의 혈통 혹은 전쟁의 공로로 평가되는 영적 힘, 즉 '마나'에 의해 정해지고, 능력은 자신의 영지에 질서와 번영을 가져오는 힘을 의미했다. 최고위 알리이에게는 그에 버금가는 권력을 지닌 알리이와 카후나(성직자)의 협의체가 조언을 건넸다. 인구의 대부분을 차지하는 '마카아이나나(대지의 백성)'는 보호자인 알리이에 종속되긴 했지만 많은 점에서 독립된 생활을 누렸다. 봉건시대 유럽의 경제적, 정치적 제도(고대 하와이 원주민 체제와 잘못 비교되곤 한다)와 달리, 마카아이나나는 족장에 대한 군역도 없었고 토지에 얽매이는 일도 없었다.

하올레 도래 이전 하와이에 존재했던 상호 부조적인 정치제도가 얼마나 뛰어났는지는 마카아이나나와 알리이의 상호관계 하나만 봐도 알 수 있다. 마카아이나나는 가족과 함께 자유롭게 일하고 스스로 선택한 알리이 아래서 생활하는 일이 가능했다. 한편 알리이는 자신의 모쿠(영지) 안에서 생활하는 백성이 늘어나야 자신의 지위를 높이고 물질적 부를 쌓을 수 있었다. 그 결과 한 집단의 지도자는 구성원에게 가능한 한 더 큰 행복과 만족을 제공하려고 애쓰게 됐다. 이것에 실패한다는 것은 곧 지위를 잃는다는 것을 의미했고, 그것은 곧 알리이로서의 마나도 잃는 것으로 이어졌다.

무엇이 옳고 그른지 결정하는 규칙인 도덕질서의 기준은 '카푸(신성한 법칙)'에 기초했다. 농사 시기나 전쟁 개시에서부터 혼인 상대를 바로잡는 일에 이르기까지 모든 일이 알리이에게나 마카아이나나에게나 차별 없이 카푸에 의해 결정됐다. 살아 있는 온갖 것에는 모두 영혼과 의식이 깃들어 있으며, 신은 유일하지 않고 여럿이 있다고 우리 조상은 믿었다. 대지 그 자체가 조상이었기 때문에 살아 있는 것은 모두 가족과 마찬가지였다.

우주는 자연계와 같이 가족관계를 가진 세계이고, 인간은 거대한 가족 속의 한 구성원에 지나지 않았다. 그래서 신은 동물의 형상을 취하는 경우도 있고 인간의 모습을 띠기도 한다. 우리 조상은 사후에도 다양한 사물의 형상을 취해 계속 살아갔던 것이다. 자연은 대상화되지 않고 인격화됐다. 그 결과 바다와 하늘과 대지의 생에 대해 (서양의 자연관과 비교할 때) 놀라울 정도의 경의를 보이게 됐다. 우리는 삶의 터전이 되는 아름다운 세계에 대한 마음에서 우러나오는 깊은 감정, 즉 사랑을 시와 춤을 통해 드러냈다.

하올레가 들고 온 것

지혜를 갖췄던 독립된 사회에 1778년 제임스 쿡 선장이 도착하면서 우리 조상의 생활에 완전히 이질적인 체계(하와이 원주민의 생활양식과는 어울릴 수 없는 세계관에 근거한 체계)가 들어왔다. 쿡 선장이 들여온 것은 자본주의, 서구의 정치 관념(예를 들면 강탈적인 개인주의), 기독교 등이었다. 그 가운데 가장 치명적인 것은 여러 질병이었는데, 우리의 많은 조상을 사멸시켜 버렸다. 전염병을 지닌 선원과 접촉한 후 당시 인구는 충격적으로 줄기 시작했다.[4]

쿡 선장이 온 지 100년이 안 돼 우리 조상은 종교, 도덕질서, 족장에 의한 정부 통치 형태, 많은 문화적 관습 그리고 토지와 물까지 모두 빼앗겨버렸다. 매독이나 임질을 비롯해 결핵, 천연두, 홍역, 한센병이나 장티푸스에 이르기까지 다양한 질병에 걸려 수십만 명의 원주민이 사망한 결과 원주민 인구(쿡 내항 당시 100만 명 추정)는 1890년 겨우 4만 명 이하로 줄어들었다.[5]

영국의 탐험가가 남겼던 족적과 질병을 따르기라도 하듯이 1820년대에는 미국인이 백단유(백단향나무에서 채취하는 기름으로 향수의 원료-옮긴이) 무역을 지배하게 됐다. 이 초기 자본주의의 진출과 때를 같이 해서 칼뱅

파 선교사가 종교적 제국주의를 하와이에 가지고 들어왔다. 그 전파력은 어떠한 성병도 능가할 정도로 무시무시했다. 선교사로서는 이보다 더 좋을 수 없었던 것이, 당시 하와이 사회는 대량 사망의 충격으로 붕괴하는 중이었기 때문이다. 개종의 기름진 평야에는 홀로코스트로부터 겨우 살아남은 생존자가 꿈틀거리고 있었다. 이 홀로코스트야말로 기독교 신의 의지로 밖에서 몰려온 백인(쿡 일행)에 의해 만들어지고 뒤이은 백인(선교사)에 의해 축복받은 셈이다.

1840년대까지 하와이 원주민의 인구는 10만 명 이하로 줄어들어 70년도 되지 않는 사이에 90퍼센트에 가까운 인구 격감을 보였다. 종교적 제국주의는 사멸 직전의 원주민을 개종하는 데 성공했다. 기독교가 약속하는 영생이 곧 국가 자체의 영속을 의미한다고 우리 조상은 믿은 것이다.

종교 세력과 경제 세력이 손을 잡은 결과 공격적인 미국인은 원주민 정부 내부로 들어가는 데 성공했다. 그 후 그들은 족장과 왕에게 줄기차게 압력을 가해 토지의 사적 소유를 인정하게끔 만들려 했다. 1842년 당시는 미국의 존 타일러 대통령이 악명 높은 타일러 독트린을 발표할 즈음이었다. 이 독트린에서 미국은 유럽 열강을 향해 "하와이는 합중국의 세력권에 있기 때문에 유럽의 개입을 허용하지 않는다"라고 주장했다. 한편 미 의회의 하원외교문제위원회는 타일러 독트린을 옹호하는 방침을 표방하면서 하와이 민족을 '실질적으로 정복할 권리'의 대상으로 보고, '미국은 하와이에 있는 미국인의 이익을 지켜야만 한다'는 명백한 사명Manifest Destiny으로서의 영토 확장 정책을 발표한다.

서구 열강의 위협 외교와 족장에 대한 선교사의 이중성은 하와이의 토지가 19세기 중반에 이르러 공용지에서 개인의 자산으로 변모하도록 강제했다. 5개월에 이르는 영국에 의한 정권 탈취가 1843년에 끝난 뒤, 협박에 지치고 놀란 카메하메하 3세는 1848년 하올레의 고문단에게 '마헬레'로 불리는 토지 분할에 동의해주었다. 하와이 원주민의 생득권(우리가 태어난 토지, 즉 오네 하나우)을 빼앗겨버리고, 그 결과 외국인에게 토지 소유의 길이 열린 것이다. 게릿 P. 저드를 필두로 한 선교사의 집요한 노력이 결실을 맺어 1850년에 마헬레가 실현됐다.[6] 여러 질병에 치명타를 입은 우리 조상은 기독교에 현혹되고 자본가의 희생물이 되어 토지를 빼앗겨버린 것이다. 대대로 내려온 토지는 단기간에 외국인의 손에 넘어갔고 차례차례 사탕수수 플랜테이션으로 바뀌기 시작했다. 1888년까지 경작지의 4분의 3이 하올레의 수중으로 넘어갔다.[7]

이렇게 해서 그들은 하올레 법학자가 말한 것처럼 "이번에는 성가신 전쟁이나 값비싼 식민지 경영의 수고도 없이 서구 제국주의를 완수할 수 있었다".[8]

하와이를 구입하려는 미국 그리고
설탕 플랜테이션 경영자

1850년대의 10년 동안은 플랜테이션 경영자와 하와이 왕조 사이에 싸움이 펼쳐진 시기다. 경영자는 미국의 설탕 관세를 회피하기 위해 합병을 요구한 반면, 왕조 측은 열강의 군사 개입과 정권 내의 외국 세력의 진출을 막고 주권을 유지하려 했다. 최초의 합병 조건은 왕조 정부의 미국인 고문이 기안해서 원주민의 권리를 보장하고 국가로서의 하와이를 인정하자는 것이었다.[9] 그러나 카메하메하 3세는 합병에 계속 반대했고 결국 그가 죽을 때까지 조약은 서명되지 않은 상태였다. 그리고 1854년 후계자인 알렉산더 리홀리호 왕자(카메하메하 4세)가 왕위에 올랐다.

새로운 왕은 미국과의 합병을 두고 지속돼온 교섭을 중단하고 '호혜 reciprocity에 입각한 주권'이라는 신정책을 내세웠다. 왜냐하면 하와이 주재 미국인 설탕 플랜테이션 경영자가 설탕에 대한 미국의 높은 관세를 회피하고 필리핀 등 외국에서 수입되는 설탕과의 경쟁을 위해 합병을 선동하는지도 모르기 때문이었다. 그래서 리홀리호는 그들의 이윤 요구를 만족시키는 상호조약을 맺고 경영자의 공포를 완화해주려 시도한 것이다. 동시에 왕은 하와이의 독립을 지키기 위한 상호조약 체결과 독립의 방침을 연동하려 했다. 이 방침 아래 미국, 프랑스, 영국은 하와이 왕국의 독립을 계속 존중하는 데 동의했다.

상호조약안은 미국 상원에서 부결됐다. 또한 구미 열강 세 나라는 하와이 합병에 관심이 없음을 표명했다. 당연히 설탕 플랜테이션 경영자는 조약안 부결에 불만이었다. 그러나 남북전쟁 중에 남부에서 북부 여러 주로 설탕을 팔아넘기는 일이 금지된 탓에 설탕 수출 붐(1857~1867)이 일어났고, 새로운 조약을 요구하는 목소리는 꺾이고 있었다. 그런데 남북전쟁 후의 불경기 탓에 상호조약 체결을 요구하는 목소리가 하와이에서 다시금 높아지게 됐다.

그러는 동안 1863년 리홀리호가 급작스럽게 요절하고 동생인 로트 왕자가 후계자로서 카메하메하 5세에 올랐다. 카메하메하 5세도 하와이의 독립을 강하게 주장했다. 그는 형의 정책을 계승하고 상호조약을 모색하면서 프랑스, 영국, 미국과 4개국 조약을 맺고 하와이의 독립과 중립을 확보하려 했다.

그러나 왕조 정부가 하와이의 주권을 계속 지켜가려는 이때 제임스 맥브라이드가 신임 미국 공사에 취임하면서 '호놀룰루의 항구 하나를 이양하는 것이 상호조약 체결의 선제 조건이 되어야만 한다'는 주장을 폈다. 맥브라이드 공사는 또한 미국의 권리를 지키기 위해서 하와이 해역에 군함을 한 척 상주시키고 싶다고 요청해왔다. 이 요청은 1866년에 이루어져 미국 군함 라카와나가 철수 기한을 두지 않고 하와이 제도 해역에 파견됐다.

군사력으로 경제적 이권을 보호하려는 태도는 미국인이 대륙에서 선보였던 영토 확장 정책의 연장에 지나지 않았다. 실제 미국이 태평양 해안까지 지배권을 뻗쳐왔을 때(캘리포니아와 오리건은 1848년에 합중국의 일부가 됐다) 〈뉴욕 타임스〉와 같은 선도적인 신문은 1868년 7월 22일 자로 합중국은 "단기간 내에 틀림없이 상업적으로나 정치적으로나, 그리고 문명적으로도 태평양의 대국이 될 것"이라고 논평했다. 이 같은 여론은 미국 정부의 외교 방침을 그대로 반영한 것이었다. 당시의 국무장관 윌리엄 H. 수어드는 남북전쟁 이전부터 하와이 합병을 주장했고, 1867년에 알래스카를 '구입'했듯이 이제 하와이도 '구입'해야 한다고 생각했다.

그렇지만 합병을 가장 크게 압박한 것은 대륙이 아닌 하와이의 하올레 설탕 플랜테이션 경영자였다. 설탕산업의 경기가 나빠질 때마다 미국과 하나가 되려는 익숙한 울부짖음이 들려왔다. '상호조약 또는 합병'을 강요하는 플랜테이션 경영자의 요청에 원주민 측이 미국의 지배와 개입에 반대하며 강한 민족주의적인 성명으로 응답했다. 이를 계기로 격렬한 논의가 신문 지상이나 회의에서 맞부딪쳤다.

심상찮은 분위기가 최고점에 달한 것은 1869년 하와이 공사에 취임한 헨리 피어스가 상호조약의 대가로 펄리버 호수를 양도받아 해군 기지로 삼겠다고 요청하면서부터였다. 〈퍼시픽 커머셜 애드버타이저〉 같은 하올레 신문(〈호놀룰루 애드버타이저〉의 전신)은 펄리버 호수의 양도를 상호조약 체결의 보상으로 받는 안을 지지했다. 그러나 그들은 피어스와 마찬가지로 합병에도 찬성이었고, 상호조약 체결을 합병을 향한 첫걸음으로 여겼다.

〈애드버타이저〉의 사설 발표는 늘 왕이 바뀔 때와 동시에 나왔다. 카메하메하 5세가 1872년에 사망하고 민중에게 많은 사랑을 받는 윌리엄 루날릴로가 압도적인 지지를 얻어 후계 왕으로 선출됐다. 그러나 루날릴로는 왕좌에 앉자 각료의 설득에 넘어가 마지못해서이긴 하지만 펄리버 호수의 양도 등을 포함한 상호조약의 교섭 재개에 동의해버렸다.

루날릴로가 보인 태도는 하와이 주재 하올레 은행가이자 내각 관료인 찰스 비숍의 부추김에 따른 것이다. 비숍은 스코필드 미군 사령관과 함께 펄리버 호수에 군사기지를 설치하는 방안을 상의했다. 나중에 스코필드는 의회 연설에서 합중국에 의한 합병에 찬성한다는 뜻을 내비치면서 하와이 제도가 태평양 연안 방위에 유일한 천연 전초기지라고 말한다.

그런데 루날릴로가 자신의 태도를 뒤집으면서 비숍과 스코필드는 모두 낙담하게 된다. 조상에게서 물려받은 토지를 양도하는 일이 민중의 의사에 반한다고 여긴 왕은 어떠한 형태의 양도라도 그로 인해 민중의 지지를 잃으리라고 확신한 것이다. 원주민이라면 누구라도 양도를 합병의 첫 단계로 간주했고 따라서 합병을 단호히 반대했다. 그리고 신문 지상에서 합병이 곧 민족의 죽음으로 이어질 것이라고 주장했다.

아메리칸인디언에 대한 하울레의 대우나 아프리카에서 끌고온 여러 민족의 노예화를 이미 잘 알고 있었기 때문에 하와이 원주민은 자신들도 유색인종으로 분류되리라고 생각했다. 또한 그들은 왕세자 신분의 리홀리호가 열차로 미국을 여행할 당시 피부색을 이유로 동생 로트 왕자와 함께 승차를 거부당하는 일을 겪었던 것도 알고 있었다.

하와이 신문이 논했듯이 원주민은 '합병 체제 아래서 실질적인 노예 상태'가 되고, 더욱이 토지나 자유를 잃을 가능성이 있었다. 하와이의 설탕 플랜테이션 경영자와 대륙의 백인 정치가의 강탈적인 기획을 헤아린 원주민은 왕을 지지하고 합병에 저항했다. 방침을 바꿔 국민의 염원에 화답하려는 그때, 루날릴로는 결핵에 걸려 1874년에 사망한다. 불과 13개월 남짓한 치세였다.

1778년 쿡 일행이 들어온 이후 질병으로 수많은 하와이 원주민이 희생됐다. 루날릴로 왕의 죽음이 더 도드라져 보이긴 하지만 불과 한 사례에 지나지 않는다. 영국인이 가져온 전염병과 질병이라는 최초의 '선물'에 이어 미국과 아시아에서 온 이들이 다른 질병을 옮겨왔다. 장티푸스, 홍역, 천연두, 인플루엔자 그리고 한센병이다. 면역이 없었다고는 하지만 정치적, 경제적 위기에 괴로워하던 하와이 원주민은 더 급속하게 줄어들었다. 사랑하는 군주의 죽음에 이어서 극도로 약해진 민족에게 새로운 정치적 위기가 덮쳐오고 있었다.

하와이의 주권을 둘러싼 논의가 신문 지상을 달구던 무렵 원주민족의 독립을 정면에서 위협하는 사태가 미 해군에 의해 벌어졌다. 호놀룰루에서 시민 사이에 소동이 발생했는데 해군이 개입하여 이를 진압한 것이다. 18세기 초반 이래 라하이나와 호놀룰루에는 포경선이나 상선이 입항하면서 시민 간의 소동이 증가했다. 알코올과 매매춘이 문제를 더욱 악화시켰다. 만취한 채 항구와 거리의 술집에 떼를 지어 몰려다니는 난폭한 외국인은 왕국의 골칫거리였다.

그러나 질서 유지는 미군을 상주시키기 위한 표면적인 구실에 지나지 않았다. 남북전쟁 이후 하와이에 파견된 모든 미국 공사가 빠짐없이 말했듯, 미국의 '경제적' 이권을 보호하기 위해서는 전함이 필요했다. 그런데 정국이 불안정해지고 설탕산업에 해를 미칠 염려가 발생하자 곧바로 미국 군대가 개입해온 것이다.

루날릴로의 불운한 죽음에 이어 그와 같은 사태가 발생했다. 칼라카우아가 왕위 계승을 요구하며 미망인 에마 왕비의 대항마가 되자 양측의 지지자가 사소한 분쟁을 일으켰고, 그것이 미 해병대의 상륙을 초래한 것이다. 표면상으로는 질서 유지였지만 실제로는 영국으로 기운 에마를 누르고 미국에 기운 칼라카우아를 지지하기 위한 것이었다. 그 덕에 칼라카우아는 왕이 됐지만 선거를 지원한 미국에 부담을 갖게 될 수밖에 없었다.

약 40년간의 교섭이 끝나고 1875년 칼라카우아 왕은 미국과 상호조약을 체결했다. 조약이 체결되자 설탕산업은 즉각 살아나기 시작했고 곧바로 사상 유례가 없는 호황이 뒤따랐다. 미국으로의 설탕 수출은 1875년에 1700만 파운드였던 것이 1883년에는 1억 1500만 파운드까지 부풀어 올랐다. 하와이 경제를 지배하는 32개의 플랜테이션 가운데

25개가 미국인 소유였다.

그러나 상호조약 체결은 하와이 경제를 일시적인 호황으로 이끈 동시에 설탕 플랜테이션에서 일하려는 수많은 외국인 이민자가 밀려들어오는 결과를 초래했다. 1877년에서 1890년 사이에 5만 5000명의 새로운 이민자가 하와이로 흘러들었다. 인구가 갑자기 33퍼센트나 증가했다. 같은 기간에 원주민 인구는 반쪽이 났고 하올레 인구는 늘어났다. 1890년에 원주민은 하와이 인구의 절반에 못 미쳤고(45퍼센트) 하올레와 아시아계가 인구의 55퍼센트를 차지하게 됐다. 이에 원주민은 격노했다. 그들은 이민자가 대규모로 들어옴으로써 자민족이 쇠퇴하고 고향땅을 빼앗겨버렸다는 현실을 정확하게 파악하고 있었다.

한편 미국의 이권은 나날이 부풀어갔다. 플랜테이션 소유자는 압도적으로 미국인이 많았고 칼라카우아 내각의 성향도 완전히 미국으로 기울었다. 미국의 하와이 공사 헨리 피어스가 1877년에 "물질적, 정치적 이해로 보자면 하와이 제도는 미국의 식민지"라고 말한 데는 바로 이런 현실이 반영돼 있었다.

1880년대에 경제위기가 예상됐는데도 칼라카우아 정부는 재정 적자에 허덕였고 원주민과 하올레 플랜테이션 경영자 쌍방으로부터 양측의 불화를 해결하라는 요구에 시달렸다. 가필드 대통령의 국무장관 제임스 G. 블레인은 대담하게도 1880년대 초에 "하와이는 태평양 지배의 열쇠가 됐다"라고 언급했다. 블레인에게나 본국의 오만한 정치가들에게나 하와이 경제의 실권을 미국인이 통제함으로써 비로소 하와이를 캘리포니아의 연장선상에 있는 영토로 삼는 일이 가능해졌다.

벼랑 끝의 하와이 왕조

펄리버 호수가 설탕의 면세 조치와 맞바꾸어 양도됨으로써 마침내 미국의 군사적, 경제적 이해관계가 1887년 상호조약을 통해 승리를 거둔 셈이 됐다. 이 조약의 체결은 하올레 상인과 정치가가 칼라카우아 왕에게 강요한 '총검헌법'(딱 맞는 이름이다)의 결과였다. 이들은 뻔뻔스럽게도 자신들을 '하와이안 동맹'이라고 불렀는데, 사실 백인끼리 샌프란시스코에서 가져온 총으로 무장하고 하올레 자산가의 이권 보호를 위해 결성한 것이다. 구성원 모두가 백인인 '호놀룰루 라이플스'라는 하위 단체도 미국과의 합병을 목적으로 결성됐다. 의회를 제 마음대로 움직일 수 없었기 때문에 하와이안 동맹은 칼라카우아에게 신헌법을 우격다짐으로 받아들이게 하고 효율적으로 실권을 쥐었다. 신헌법에 따르면 각료는 왕이 아니라 의회에 책임을 진다고 되어 있기 때문이다. 게다가 의회를 하올레가 좌지우지할 수 있게 600달러의 이상의 소득 혹은 3000달러 가치 이상의 자산을 가진 자만이 유권자가 되도록 투표권을 제한했다.

결과는 의도대로 바로 나왔다. 선교사의 '아이'가 의회를 점령해버린 것이다. 부모인 선교사가 1848년의 토지분할 덕에 자산을 불릴 수 있었기 때문이다. 각료와 관직의 임명권은 하와이안 동맹의 손에 쥐어졌다. 예상대로 자화자찬의 미국제 민주주의로는 이길 수 없었던 것을 하올레 자산가는 또 하나의 긴 역사를 가진 미국의 전통, 즉 폭력과 군사 개입으로 손에 넣을 수 있었다. 그러나 무엇보다 최악인 점은 새 정부에 충성을 맹세하는 외국인에게까지 참정권을 확대한 것이다.

찬탈자가 작성한 이 헌법이 어떠한 결과를 초래했는지, 하와이 왕조

정부의 전복에 관해 조사하기 위해 훗날 파견된 전권공사 제임스 블라운트는 이렇게 썼다.

권력은 귀족 가운데 뽑힌 왕의 손에서 떨어져나가 대중이 아닌 부유층의 손으로 넘어갔다. 게다가 부자 대부분은 하와이 국민이 아니었다. 내각을 쓰러뜨린 권력은 국민에게 평가받는 일 없이 외국인이 좌지우지하는 기관에 의해 왕에게서 빼앗아왔다. 모든 권력을 왕으로부터 빼앗아왔다. (……) 이 헌법의 승인이나 부결에 관해서 국민의 평가는 한 번도 받지 않았고 측근과 동조자에게도 초안 단계의 의견조차 구하지 않았다.[10]

필리버 호수의 양도와 나란히 총검헌법은 하와이 왕국의 주권을 흔들었다. 당시 영국의 워드하우스 공사는 "하와이 왕조는 스스로 영토를 포기하고 외세에 나누어주었다"라고 말했다. 미국은 하와이의 백인 이민자와 결탁해서 영토 확장이라는 명백한 사명을 실현해야만 했고 가차 없이 돌진했다. 미국의 지배권을 태평양으로 연장하는 일은 아메리칸인디언을 수세기에 걸쳐 학살한 국민과 정부에겐 전적으로 자연스러운 일로 느껴졌을 것이다.

총검헌법 성립 후 '원주민 문화는 열등하다'는 언설이나 '원주민은 정치적으로나 경제적으로 무능하다'는 인종차별적인 의견이 매일 당시의 하올레 신문에 게재됐고, 이는 권력 탈취를 정당화하고 합병을 부르짖는 확성기 역할을 했다. 플랜테이션 경영자의 독단적 행위에 격노한 원주민은 반대의 깃발을 들었다. 1864년의 헌법이 공정하므로 총검헌법을 개정해야 한다고 요구한 것이다. 다시금 미국의 군대가 '질서 회복'

을 위해 상륙했다. 이것이야말로 1893년의 하와이 왕조 전복 때 군대가 담당한 역할의 예행연습 같은 것이었다.

그 운명적인 해에 백인 플랜테이션 경영자와 사업가 일당은 미국 공사 존 L. 스티븐스와 도모하여 우리의 마지막 알리이인 릴리우오칼라니의 합법적인 원주민 정권을 전복하려 했다. 릴리우오칼라니 여왕은 오빠 칼라카우아가 1891년 샌프란시스코에서 객사한 후 왕위를 이었다. 칼라카우아 왕과 달리 여왕은 우리 국민이 우리 국토에서 다시금 정당한 정치적 주도권을 쥘 수 있게 만들고자 했다. 새로운 헌법을 요구하는 수천 명의 국민이 서명한 탄원서 다발을 받아든 여왕은 암초에 걸린 의회가 헌법 개정 회의를 소집하지 않으리라는 것을 알아채고는 좀 더 민주적인 신헌법을 만들자고 결심했다. 그 헌법에 따르면 재산에 의한 투표 자격 요건은 철폐되고 하와이 왕국의 국민에게만 투표가 허락된다. 외국인에게는 투표권이 주어지지 않는다.

그러나 릴리우오칼라니의 계획은 내각에 의해 좌절됐다. 각료들이 여왕을 배신하고 하올레 플랜테이션 경영자 쪽에 붙은 것이다. 하올레 사업가와 외국인 지지자는 헌법 개정에 대비해 전부터 몇 번이고 예행연습을 해왔다. 그들은 '안전위원회'를 조직하고 백인만으로 구성된 신정권을 수립하기 위해 스티븐스 공사에게 군사 지원을 요청했다. 해병대 상륙에 동의하고 하올레의 '임시정부'(그들 스스로 그렇게 불렀다) 수립을 승인함으로써 스티븐스는 제국주의자의 역할을 유감없이 발휘했다.

임시정부가 미국의 승인을 받은 상황에 맞선 채 궁전 앞에 진을 친 미국 점령군을 앞에 두고 릴리우오칼라니는 결국 1893년 1월 17일 임시정부가 아닌 미합중국에 권한을 이양했다. 그리고 임시정부의 대통령으로 뽑힌 선교사의 자손 샌퍼드 B. 돌에게는 이런 편지를 썼다.

> 나는 미합중국의 크나큰 군사력 앞에 굴복합니다. 공사가 (……) 합중국의
> 병사를 호놀룰루에 상륙시키려고 손을 썼기 때문입니다. (……)

> 지금 군사적 충돌과 그로 인해 일어날지도 모를 인명 손실을 피하기 위해,
> 이 같은 압력 아래 군대의 협박을 받는 상황에서, 제시된 사실에 근거하여
> 합중국 정부가 외교 대표의 행위를 철회하고 하와이 제도의 입헌군주로서
> 나를 복위시킬 때까지 나의 권한을 이양합니다.[11]

1893년 2월 1일 스티븐스 공사는 하와이를 합중국의 보호령으로 선언
하고 미국 국기를 게양한다. 그러나 신속한 합병이라는 꿈은 짧게 끝나
버렸다. 클리블런드 대통령이 3월 4일 취임하고 불과 5일 후에 현안이
었던 합병 조약안을 철회했기 때문이다.

3월 29일 클리블런드의 전권공사 제임스 블라운트가 하와이에 도착
해 왕조 전복 사건을 조사하기 시작했다. 공사는 미국 군대에 귀선 명령
을 내리고 미국 국기를 내리게 했다. 4개월에 걸친 블라운트의 조사는
'선교사 일당'의 협박을 받으면서, 한편으로는 원주민의 희망에 찬 믿음
속에 실시됐다. 블라운트가 8월 8일 미국으로 돌아갔을 때 하올레 정부
는 공사가 자신들의 편이 아니라는 것을 깨달았다.

당연한 일이지만 블라운트 보고서는 미국, 선교사의 자손, 오만한 스
티븐스 공사를 강력하게 비난한 유일한 문서로 원주민에게 알려지게
됐다. 철저하면서도 양심적으로 공정하게 조사한 블라운트 전권공사는

어떻게 보더라도 미국과 스티븐스 공사는 유죄라고 판단했다. 왕조 전복, 해병대 상륙 그리고 이어진 임시정부 승인은 스티븐스 공사와 선교사 일당 사이에 명백한 모략이 있지 않고는 불가능하다는 점을 지적한 것이다. 오랫동안 면밀하게 블라운트 보고서를 읽은 클리블런드 대통령은 합병 조약안을 다시 상정할 의사가 없다는 점을 의회에 설명했다.

하와이의 합법적인 정부가 검을 빼거나 대포를 쏘는 일 없이 전복됐다. 일이 성공리에 진척된 것은 합중국이 외교관이나 해군 관계자를 직접적으로 관여시켰기 때문이라고 말해도 무방할 것이다.

하와이 합병에 대한 합중국 공사의 악명 높은 집념이 없었다면 안전위원회(합병위원회라고 불려야 마땅하지만)는 결코 존재할 수 없었을 것이다.

'생명과 재산의 보호'라는 공사의 거짓 평계에 응답한 해병대의 상륙이 없었다면 안전위원회는 여왕 정부의 전복을 도모해서 반역죄의 고통과 형벌에 스스로를 드러내는 일은 결코 없었을 것이다.

해병대가 비상시에 대비하여 언제라도 보호, 지원 가능한 위치에 배치되어 있지 않았다면 안전위원회가 정부 청사 현관 앞에서 임시정부 수립을 선언하는 일은 없었을 것이다.

그리고 마지막으로 거짓 평계에 응답한 군대의 부당한 호놀룰루 점거가 없었다면, 또한 해병대를 유일의 마지막 희망이라 여겼던 임시정부를 스티븐스 공사가 승인하지 않았다면 여왕과 여왕의 정부는 이 건을 현명한 합중국 당국의 손에 아주 잠시 위임한다는 목적 때문이었다고는 해도 결코 임시정부에 굴하는 일은 없었을 것이다.

그러므로 진상 해명이 진행된 지금 '정당화할 수 없는 방법으로 탈취했다'는 비난을 받지 않고 합중국 정부가 하와이 제도를 합병하는 일은 불가능하다고 믿고, 나는 합병 조약안을 상원에 재상정하지 않을 생각이다.

만약 클리블런드가 말한 것이 이것뿐이었다면 그것은 우리 국가를 전복한 것에 대한 미국의 잔학행위나 죄과와 부정을 가장 명백하게 밝힌 성명에 머물렀을 것이다. 그러나 클리블런드는 여기서 멈추지 않고 계속 이어서 말한다.

합중국 외교 대표가 관여해서 의회의 승인을 얻지 않은 전쟁 행위를 통해 작지만 우호적이고 신뢰할 만한 국민의 정부를 전복했다. 상처받은 하와이 국민의 권리뿐만 아니라, 동시에 우리 합중국의 특성을 충분히 고려하여 이와 같이 이루어졌던 실질적인 과오에 대해서 우리는 보상의 노력을 기울여야만 한다.[12]

하와이의 '미국화'는 죽은 자의 관처럼 봉인됐다

이렇게 보상, 즉 하와이 국민에게 손해를 보상한다는 문제가 비로소 합중국 정부의 주의를 끌게 됐다. 보상을 지지하는 발언을 하고 하와이 왕국 주권의 살아 있는 증거인 군주를 복위시키려고 누구보다도 힘썼던 인물이 다름 아닌 미국의 대통령이었다는 사실이야말로 더할 나위 없는 역사의 아이러니였다.

불운하게도 클리블런드 정부는 불과 4년밖에 가지 못했고 릴리우오칼라니의 복위 가능성은 닫혀버렸다. 불행은 거기서 그치지 않았다. 주권 회복을 요구하며 원주민이 일으킨 봉기가 좌절된 후, 하올레 플랜테이션 경영자에 의해 여왕은 5개월 가까이 유배되는 신세가 됐다. 클리블런드가 합병에 이의를 제기한 덕에 백인만으로 채워진 임시정부는 백인만의 과두 체제, 완곡하게 표현해 '하와이공화국'으로 개명됐다. 물론 공화국이라고 해도 실제로는 과두 체제이고 재산, 언어, 충성 맹세를 갖춘 이들로 정치 참여가 제한됐기 때문에 모든 원주민은 배제됐다. 1898년 윌리엄 매킨리 대통령 때 하와이는 최종 합병되었다.

합병 조약에 대한 찬반 투표는 미국 의회에서도 식민지인 하와이에서도 이뤄지지 않았다. 하와이와 미국 양쪽의 합병 찬성파는 투표를 하면 반대파가 앞서리라는 것을 알고 있었다. 원주민은 예외 없이 모두 합병에 반대했다. 이에 대해 블라운트는 자신이 인터뷰한 하올레와 원주민으로부터 반복해서 이 같은 의견을 들었다고 보고했다. 합병에 반대하는 사람은 미국식 민주주의(백인 군대 폭력배의 지원을 받은 백인 일당의 지배)를 직접 목격하고 충분히 맛보았다. 원주민은 스스로의 원주민 정부를 선호했다.

설령 하올레 플랜테이션 경영자가 합병안 국민투표에 동의했다손 치더라도(물론 동의하지 않았다) 아시아 출신 이민자에게 투표는 허락되지 않앉을 것이다. 이민자 대부분은 재산도 없고, 영어든 하와이어든 읽고 쓸줄도 몰랐던 탓에 그것만으로도 제외의 대상이 되기에 충분했다.

본토에서는 의원의 대다수가 합병에 반대 입장을 취했다. 그것이 설령 하와이의 특징인 '잡종'에 '유색'인 사람이 백인이 대부분인 국가에 흘러들어오는 것은 아닌가 하는 걱정 때문이었다고 해도 말이다.

그래서 하와이 합병은 '조약(3분의 2 이상의 다수결로 결정)'이 아닌 '결의(단순 다수결만으로 결정)'로 결정됐다. 일단 미 제국이 광대한 태평양으로 쏟아져 나오면 필리핀을 비롯한 태평양의 제도諸島가 곧 하와이와 같은 길을 따라가는 것은 시간문제였다.

왕조 전복과 미국과의 합병으로 인해 원주민에 의한 통치와 하와이 신민으로서의 지위는 미국에 의한 통치와 미국 시민권으로 대체됐다. '고향땅'과 '국민'의 정의가 일방적으로 바뀌고 우리 땅에서 토지를 빼앗기고 강제로 이주되는 것에 우리는 괴로워했다. 가족으로 말하자면 어머니(우리 유산과 혈통)를 빼앗긴 것과 마찬가지다. 태어난 고향에 있으면서도 우리는 고아나 다름없는 처지가 됐다. 법적 지위, 자신의 정부, 국가에의 귀속감 같은 국민의 정체성을 왜곡하는 가혹함은 오늘의 국제사회에서는 가장 중대한 인권 침해의 하나로 여겨진다.[13]

이런 역사의 결과로 하와이 원주민은 피정복 민족이 됐고 토지도, 문화도 다른 국가에 종속됐다. 국가의 주권을 강제로 빼앗겼을 때 우리는 열등한 패배자로 살아남는 것 외에 길이 없다 여기게 됐고, 19세기 말에 이르면 정치적으로도, 경제적으로도 무력해졌다. 19세기 중엽 문화적 제국주의는 이미 기독교 개종이라는 형태로 뿌리 내리고 있었고, 더욱 영향력이 강해져서 모든 하와이어 학교(교육 용어를 하와이어로 하는 학교)

이올라니 궁전으로 향하는 시위행진의 선두에 선 밀릴라니 트라스크(카 라후이 지사)와
하우나니-카이 트라스크(하와이연구센터 센터장). 이 궁전은 1893년 미 해병대와 백인 설탕
플랜테이션 경영자에 의해 하와이 왕조가 전복되는 무대가 됐다. 왕조 전복 100주년을
기념하는 행진은 주권 회복을 주장하는 최대의 조직 '카 라후이'가 주도했다. 미국 본토와
태평양제도에서 온 참가자를 포함해 총 1만 5000명이라는 하와이 역사상 최대의 군중이
행진에 참여했다. (사진: 〈호놀룰루 애드버타이저〉의 브루스 아사토)

1993년 1월 17일, 주권 회복 요구 시위행진의 선두에 서서 이올라니 궁전으로 향하는 '카라후이'의 지도자 밀릴라니 트라스크. (사진: 에드 그리비)

를 폐쇄하고 1896년에는 영어를 유일의 공용어로 규정하는 데 이르렀다. 1804년 7월 4일 하와이공화국 수립이 선언되자 하와이의 '미국화'는 죽은 자의 관처럼 봉인됐다.

오늘날 하와이 원주민은 하올레에 의한 식민화의 영향에 계속 고통받고 있다. 외국의 지배 아래 우리는 이주자에게 밀려나고 있다. 이주자는 선교사와 자본가(동일 인물인 경우도 많지만), 탐험가 그리고 1998년에 이미 연간 700만 명을 넘어선 관광객이라는 대군이다. 관광산업의 먹이가 된 하와이 원주민에게는 미국 내의 다른 원주민과 달리 독자적인 법적 지위가 없는 정치 체계에 둘러싸여 자신의 토지를 지배할 권리가 없다. 100만 에이커 이상의 모든 신탁 토지는 연방의회가 원주민의 편의에 맞도록 예외로 둔 것이었지만, '관재인'이라 불리는 하와이 주정부에 의해 비원주민에게 임대되고 있다. 사정이 이러하니 아무리 둘러봐도 하와이에서 가장 억압받는 집단은 조상 대대로 내려온 땅에서 사는 우리 원주민이다.

한 줌의 중산계급이 있다고는 하지만 하와이 원주민 전체로 보면 미국의 지배를 받는 다른 원주민과 비슷한 처지에 놓여 있다. 높은 실업률, 열악한 건강 상태, 낮은 교육 수준, 군대나 감옥에 수용된 많은 사람, 저임금 취업으로 집중된 직업상의 게토화 그리고 디아스포라의 수준에 이를 정도로 증가하는 해외 이주노동 등이 그러하다. 억압을 피해 고향 하와이에서 외국으로 이주하는 원주민이 너무 많기 때문에 하와이 내 원주민이 최고 출생률을 기록하는데도 원주민은 하와이 거주 인구의 20퍼센트를 차지하는 데 불과하다. 현재 원래 고향땅보다 미국 서부 해안에 사는 하와이 원주민이 더 많을 것이라고 추정하는 보고서도 있다.

최근 관광산업은 문화적 매매춘을 특히 더 은밀한 형태로 만들었다. 예를 들면 훌라는 심원하고 복잡한 종교적 의미를 표현하는 고대로부터의 무용이지만, 지금은 멍하니 입 벌린 관광객을 상대로 이국적 정서를 팔아먹는 현란한 춤이 되어버렸다. 관광산업을 옹호하는 이들의 주장과 반대로 관광산업은 문화 복원을 장려하는 것이 아니라 원주민의 물건에 보이는 관심을 이용해 온갖 것을 팔아먹고 있다. 예를 들어 원주민의 공예품(어구나 조리기구, 망토, 투구, 고대의 권력을 나타내는 상징물)을 베낀 모형은 호텔을 장식하는 데 쓰이고, 하와이 원주민 여성은 파리에서 도쿄에 이르기까지 곳곳에서 '누구에게도 얽매이지 않은 원시적인 성'을 매물로 내놓는 포스터에 실린다.

문화의 상품화와 민족성의 강탈을 겪으며 우리 원주민은 점령된 나라에서 살아가야 한다. 또한 제1세계에서 찾아오는 관광객에게 '살아 있는 공예품'처럼 소비되는 집단적 수치를 목격하지 않을 수 없다. 대다수의 원주민은 그저 목격하는 것이 아니라 스스로 그러한 수치를 감내해야만 한다.

그러는 사이 미국의 전함과 전투기는 하와이를 경유하여 아시아와 그 외 지역에서 제국주의 전쟁을 위해 끊임없이 출동하고 있다. 제2차 세계대전을 겪으며 하와이는 7년간이나 계엄령 아래 놓여 있었다. 그 사이 60만 에이커 이상의 토지가 수용됐고, 시민권이 일시적으로 정지됐으며, 군대에 의한 공포 분위기가 하와이 전역을 뒤덮었다. 현재 미국 대통령이 주도권을 쥐는 신세계 질서가 실현되면서 하와이는 제국의 군사적 전초기지가 됐고, 미국의 지배에서 벗어나 독립을 지키려는 국가를 저지하기 위한 군대와 핵 항공모함을 사방으로 파견하고 있다. 하와이 거주자의 5분의 1이 군인과 그 가족인데, 그들과 지역 민간인 간에도 심한 마찰이 일어나고 있다. 민간인은 천문학적으로 비싼 집값과 임대료에 고통받는데, 군인과 그 가족은 넓은 주택과 군 전용 해안을 배당받아 즐기고 있다.[14]

미국의 지배 아래 우리는 팔레스타인인이나 북아일랜드인처럼 토지를 빼앗기고 강제로 이주됐다. 법률, 정책, 문화, 생활양식을 장악한 식민 권력은 우리 고향에서 원주민인 우리를 옭아매고 있다. 모국어는 금지됐고, 주권은 박탈됐으며, 1959년에는 미국의 한 주로 강제 합병된 우리는 조상 전래의 땅에서도 짓눌린 원주민으로 살아왔다.[15]

하와이를 방문하는 사람에게 이런 사실을 말한다면 그들은 적잖이 충격받을 것이다. 미국이 할리우드 영화나 관광포스터를 통해 우리 고향을 다민족 공생의 낙원으로 묘사하면서 '행복한 원주민이 언제든 누구에게나 하와이 문화를 개방한다'는 상품화된 이미지를 전 세계에 퍼뜨렸기 때문이다. 이 이미지가 꾸며지고 부풀려진 것이라고 해도 구미나 일본 같은 제1세계에서 몰려온 여행객은 관광용 선전 문구에 기꺼워하며 '로맨틱한 태평양의 섬'에서 수백만 달러를 쓰면서 휴일을 즐긴다. 이런 외국인에게 하와이 원주민이 처한 쓰라린 현실이 달갑겠는가. 오히려 짜증만 불러일으킬 것이다. 그래서 원주민의 현실을 받아들이고 다른 이에게 전하기보다는 그들이 처한 참상과 불의를 무시하는 편이 훨씬 쉽다.[16]

하와이에 사는 사람조차 하와이 원주민이 처한 현실을 너무나 모른다. 선교사를 조상으로 둔 대토지 소유자와 주와 연방 정부, 지역 정치가, 언론 그리고 이데올로기적으로나 재정적으로나 주정부에 의존하는 공범 관계의 대학 등에 의해 원주민의 현실이 의도적으로 은폐되기 때문이다. 다른 많은 식민지처럼 하와이에도 매우 중앙집권적인 정치제도가 있고, 미국의 50개 주 가운데 가장 강력한 행정 권한을 가진 주지사가 있다. 물론 이런 가파른 피라미드 구조는 하와이가 미국의 해외 영토이던 시대(1900~1959)의 산물이다. 모두 백인으로만 구성된 당시의 과두체제가 아시아계 이민과 하와이 원주민이 단결해서 비백인 다수파가 되는 것을 두려워한 나머지 그들을 억압했기 때문이다.

마지막으로 미국의 도덕적 무지를 표현할 때 으레 나오는 인종차별주의의 미국적 변형판을 언급해보려 한다. 자신들이 정복한 원주민의 존재, 고유의 역사, 자결권을 철저하게 부정하는 미국의 태도 말이다. 하와이 원주민의 처지에서 보면 하올레는 다른 민족(특히 주위에서 비참한 생활을 하는 정복된 민족)을 미국적 개인주의를 누릴 가치 없는 존재로 무시하는 것처럼 보인다. 자기 자신을 한 국민 혹은 한 민족으로서 다른 인간과 결부시키거나 형제-자매라는 우주의 일원으로서 인간을 자연계와 결부시키는 문화적 풍토가 미국인에게는 완전히 결핍되어 있다. 그렇기 때문에 예를 들어 제3세계나 인디언 보호구역에서 괴로워하거나 죽어가는 사람이 있다 해도 그것은 그저 그들의 운명인 것이다. 그도 아니면 백인이 정점에 위치한 질서정연한 세계의 불운한 떠돌이일 뿐이라고 생각한다. 하와이 원주민의 눈으로 보면 이러한 태도는 옳지 않다. 그럴 뿐만 아니라 지구 가족의 하나로서의 인간을 대하는, 믿기지 않는 냉혹함에 소름이 돋을 정도다.

식민지 하와이에는 식민주의가 초래한 비참함과 악취가 도처에 널려 있다. 진주만은 미군에 의해 철저하게 오염된 탓에 지금은 환경보호국

어린이까지 나서서 하와이의 미군 주둔에 반대하는 시위를 벌였다. 활동가의 아들이 자신이
직접 쓴 포스터를 들고 있다. 시위대는 제2차 세계대전 이후 미 해군이 카호올라웨 섬을
폭격장으로 사용하는 것에 항의했다.

의 슈퍼펀드(오염 방지 사업을 위한 대규모 자금) 목록 최우선 항목에 올라 있다. 와이키키는 전 세계에서 가장 유명한 해변 가운데 하나지만, 호놀룰루 시의 하수도 처리 능력이 한계점을 넘은 나머지 사람의 배설물이 해안 가까이에 떠다니고 있다. 호놀룰루 국제공항에서는 민항기, 군용기, 개인 전용기에서 뿜어져 나오는 제트 연료가 뜨거운 공기와 만나 끊임없이 먹구름을 만들어낸다. 또 사탕수수 농원과 대형 골프장에 사용된 대량의 살충제·제초제 때문에 주요 섬의 웅장한 계곡과 평원의 습지, 하천, 하구와 만 그리고 당연히 지하수의 수원지까지 죄다 오염돼버렸다. 정체로 막히는 고속도로가 미국적 생활양식이 파탄의 길로 돌진하는 것처럼 차례차례 대지를 집어삼키며 건설되고 있다. 학교, 기업, 호텔, 백화점, 관청 그리고 라디오와 텔레비전 그 어디에서나 백인 기독교도의 미국적인 가치관에 근거한 자본주의, 인종차별주의, 폭력적 충돌이 인정되고 지지받는다. 원주민의 이해관계가 고려되는 곳은 어디에도 없다. 이것이 오늘의 하와이다.

일찍이 가장 섬세하고 아름다우며 성스러운 장소였으나 지금 하와이는 미국이라는 괴수에 의해 죽음의 땅으로 추락하고 있다. 거기엔 영혼의 속삭임만이 아스라이 남아 있다.

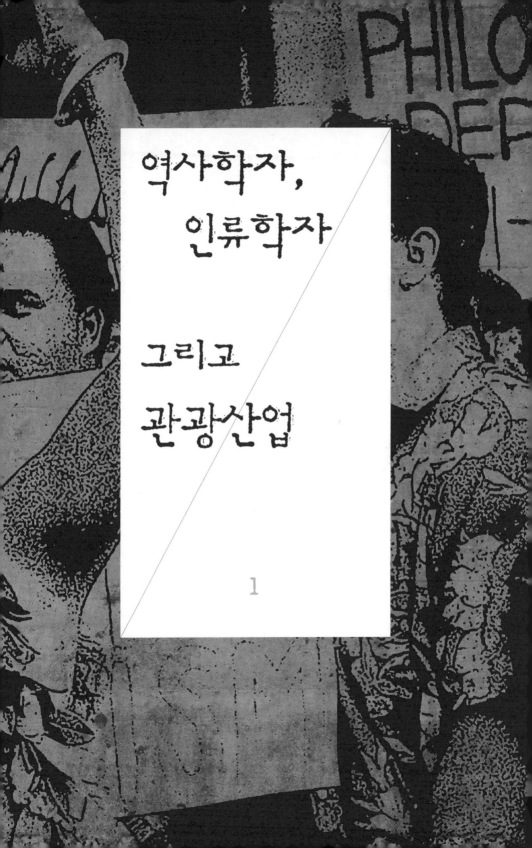

역사학자,
인류학자

그리고
관광산업

1

The Colonial Front:
Historians, Anthropologists,
and the Tourist Industry

원주민
딸로부터

E noiʻi wale mai no ka haole, a,

ʻaʻole e pau na hana a Hawaiʻi ʻimi loa

백인이 우리를 낱낱이 조사하도록 내버려두라.

하지만 하와이를 깊이 뒤지는 일은 해도 해도 끝나지 않을 것이다.

_ 케펠리노, 19세기 하와이 역사학자

어릴 때 내가 우리 하와이 사람에 대해 들은 이야기는 두 가지였다. 하나는 부모님한테, 다른 하나는 학교 선생님한테 들었다. 오하나('가족'의 하와이 말)로부터는 옛날 사람의 삶에 대해 들었다. 달이 차고 이지러짐에 따라 어떻게 물고기를 잡고 농작물을 심는지, 노동의 성과를 모두(특히 어린이를 포함해) 어떻게 나누는지, 몇 시간 동안 수많은 사람이 어떻게 춤을 추는지, 어떻게 복잡한 부족 고유의 성가聖歌를 함께 부르며 우리 세계의 통합을 찬미하는지를 들었다. 엄마는 하와이 원주민의 조상이 수천 마일 먼 바다를 건너와 이 신성한 섬들을 고향으로 삼았다고 말해 줬다. 그리고 하올레가 몰려올 때까지 우리 조상은 풍족한 생활을 하고 있었다고도…….

하지만 학교에 들어가서는 이렇게 배웠다. '이교도인 하와이 원주민' 은 읽고 쓰기도 못하는 음탕한 식인종이며, 노예를 사고팔고, 노래도 부르지 못하는 존재라고. 쿡 선장은 하와이를 '발견'했는데도 배은망덕한 하와이 원주민에게 살해됐고, 그 복수로 기독교의 하느님은 하와이 원주민에게 병과 죽음이라는 저주를 내렸다고 말이다.

첫 번째 이야기는 부모님과 이야기를 하며 알게 됐다. 두 번째 이야기는 학교에서 책을 통해 배웠다. 대학에 들어갈 즈음에는 책에서 배운 지식이 부모님의 이야기를 압도해버렸다. 원주민 아이가 다니는 카메하메하 스쿨이라는 미션계 기숙학교에서 긴 세월을 보내고 나면 특히 그랬다.

하와이를 떠나 본토에 있을 때 나는 세계가 둘로 분단되어 있음을 알았다. 하올레가 사는 세계와 카나카(원주민)가 사는 세계로 말이다. 10년 후 박사학위를 받고 다시 하와이로 돌아왔을 때 분열은 더욱 심해져서 두 세계 간의 연관성은 찾아보기 어려울 정도였다. 한쪽에는 우리(내 조상과 가족과 원주민)가 사는 세계가 있고, 다른 쪽에는 역사학자가 그리는 세계가 있었다. 물론 학자가 글로 쓴 후자의 세계가 진실이어야 했다. '하와이 원주민은 원시적인 집단이고, 피에 굶주린 성직자와 독재적인 왕에게 지배받고 있다. 왕은 모든 토지를 소유하고, 백성은 봉건적인 예속 상태로 묶여 있다. 족장은 잔혹하기 이를 데 없고 백성은 굶주렸다'고.

그러나 엄마에게 들은 이야기는 이와 달랐다. 하올레가 몰려올 때까지 토지를 소유한 자는 아무도 없었고 금지 기간 이외에는 누구라도 물고기를 잡거나 밭을 갈 수 있었다. 족장은 훌륭했으며 자신의 백성을 자애롭게 대했다.

엄마의 머리가 혼란스러웠던 것일까? 쿠푸나(장로)는 뭐라고 말할까? 그들(하올레 역사가)은 우리 말을 알고나 있는 걸까? 우리 선조가 부르던 성가의 의미를 이해나 했을까? 원주민과 얼마나 오래 함께 지내봤을까? 그 같은 이야기를 누구한테 들은 것일까?

이들 역사학자 가운데 누구 한 사람 우리 모국어를 배운 이는 없었다. 유럽인과 미국인이 쓴 책을 읽고 만족한 것이다. 학자라면 교육을 잘 받고 사려 깊은 사람일 텐데 왜 우리 말을 무시한 것일까? 언어는 지혜를 손에 넣는 도구일 뿐만 아니라 그 자체로 지식의 한 형태다. 한 민족의 사고방식과 감성은 언어의 조율로 드러나는 법이다.

찾아내려 하지 않아도 답은 나왔다. 분단된 세계에서 수년간 살다 보니 역사학자들이 이렇게 단정했다는 것을 알게 됐다. '하와이 원주민의 것은 어느 것 하나 가치가 없고, 가치 있는 것은 모두 하올레의 세계에서 온 것뿐이다.'

역사학자 역시 선교사와 똑 닮았다는 것을 나는 깨달았다. 그들은 둘 다 식민화를 담당하는 무리다. 한 무리는 원주민의 영혼을 식민화하고 다른 무리는 정신을 식민화한다. 역시 프란츠 파농의 말이 옳았다. 다만 아프리카 사람에게만 적용되는 것이 아니다. 노예와 같은 우리 하와이 원주민의 처지에서도 그의 말이 옳았다. "일종의 곡해된 논리에 의해 식민주의는 피억압 민중의 과거를 왜곡하고 훼손하고 파괴한다."[7] 식민화의 첫걸음은 식민지 민족의 문화를 부정하는 것이라고 파농은 기술했다. 민족의 이미지를 다시 만드는 것 이상으로 문화를 빼앗기에 좋은 방법이 또 있을까? 우리의 풍부한 역사적 유산은 서양인의 손에 의해 왜곡된 결과 왜소하고 무지몽매한 것이 돼버렸다. 게다가 이런 왜곡으로 우리는 우리 민족과 문화에 대한 자존감에 상처를 입어 괴로워해야만 했다.

조상의 역사를 알기 위해 나는 책을 던지고 대지로 돌아갔다

서양인이 말하는 하와이 역사는 '역사는 직선적으로 진보한다'는 관념과 '구미 문화가 진보의 최첨단에서 군림한다'는 확신에 바탕을 둔다. 그런 역사관으로 본다면 서양 문화가 '원시적인' 하와이 원주민 문화를 능가하는 것은 다소의 혼란이 있었다 해도 불가피하다. 원주민에게 동정적인 학자 중에는 이 민족의 소멸을 깊은 슬픔으로 받아들이며 기술하는 이도 어쩌면 있을지 모른다. 그러나 결국 원주민의 쇠퇴는 최선이었다는 이야기를 우리는 반복해서 듣는다.

서양인에게나 최선이지 사멸해가는 많은 원주민에게까지 최선일 리는 결코 없다. 그러니 역사학자의 사명은 서양에 의한 지배를 축복함으로써 원주민의 소멸을 정당화하는 것이었다고 할 수 있다. 프란츠 파농이라면 이 사명을 '지적 식민화'라고 이름 붙였을 법하다. 이런 식민화는 역사학자들이 하올레 이전 하와이 원주민의 토지 소유를 '봉건적'이라고 주장하는 데서 가장 잘 나타난다. 오늘날 '봉건적'이라는 용어는 원주민의 역사를 취급하는 논문과 교과서, 여행 가이드북에서 어떤 의심도 없이 쓰인다.

서양과 접촉했던 초기부터 하와이 원주민은 어떤 외국인에게나 '우리는 어느 누구도 토지를 소유하지 않는다'고 말해왔다. 대지는 하늘과 바다처럼 누구나 사용할 수 있고 공유해야만 하는 것이었다. 하와이의 족장은 대지의 '집사'에 지나지 않으니 토지를 사적으로 소유하는 일은 불가능했다. 하물며 팔아버리는 일은 더 말할 것도 없었다.

그러나 하울레는 족장이 봉건 영주에, 백성은 농노에 해당한다고 주장했다. 즉 유럽적인 사적 토지 소유의 개념에 근거하고 유럽적인 관행에 따른 유럽적인 용어(봉건주의)가 지구를 반 바퀴 돌아 다양한 면에서 이질적인 생활을 영위해온 하와이 원주민에게 강요된 것이다. 이러한 와전은 원주민의 문화와 역사에 대한 무지를 속속들이 드러내는 것을 넘어 원래부터 악의적인 것이었다고밖에 볼 수 없다.

'고대 하와이의 봉건주의'를 발명해낸 서양의 역사학자는 토지 사용과 점유에 관한 (정신적인 유대에 기초한) 원주민의 자급자족 경제제도를 신권神權에 의한 소유라는 중세 유럽의 억압적인 관행으로 재빨리 바꿔놓았다. 그런 왜곡된 방식으로 하와이 원주민 사회를 보면 백성은 중세 유럽의 농노처럼 토지에 얽매여 있어야 했다. 역사학자는 경멸적이고 부정확한 서양의 용어를 사용했다. 그렇게 태평양 원주민이 유럽의 제도(봉건주의) 아래 생활했다고 주장함으로써 잘 기능하는 토지의 공유제도에 오명을 씌울 수 있었다. 그 후 미국인에 의해 제도화된 토지 소유 형태는 사적 재산에 관한 당시 서양의 관념에 보조를 맞춘 것으로, 우리 원주민에게 이로울 것 같은 모양새를 취했다. 그러나 현실에서의 변화는 하올레만을 이롭게 했다. 하올레에게 토지를 빼앗기고 하와이 원주민은 대지로부터 소외됐다.

토지로부터 소외된 원주민에게 가장 먼저 생긴 일은 인구의 격감이다. 서양과 접촉 후 불과 반세기 만에 하와이 원주민 인구는 80퍼센트나 감소했다. 질병이 유행하자 수많은 사람이 죽어나갔다. 백단향나무 숲은 영국이나 중국과 교역하기 위해 벌채되어 벌거숭이가 됐다. 선교사는 하와이 곳곳에서 교묘하게 기독교를 퍼뜨렸다. 그리고 빌려온 돈 (차관) 때문에 고민하던 왕은 (서양과 접촉 이전에는 왕이 없었지만) 거듭되는 미국의 압력에 굴복해 토지 분할 계획에 동의해버렸다.

이렇게 해서 토지의 사적 소유라는 제도가 하와이에 들어왔다. 생득권을 빼앗긴 원주민에게는 1퍼센트에도 못 미치는 토지만이 주어졌다. 한쪽에서는 원주민이 굶어죽어 가는데, 하올레 소유의 드넓은 설탕 플랜테이션은 크게 융성했다.

역사학자는 이런 상황을 어떻게 기술했을까? 그들은 미국인이 하와이 원주민을 억압적인 '봉건제도'로부터 '해방했다'고 썼다. 그들은 봉건제도라는 그릇된 낙인을 찍는 것으로 미국이 저지른 방대한 약탈을 정당화했다. 이것이 역사학자를 공범자라 부를 만한 이유다.

하와이 원주민의 토지 사용에 관한 전통적인 사고방식을 나타내는 '증거'(역사학자의 용어)가 있을까? 증거는 원주민이 했던 말과 반세기 전에 쓰인 문장 가운데 남아 있고, 문장은 대부분 영어로 번역되어 있다. 역사학자는 토지 공유에 관한 부분을 무시하는 자세로 일관했다. 하지만 하와이어 구조 바로 그 자체에 논박의 여지가 없는 증거가 담겨져 있다. 역사학자가 우리 언어를 배우려 했다면(프랑스를 연구하는 미국인이 프랑스어를 배우는 것처럼) 하와이어에는 소유격을 나타내는 형식이 두 가지라는 것을 깨달았을 것이다. 즉 'a' 소유격은 후천적으로 획득된 소유 관계를 나타내고, 'o' 소유격은 타고난 선천적인 소유 관계를 표현한다. 예를 들어 '나의 신체ko'u kino'와 '나의 부모ko'u makua'는 'o' 소유격을 취하지만, 음식ka'u mea'ai 같은 물체와의 관계를 나타낼 때는 'a' 소유격을 취한다. 그러나 토지는 신체나 부모처럼 'o' 소유격을 취하여 '나의 대지ko'u aina'가 된다. 이처럼 하와이어에서는 대지를 인간에 내재적인 것으로 보아 신체나 부모와 동등하게 취급한다. 하와이 원주민은 대지 없이는 존재할 수 없고 대지도 인간 없이는 존재할 수 없다는 뜻이다.

하와이를 연구하는 주요 역사학자는 모두 하와이 원주민의 토지 소유에 대해 오해하고 있다. 족장은 토지를 사적으로 소유하지 않았고 애초에 토지를 소유하는 것 자체가 불가능했다. 이 점에서 우리 부모는 옳았고 하올레 학자는 틀렸다. 그들이 우리 말을 배웠다면 누구도 토지를 사적으로 소유할 수 없다는 점을 알았을 것이다. 그들이 몰랐다면 그것은 단순한 무지 때문이었을까, 아니면 그저 자민족 중심주의적인 편견 때문이었을까?

아니, 나에겐 그 같은 선의의 해석이 결코 가능하지 않았다. 역사학자의 저술을 읽다 보니 하나의 익숙한 표현 형태가 보이기 시작한 것이다. 즉 원주민 문화는 서양 문화(즉 학자 자신의 문화)보다 '뒤떨어져' 있다거나, 원주민은 서양과 비교해서 '덜 발전했고', '미숙하며', '권위주의적'이라고 하는 것. 우리를 일부러 나쁘게 묘사한 것도 있다.

예를 들어 현대 하와이에서 가장 유명한 역사학자인 거반 도즈는 하이럼 빙엄과 셸던 디블 같은 선교사가 오래전에 만들어낸 언설을 인용해 우리 조상을 '도둑'이라든가 '야만인'이라고 했다. 그 언설에 따르면 하와이 원주민은 영아 살인을 일삼고, '문명화한' 백인과는 대조적으로 일하는 것보다 '음란한 춤'을 좋아한다. 랠프 카이켄달은 오랫동안 하와이에서 가장 치밀한(가장 지루하다고도 할 수 있다) 성격의 학자로 여겨졌지만, 우리 조상이 노예를 소유했다는 누군가 지어낸 엉뚱한 이야기를 믿는다. 저명한 사회학자 앤드루 린드조차 원주민의 봉건적 토지 소유는 물론이고 노예 소유 같은 엉터리 의견을 지지한다.

마지막으로 역사학자 대부분은 우리 조상이 남태평양으로부터 하와이에 도달한 시기가 연대기에 근거해 기원후 400년 또는 그보다 조금 전이라는 사실을 인정하려 하지 않는다. 그 대신 우리 조상이 처음 하와이에 모습을 나타낸 것은 기껏해야 기원후 1100년 정도이며, 그 이상으로 거슬러 올라갈 수 없다고 주장한다. 그리하여 우리 원주민의 역사 가운데 적어도 700년가량은 이 '훌륭한' 서양 학자들에 의해 부인돼왔다. 그러다 갑자기 최근 고고학적 자료 조사를 한 뒤에야 하와이 원주민의 주장대로 이 잃어버린 700년이 회복됐다.[2]

문자로 쓰인 원주민 역사의 본질이 별안간 내게 분명히 다가왔다. 내가 읽은 것은 서양의 자기 모습이다. 우리 과거를 폄하하는 그들의 행위가 거울에 비춰진 것이다. 그래서 그들이 '하와이의 왕은 토지를 소유하고 백성은 토지에 얽매여 있었다'고 쓴다면, 이런 소유 형태는 서양 세계의 인간과 토지를 관련짓는 유일한 방법이고 그 관계에서는 '누군가 한 사람이 토지와 인간의 관계를 지배하지 않으면 안 된다'는 것을 무의식중에 속속들이 드러내는 셈이다.

그리고 그들이 우리의 족장을 독재적이라고 말한다면, 서양인 자신의 사회를 비난하는 것이 된다. 서양에서는 상하관계가 필연적으로 지배-피지배 구조를 낳고 권위를 가진 자나 연장자는 누구라도 주위로부터 자동으로 전제군주의 대우를 받는다. 또한 그들이 원주민을 게으르다고 쓴다면, 노동은 끊임없이 계속되어야 하며 고통과 다름없다고 쓰는 것과 마찬가지다. 우리의 성생활이 문란하다고 쓴다면, 서양의 기독교 사회에서는 연애가 죄악이라고 말하는 것과 같다. 서양인보다 우리가 자신만의 방식을 더 고집한다는 이유로 우리를 인종주의자라고 공격한다면, 그들의 문화야말로 다른 문화를 지배해야 할 필요가 있다고 말하는 것이 된다. 자연과 인간의 마나(영적 힘)를 믿는 것을 두고 원주민이 미신을 섬긴다고 쓴다면, 서양은 훨씬 전에 대지와의 깊은 정신적·문화적 관계가 단절됐다고 폭로하는 것이나 마찬가지다. 게다가 사랑하는 사람을 잃고 너무 크게 슬퍼한다고 원주민을 '원시적'이라고 공격한다면, 서양에서는 자신의 조상으로부터 나오지 않은 사람만이 애도를 받을 자격이 있다고 말하는 것과 같다.

내 조상의 이야기가 실려 있을 것이라고 생각하며 기록된 역사를 보았지만, 내 생애의 절반이 넘는 오랜 세월 동안 나는 이렇게 잘못 알고 있었다. 나의 역사는 어디에도 문자로 남아 있지 않았다. 우리는 글을 쓰지 않았으니까. 하지만 우리는 성가를 부르고 항해하고 물고기를 잡고 집을 짓고 기도를 드렸다. 우리 조상은 기억이라는 위대한 혈통, 즉 계보를 통해 이야기를 전해왔다.

조상의 역사를 알기 위해 나는 책을 던지고 대지로 돌아가야만 했다. 밭에 토란을 심어 키우고 나서야 비로소 인간과 아이나(대지) 사이의 불가분의 유대를 이해할 수 있었다. 새삼스럽게 자연의 숨결을 느끼고 곡물과 물고기의 은혜를 고대의 제단에 바칠 필요를 느꼈다. 장로와 민족의 언어로 말하고 지혜가 부풀 때까지 침묵을 지키는 법도 배워야만 했다. 그러나 다른 무엇보다도 마치 연인처럼 우리 민족의 언어를 배워야 했다. 배우지 않고는 우리 말의 요람 안에서 흔들릴 수도, 우리 말의 꿈 같은 품속에서 잠들 수도 없었기 때문이다.

학교에 다니는 동안 누구도 이런 이야기를 말해준 이는 없었다. 민족의 기원과 아득한 대양의 항해에 대한 오래된 옛이야기가 어딘가에 있을지도 모른다고 귀띔해주는 이도 없었다. 몇 번이나 반복해서 하와이 원주민의 세계가 있다고 가르쳐준 이는 부모님뿐이었다. 그에 비해 책은 다른 세계, 말하자면 서양 세계의 대변자였다.

하와이 원주민은 서양에서 온 것이 아니다. 우리 고향은 하와이이 네이Hawai'i nei(하와이 열도)고, 현재 살고 있는 이곳, 이 아이나, 이 문화가 우리를 키워준 세계다. 그렇다면 내 고향과 민족에 대해 서양의 역사학자에게 어떻게 말하면 좋을까? 내가 겪은 이야기를 답 대신 들려주고 싶다.

한참 전에 나는 1893년의 왕조 전복에 관한 심포지엄에 초대를 받았다. 다른 패널리스트는 모두 백인이었다. 패널리스트 가운데 본토에서 온 역사학자가 있었는데, '반反제국주의적인 미국인'에 대해 책을 쓴 적이 있다고 했다. 심포지엄 전에 둘이 짧게 이야기할 기회가 있었다. "하와이어를 압니까?" 하고 물었더니 "아니오"라는 대답이 돌아왔다. 게다가 "미국으로의 합병에 반대한 기록이 남아 있는 것을 알고 계신가요?" 하고 물었더니 '증거를 뒷받침하는 기록은 일절 없고 구두로 언급한 것이 몇 개 있을 뿐'이라고 대답했다. 그래서 나는 "이해를 하지 못하는 듯하니 나중에 증거를 보여드리지요"라고 답하고, 심포지엄의 청중 앞으로 가서 다음과 같은 이야기를 했다.

우리가 사랑한 노래

지금부터 읽어드릴 것은 원주민이 특히 사랑한 노래입니다. 이 노래는 1893년 미국 해병대에 의한 하와이 침략과 점령 후에 만들어진 것입니다. 왕위를 빼앗긴 릴리우오칼라니 여왕에게 바친 것으로, 합중국으로의 합병에 반대하는 원주민의 마음을 토로할 뿐만 아니라, 고향과 하와이에 대한 애착을 노래합니다.

자랑스러운 하와이의 자손이여
아이나에 충성을 다해 매달려라
악마의 심장을 지닌 사자들이 몰려왔다
탐욕스러운 공갈 문서를 가지고

하와이의 케아웨 섬이 응답한다
피일라니로부터 도움이 온다
마노의 카우아이 섬이 돕는다
카쿠히헤와의 사람들도 굳게 뭉쳤다

어느 누구도 서명하지 마라
적이 들이민 문서 따위에
사악하게 합병된 우리의 대지를 되찾자
하와이 민중의 시민권을 되찾자

우리는 관심 없다
정부의 엄청난 돈 따위는
우리는 차라리 돌멩이에 만족하자
이 땅의 경이로운 음식으로 만족하자

릴리우오칼라니를 지지하자
우리 대지의 권리를 지킬 수 있도록
(우리의 여왕은 다시 왕관을 쓰게 되리니)
끊임없이 노래하자
대지를 사랑하는 민중의 노래를[3]

이 노래는 지금도 원주민의 정치집회에서 엄숙하게 불린다. 이 노래가
분노와 항거의 마음을 오늘의 우리에게도 여전히 전해주기 때문이다.
　그렇지만 앞서의 하올레 학자는 '이 노래가 아름답긴 하지만 원주민
측의 증거가 되지는 않는다'고, 또한 '합병 반대의 의사를 표명하는 증
거도, 제국주의적인 의도가 존재했다는 증거도 되지 않는다'고 답했다.
그 자리에 있던 많은 원주민은 이 발언을 듣고 어안이 벙벙해졌다. 그러
나 나중에 생각해보니 이러한 발언은 예측 가능한 것이었다. 원주민의

기억에 아무런 경의도 가지지 않는 하올레 학자로서는 당연한 반응인 셈이다.

마지막으로 개인적인 이야기를 하나 꺼냈다. 나 자신에 대한 이야기라 의심받는 일은 없을 거라 생각했기 때문이다. 나의 투우투우(할머니)가 자신의 딸인 내 엄마에게, 그리고 엄마가 내게 들려준 이야기에 따르면, 왕조가 전복되던 때 하와이의 섬들에는 오열의 소리가 넘쳤다. 헤아릴 수 없을 정도의 비통함을 호소하는 목소리가 그리고 죽음을 애도하는 슬픈 목소리가 몇 주간이나 이어졌다. 그러나 그 학자는 '이것도 증거가 되지 않는다'고 거듭 잘라 말했다.

왜곡된 두꺼운 역사서가 하올레 학자에 의해 계속 쓰였다. 어느 도서관에나 이런 책이 계속 늘어나 책장이 가득 찼다. 동시에 한 세대에서 다음 세대로, 한 가족에서 다른 가족으로 이렇게 꾸며낸 이야기가 퍼져 갔다.

서양의 역사학자는 어느 쪽의 역사를 알고 싶은 것일까? 서양 사람이 쓴 이야기일까? 이들은 자신이 '독특한' 분석 능력을 가지고 있다고 확신하며 우리를 서양의 눈으로 보고 서양적인 사고의 틀에서 이해하려 한다. 서양의 척도로 우리를 저울질하고 유대교나 기독교의 도덕관으로 우리를 판가름하고 부자의 생활방식을 배우라고 설득한다. 그리고 마지막으로 오류투성이인 만들어진 이야기를 서양적이기 때문에 권위가 있는 것이라며 밀어붙인다.

이런 일은 모두 이미 전부터 있었다. 어쩌다 한두 번도 아니고 수차례나 반복해서 그랬다. 그래도 매년 새롭게 의욕 넘치는 패거리가 나타나 똑같이 꾸며낸 이야기를 반복한다. 마치 서양인 스스로에게 불신을

역사학자, 인류학자 그리고 관광산업

집요하게 고백하는 것처럼 말이다. 그러나 언제나 그랬듯이 지금도 다른 가능성이 있다. 만약 서양 역사학자가 우리 역사를 정말 알고 싶어 한다면 자신들의 책을 옆으로 밀어내고 원주민의 관습과 친해져야 한다. 먼저 언어를 배워야 하는 것은 물론이고, 그에 더해 아이나와 사람 그리고 그 둘을 연결하는 이야기에 다가가야 한다. 무엇보다 결국에는 '이야기'다. 역사학자는 세대를 물려 전해지는 이야기를 들어야만 한다. 그 음성과 의미의 보고寶庫에 반드시 귀를 기울여야 한다.

역사학자는 아메리칸인디언의 옛 가르침처럼 대지를 이해하는 것부터 시작해야 한다. 서양의 방식이 아니라 대지와 인간의 유대를 간직하며 살아가는 원주민의 방식으로 이해할 수 있어야 한다. 이 유대는 문화에 관한 것이고 문화를 통해서만 이 유대를 이해할 수 있다. 그러나 서양에는 대지와 인간의 유대를 문화의 관점에서 이해하는 방법이 사라진 탓에 서양 문화를 통해서 이 관계를 이해하는 것은 불가능하다. 서양의 문화를 기준으로 해서는 원주민의 역사를 쓸 수 없다는 말이다. 쓴다해도 그저 서양 이야기를 베낀 것에 지나지 않는다.

원주민의 이야기는 문자로 남아 있지 않다. 이야기는 우리 문화 속에 담겨 있고, 문화는 대지와 뗄 수 없다. 이 관계를 알지 못하는 한 우리 역사를 안다고 말할 수 없다. 역사를 쓰는 것은 대지와, 대지에서 태어난 사람에 대해 쓰는 것이다.

백인이여,
당신이 말하는
'우리'란
누구인가?

얼마 전 토요일 밤에 보리스 카를로프 주연의 영화 〈미라〉(1932)를 봤다. 무대는 이집트이고 약 3700년 전의 유물을 발굴하는 영국인 고고학자 두 사람과 비원주민(이집트 주술을 믿는 신자로 설정) 한 사람이 보물 상자의 뚜껑을 열어야 하나, 말아야 하나를 논의한다. 죽음의 저주가 새겨져 있기 때문에 비원주민은 상자를 앞에 두고 망설이며 나이 든 고고학자를 설득해서 뚜껑을 열지 못하도록 한다. 두 사람이 밖에서 언쟁하는 동안 젊은 고고학자만이 무덤 안에 남아 있다. 비원주민은 '원주민의 상자는 뚜껑을 열자마자 신들이 격노하여 틀림없이 보복을 받게 된다'고 말한다. 나이 든 고고학자는 '과학의 진보를 위해' 뚜껑을 열어 조사해야만 한다고 답한다. 게다가 '이집트인의 믿음은 존중하지만 자신의 연구를 방해할 생각은 하지 말라'고 잘라 말한다. 비원주민은 마지막 경고를 남기고 두려움에 떨며 그 자리를 떠난다.

　두 사람이 말싸움을 하는 동안 젊은 고고학자가 뚜껑을 열고 신비한

두루마리를 꺼내 번역하기 시작한다. 그러자 관 속에 오랫동안 잠들어 있던 미라가 눈을 뜨고 무덤을 열어 벽을 등지고 벌떡 일어난다. 미라에게 두루마리를 빼앗긴 젊은 고고학자는 고대의 주문에 굴복하여 무릎을 꿇고 바보 같은 웃음소리를 내다 결국에는 미쳐버린다.

물론 나는 이 전개에 환호했다. 그렇지만 아쉽게도, 내가 아는 한 하와이 원주민은 원주민의 문화 유적을 파헤치는 자에게 이집트 신들이 퍼붓는 저주만큼 강한 직접적인 재앙을 행사할 어떤 수단도 가지고 있지 않다.

이집트와 마찬가지로 하와이도 백인 국가의 식민지다. 원주민도 원주민의 문화도 미국이라는 멀리 떨어진 대국으로부터 밀어닥친 이들에게 지배받고 있다. 관광객, 탐험가, 정치가 그리고 물론 (역사학자, 인류학자, 고고학자라는) 식민주의의 지적 조달자에게 우리 원주민은 어수룩하고 만만한 호구다. 우리 문화는 영화 속의 이집트 문화와 마찬가지로 이질적이고 비과학적이며 제어할 수 없는 공포 요소를 갖고 있기 때문에 위협적인 미지의 것으로 여겨진다.

이집트인과 마찬가지로 하와이 원주민도 발굴되고 연구되고 박물관에 실려 간다는 점이 가장 중요하다. 영화의 전체적인 주제는 영국의 식민주의자가 권력을 통해 식민화된 이집트인을 지배한다는 것이다. 외부에서 몰려온 고고학자가 하와이에서 우리 조상의 유물을 파내고 연구한 것과 똑같다. 이집트인과 마찬가지로 하와이 원주민 역시 역사의 배경에 지나지 않는 존재다. 말하자면 우리는 우리 역사를 우리 손으로 쓰지 못하고 그저 타인이 우리 역사를 날조하는 것을 바라볼 수밖에 없는 존재다.

하와이의 고고학자와 인류학자의 경우처럼 이 영화에도 분명 인종차별적인 기조가 있다. 원주민은 '진정한' 문화(유럽 문화)를 갖고 있는 '진정한' 인간(백인)이 아니기 때문에 동등한 인간으로 존중받을 가치가 없다는 것이다. 그러므로 원주민의 관습과 믿음은 별 의미가 없고 '과학적인' 문제에 진지하게 연관시킬 수도 없다. '과학자'의 작업에 제한을 주거나 지침을 주는 일도 있을 수 없다. 과학자의 작업에 '중지'를 언급하는 것은 물론 상상도 할 수 없는 일이다. 유럽인 관객이 이 영화를 보고 매료되는 이유는 미라라는 형태를 취한 원주민의 저항이 '주술적인' 이집트인이 사는 무서운 식민지 세계와 '과학적인' 영국인의 안전하고 합리적인 세계 간의 대립을 부각시키기 때문이다. 그들에게 닥친 최악의 공포가 영면에 드는 동안(싸우는 일은 있어도 결국에는 미라가 진다) 식민지 개척자의 환상적인 생활은 만족스럽게 채워진다. 문화 간의 지배-피지배 구조가 허구적 영화에 의해 보기 좋게 구체화된 사례다.

하와이에서는 공적인 장소에서 식민주의적인 인류학과 고고학의 정치적 영향력에 관해 논의하는 일이 없다. 대학이나 박물관 혹은 현장 연구자조차 문제의 존재 자체를 인정하려 들지 않는다.[4] 용역 회사는 말할 것도 없다. 하와이에서 이루어지는 고고학 연구는 대개 '용역'에 의한 연구, 즉 주나 연방 정부 또는 기업의 요구를 만족시키기 위한 목적으로 보수에 의해 이루어지는 연구다. 그런 탓에 전문가로서의 윤리는 신속한 개발 요구에 눌려 뒷전으로 밀리는 일이 흔하다. 직접적으로 말하자면 용역 회사는 금전적인 이익이 중요하므로 의미 있는 장소, 특히 종교적인 유적을 '발견'해서는 안 된다고 전문가에게 요청한다. 그런 유적을 발견하게 되면 감시 아래 놓이게 되고 최종적으로 보호 대상 지역으로 지정될 우려가 있기 때문이다.

유적 발굴이라는 현실 문제에서 생겨난 정치적·윤리적 문제가 묵살되듯이 이러한 현실 자체가 식민지 지배의 연장선상에 있다는 사실도 무시되거나 때로는 아예 부정된다. 양식 있는 학자나 단체는 연구의 대상이 되는 민족에 대한 수탈, 식민지화 과정에 자신들의 조사가 어떠한 영향을 끼치는지 공표하려고 하지만, 하와이의 인류학자와 고고학자(대부분 백인 미국인)는 하와이 원주민이 식민화된 민족이고 미국이 이들의 고향땅을 식민지로 소유하고 있음을 인정하려 들지 않는다.

게다가 공교롭게도 하와이에서는 대개의 인류학, 고고학 연구가 비원주민에 의해 비원주민을 위해 이루어진다는 명백한 사실도 인정되지 않는다. 실제로 하와이 전문 인류학자가 쓴 것 가운데 이곳의 인류학자와 고고학자의 존재 그 자체를 의문시하거나 학자 스스로 '학문'이라고 생각하는 것을 반박하거나 외국인의 인종차별적인 편견을 분석하는 논문이나 저서를 나는 본 적이 없다. 이들 외국인은 2년 혹은 3년간 미국의 대학(혹은 다른 나라의 어느 대학이라도)에서 배운 것만으로 하와이의 원주민과 문화를 연구하고 기술하고 판단을 내릴 자격이 있다고 믿는다. 신기하게도 하와이에서는 이런 논의가 터져 나오지 않는다. 한편 학자의 가면을 쓴 식민주의자끼리 개발을 위해 원주민의 매장지를 파내고 우리 문화의 정수를 정치적 목적을 위해 이데올로기적으로 개조한다. 그들은 결국 하와이 원주민이 무엇이고, 누구인가라는 정의마저도 결정한다.[5]

싸워야만 하는 삶

하와이 원주민 공동체에서는 다양한 문제에 대해 격한 논쟁이 이어지고 있다. 예를 들어 조상 유골 발굴(마우이 섬의 호노카후아와 푸나의 펠레 동굴), 성지 폭격(카호올라웨 섬, 마쿠아, 포하쿨로아), 삼림과 해양의 공업용 개발(지열 발전과 망간광 채굴), 전통 어업과 농업을 파괴하는 해안과 협곡의 리조트 개발(오아후 섬의 웨스트비치 개발 계획) 그리고 계곡을 관통하는 고속도로 건설(H-3 프리웨이) 같은 문제에 대한 논쟁이다. 이런 격한 논쟁이 벌어지는데도 인류학자와 고고학자는 자신들의 연구가 끼치는 정치적 영향력에 대한 자기 검토를 완강히 거부한다. 이들의 연구가 주정부와 민간 개발업자를 도와 원주민의 토지와 물을 죄다 망가뜨리는데도 그렇다.

'당신들의 연구가 식민주의자(미군, 리조트 산업, 주정부, 다른 인류학자 등)에게 이용되어 우리 원주민의 모욕, 고통, 무기력을 더 크게 만든다'는 원주민의 비난은 정확하다. 하지만 학자들은 이런 비난을 피해 멀리 달아날 뿐이다. 그들은 과학 혹은 학문적 탐구라는 방패막이에 숨어 자기 방어를 한다. 마치 자신들의 연구는 역사적 맥락을 초월하는 것이고 과오나 인종차별적 의도 또는 정치적 사용 등과는 관계가 없다고 말하려는 것 같다. 최근에는 인류학자도 고고학자도 자신들을 비판하는 원주민에게 '원주민 문화에 무지하다' 또는 '몽상적이고 정서장애가 있다'고 말하며 공세적으로 대응한다.[6]

인류학과 고고학에 숨어 있던 인종차별주의가 원주민의 도전을 통해 표면으로 떠올랐다. 압력이 더욱 심해지자 학자들은 본심을 쏟아낸다.

'우리는 원주민 문화의 전문가다. 우리는 그에 대해 탁월한 지식을 가지고 있다. 그에 비해 원주민은 지식도 없고 교육도 못 받았다. 그러니 너희는 발굴 장소나 문화에 대해 이러니저러니 끼어들어서는 안 된다.' 정치적 배경을 바탕으로 이들 외국인 '전문가'는 군郡과 주 정부로부터 원조를 받고 기획 입안이나 법적 수속을 원활하게 진행한다. 그에 맞서 '감정적인' 원주민이 할 수 있는 일이라고는 '우리 성지와 토지가 해를 입어서는 안 된다'며 한 사람 한 사람이 소리 높여 문화를 지키자고 주장하는 것뿐이다. 이런 상황은 명백하게 식민지적이다. 한때 자신의 운명을 결정할 수 있었던 원주민이 현재는 다른 문화를 가진 테크노크라트에 예속되어 있다. 그리고 테크노크라트는 원주민을 키워온 조상의 토지를 이용해 탐욕스럽게 이윤 추구의 길로 내닫고 있다.

이 일은 그저 하와이 원주민이 제도적으로 무력하기 때문에 우리 조상과 문화 유물을 어떻게 선택해 어떠한 방식으로 연구할지 결정하지 못한다는 문제가 아니다. 생활양식, 즉 자연 안에서 자연과 함께 걸어가는 삶 그 자체가 뿌리째 말살됐다는 점이 중요하다. 전쟁에 지는 상황에서도 계속 싸워야만 하는 고역의 삶, 바로 이것이 원주민에게 남겨진 운명이다.

하와이 원주민이 저항의 대가로 받게 된 일상의 경험이란 그야말로 '혹독'했다. 전문가의 말이나 글에 우리가 반대 의견을 내세우면 '너희는 자기 자신이 어떤 사람인지도 모른다'거나 '바보스러울 정도로 정치적'이라거나 '하올레 때리기에 불과하다'고 논평하며 공격한다. 전문가는 우리가 서양식 교육과 개념에 열등하다고 여기기 때문에 늘 공개토론회에서는 중요한 문제에 도달하지도 못한 채 우리의 심리 상태나 감정적·이성적 불균형에 대한 험담만 쏟아낸다. 그들이 보기에 우리 원주민은 지적 장애자나 정신적 장애자쯤 되는 셈이다.

나를 포함한 많은 원주민은 단지 우리 문화의 가치가 미국인이 고집하는 가치보다 우선한다고 주장하는 것뿐인데, 우리에게는 '미친 것'이라는 낙인이 찍혀버렸다. 미국인이 모든 가치를 돈벌이와 결부시키는 것에 대해 우리 원주민은 '대지는 조상'이고 '매장지는 성지'라고 주장했을 뿐이다(하와이 원주민의 사고방식으로 보자면 돈과 결부된 가치, 인간 실현의 약속으로서의 과학이라는 이런 사고 자체가 미친 것이다). 이러한 비방으로 우리의 저항을 가라앉히지 못할 때는 경제적인 반격을 개시한다. 예를 들어 원주민을 해고하거나 원주민의 취업을 방해하는 움직임이 곳곳에서 일어난다. 전문직을 가진 원주민이 고고학자나 인류학자를 위협할 우려가 있는 경우에는 특히 더하다.

이렇게 식민지적 멍에를 진 하와이 원주민은 괴로워하는데, 학자들은 자신들이 하는 연구 방법이 착취적이라는 점을 인정하려 들지 않는다. 원주민에게 인류학이란 지극히 서양적인 신념에 근거한 학문이다. 인류학자는 책을 읽고 현장 연구 방법을 배우는 것만으로 지구를 반 바퀴나 돈 곳에 사는 민족의 생활을 관찰하고 기록을 남길 권리가 자신에게 주어졌다고 여긴다. 게다가 연구 대상이 되는 민족의 호의와 너그러움을 이용하는 일은 있어도 그에 걸맞은 답례나 프라이버시를 지킬 책임 따윈 안중에도 없다. 전문가가 되기 위한 방법의 하나로 인류학자는 일정 기간(싸움 중이거나 토지를 빼앗겼거나, 아무튼 위기에 놓인) 원주민과 일상생활을 함께하는 현장 연구를 한다. 그렇게 지식을 위해서, 과학을 위해서는 분투하지만, 연구 대상 민족에게 도움의 손길을 내미는 일은 없다.

오히려 원주민의 처지를 위협하는 정보나 원주민이 신성하다고 여기는 것 또는 아끼고 감추고 싶어 하는 고유의 것, 생존권 투쟁과 관련된 것을 아무렇지도 않게 공개해버린다. 다른 말로 하면 이들 학자는 뺏고 이용만 하는 존재. 이들의 연구로 인해 어떤 사람이 고통을 감내해야만 한다면 그것은 너무 끔찍한 일이 아닐까. 그러나 이들 학자는 도덕적 책임감마저 조금도 갖고 있지 않다.

잘못된 증거 찾기

원주민이 대규모로 이주되고 살육된 아마존 유역과 필리핀 그리고 인도의 부족사회 사례는 널리 알려져 있다. 그런데 이런 과거의 식민지적 착취 상황을 바로 지금 하와이에서도 목격할 수 있다.

조슬린 리네킨은 인류학자 마셜 살린스의 제자이자 현재 하와이 대학 인류학과 교수로, 최근 《대지의 아이들》이라는 책과 〈전통의 의미를 정의한다 – 하와이 원주민의 정체성 변화〉라는 논문을 썼다. 리네킨은 하와이 원주민의 땅에 대한 사랑과 보호라는 전통적 가치가 사실은 현대 하와이 원주민에 의해 '발명'된 것이라고 주장한다. '알로하 아이나(대지를 사랑하라)'나 '말라마 아이나(대지를 사랑하라)'라는 사고방식을 리네킨은 진짜 문화적 가치가 아닌, 카호올라웨 섬을 지키는 오하나와 다른 하와이 원주민 단체가 카호올라웨 섬에 대한 미군의 포격 연습을 중지시키려고 이용한 슬로건이라고 말한다. 리네킨은 여기서 그치지 않고 "카호올라웨 섬이 성지라는 생각은 조작된 것이다. 투쟁을 이끈 하와이 원주민 민족주의자에게는 당시 저항의 대의가 되는 정치적, 문화적 상징이 필요했기 때문이다"라고 말한다. 카호올라웨 섬이 중요한 장소라는 19세기의 증거가 있는데도 현대의 하와이 원주민이 정치적 흥정을 위해 이 섬을 성지로 떠받들었다고 말하는 것이다.[7]

논문에서 리네킨은 "하와이에서 '전통적'이란 틀림없이 접촉 이전의 시대, 즉 1778년의 쿡 선장 도착 이전을 가리킨다"라고 말한다. 그러나 곧바로 "전통은 유동적이다"라고 말을 흐린다. 더욱이 이런 혼란에도 "지금에 와서 전통적 하와이 사회를 재구축하고 있다"라고 하여 하와이 원주민을 비판한다. 리네킨의 문제는 현실을 서양 문화의 '도달 전'과 '도달 후'로 엄밀하게 둘로 나누지 않으면 마음이 놓이지 않는 비뚤어진 편견에 있다.

그러나 어느 민족에게든 무엇이 '전통'인지는 끊임없이 변화하는 법이다. 문화는 정적인 것이 아니고, 당시의 객체화된 찰나 상태로 냉동 보존되는 것도 아니다. 하와이 원주민의 생활이 서양과 접촉한 이후 돌이킬 수 없을 정도로 철저하게 변화된 것은 의심할 여지가 없는 사실이지만, 이전의 생활양식(원주민의 가치관과 상징 등)이 일부 살아남아 있는 것도 사실이다. 이러한 가치관의 하나가 '말라마 아이나' 혹은 '알로하 아이나', 즉 원주민은 대지를 사랑하고 풍요롭게 만들 책임을 지닌다는 사고방식이다. 그런데 리네킨은 이런 사고방식을 현대의 하와이 원주민이 개발업자와 군대 등에 의한 토지 탈취에 저항하기 위해 만들어낸 것에 지나지 않는다고 주장하는 것이다. 하와이 원주민과 대지의 관계가 현재도 계승된다는 점을 리네킨의 연구는 놓쳤다. 어쩌면 전통적 가치관이 무엇인지를 제대로 파악하지 못했기 때문이겠지만, 하와이 원주민의 문화적 민족주의를 오해했기 때문이기도 하다.

변화한 것은 토지의 소유 형태이고 사용 방법일 뿐이다. 생활을 영위하기 위해 원주민이 집단적으로 사용하던 토지를 백인과 다른 비원주민이 이익을 위해 사적으로 사용하게 된 것이다. 이렇게 변화된 상황에서 하와이 원주민이 대지와의 관계를 주장하면 그것이 곧 정치 문제화된다. 그러나 하와이 원주민은 대지와의 '전통적인' 관계를 리네킨이 말하는 것처럼 정치적 목적을 위해 주장하는 것이 아니다. '대지를 사랑하라'는 가치관이 자신들의 문화적인 전통이기 때문에 계속 믿는 것이다. 지금 토지 이용 방법이 논쟁의 표적이 되기 때문에 이 신념이 정치적인 것이 됐을 뿐이다. 이런 차이를 이해하는 일이 중요하다. 왜냐하면 하와이 원주민이 전통적인 가치관을 남기려는 것은 문화적인 동기인데, 리네킨은 대대로 계승돼온 문화를 현대의 하와이 원주민이 '발명했다'고 함부로 말하기 때문이다.

리네킨은 하와이 원주민의 민족자결주의를 심하게 비판한다. 말이 민족자결주의지 토지 반환을 요구하기 위해 급조된 이데올로기에 지나지 않는다거나, 문화라고 해봤자 기원을 더듬어 올라가면 '하와이 원주민'의 것도 아니라고 말이다. 리네킨의 언급 가운데 '원주민운동이 도시에서 시작됐다'는 것은 틀린 말이고, '다른 민족(예를 들어 이주 노동자로 하와이에 온 아시아계) 사람도 민족자결주의자가 될 수 있다'는 말도 오해에 지나지 않는다.[8]

리네킨은 사실 관계도 제대로 파악하지 못했다. 원주민운동은 시골에서 시작됐고, '알로하 아이나'는 전통적인 가치관의 하나다. 또한 고향땅에서 문자 그대로 국가를 빼앗긴 것은 우리뿐이기 때문에 이 하와이에서 민족자결을 요구할 자격은 하와이 원주민에게만 있고, 당연히 다른 민족에게는 없다.

이러한 사실 오인은 그렇다 치자. 심각한 문제는 원주민의 전통이 '발명된' 것이라는 리네킨의 주장이 이미 많은 사람과 기관에 의해 받아들여지고 또한 그런 견해가 원주민의 토지에서 벌어지는 파괴를 정당화하기 위해 사용된다는 점이다. 예를 들어 원주민에게 비판적인 인류학자인 로저 키싱 교수와 〈뉴욕 타임스〉나 〈샌프란시스코 크로니클〉, 〈샌프란시스코 이그재미너〉 같은 신문 그리고 원주민에게는 최악인 미국 해군 등이 리네킨의 생각을 널리 퍼뜨리고 있다.[9]

요컨대 '발명된 전통, 발명된 문화' 같은 이론을 하와이 원주민 사회에 적용한, 이른바 학술 논문을 리네킨이 출판하고 퍼뜨린 탓에 우리 원주민은 빠르게 확산되는 잘못된 이데올로기에 둘러싸여 있다. 게다가 이런 이데올로기는 우리 원주민의 '진짜' 문화를 매일 다치게 하고 '진짜' 하와이 원주민을 매일 아프게 하며 우리가 어떤 사람인지를 주장하려는 외침을 약화하는 데 동원된다.

물론 민족자결주의자의 인식은 2000년에 걸친 문화 속에서 자라난 원주민으로서의 인생 경험에서 나온 것이고, 리네킨의 인식은 인류학자로서 단기간에 (미시간에서) 훈련을 받아 얻은 것에 지나지 않는다. 그러나 문제는 이런 인식의 차이보다 훨씬 심각하다. 식민지에서 인류학자와 서양에서 교육받은 '전문가'는 원주민을 폄하하고 착취하는 데 이용된다. 그런 까닭에 리네킨이 하와이 원주민에 대해 쓴 책이나 논문이 원주민 자신이 쓴 것보다 더 잠재적인 힘이 크다. 민족자결주의자가 카호올라웨 섬의 신성함을 '조작했다'는 (리네킨의 주장으로 무장한) 미국 해군의 성명이 바로 그 증거다. 학자와 전문가들이 식민지 경영을 도와주는 셈이다. 어떤 원주민이든 서양 학자의 위업을 비판하려고 할 때면 이런 문제에 부딪힐 것이다.

자신의 문화를 주장하는 원주민에게 그들이 이러한 반응을 보이는 것은 처음부터 증거와 관련한 문제가 숨어 있기 때문이다. '대지를 향한 사랑'을 현대 하와이 원주민이 만들어냈다는 분명히 잘못된 사고방식은 대체 어떻게 해서 상투적인 '사실'이 되어버린 것일까? 대답은 간단하다. 이것이 원주민과 관련되는 한 입증에 대한 다른 기준이 제기되기 때문이다. 우리 문화에 대한 조작이 '사실'이라고 반복하면 할수록 그 주장은 강화되고, 계속 반복하다 보면 '사실'이 당연한 것으로 여겨지게 된다. 서양 역사의 중심부에는 인종차별주의가 깊게 뿌리내려 있기 때문에 대상이 되는 민족이 원주민이라면 증거가 거의 없더라도 부정적인 언설이 그대로 사실이 되기 쉽다. 백인에 대해서 부정적인 말이 나오면 그 증거를 철저하게 조사할 뿐 아니라 또 다른 증거 제출도 요구한다. 물론 원주민에게는 결코 있을 수 없는 일이다.

원주민의 땅은 원주민의 것

나는 하와이연구학과에서 '하와이사의 신화'라는 강의를 담당한다. 이 과목을 커리큘럼의 일부로 한 이유는 일반적으로 하와이사로 통용되는 것은 대개 정치적으로 조작된 신화에 지나지 않기 때문이다. 이러한 신화는 외국인이 근거 없이 만들어낸 것으로, 우리 원주민을 폄하하는 것이 주된 목적이다. 과거 선교사는 수많은 신화를 만들어냈다. '하올레 도래 이전의 원주민 문화에 영아 살해라는 공통된 관습이 있었다'는 신화도 그 하나다. 그런데 더 놀라운 것은 이 같은 신화가 오늘날에도 인류학자나 고고학자에 의해 그대로 반복된다는 점이다. 예를 들어 '위대한' 마셜 살린스조차 에리나 노다이크와 거반 도즈에게 배운 그대로 하와이 원주민은 영아 살해를 저질렀다고 주장한다. 하지만 그 증거라는 것이 과거의 선교사가 직접 말한 것인지조차 의심스러운 풍문 말고는 딱히 없다.

최근 발레리오 발레리는 원주민의 토지 소유 형태가 봉건적이었다고 주장한다. 하와이어와 유럽어의 용어를 통해 언어학적 유사점이 있음을 입증하려는 것으로, 결코 충분한 뒷받침이 있는 증거라고는 볼 수 없다. 하와이 고고학의 대가인 패트릭 커치는 결핵이 하올레 이전의 하와이에서 '흔한 질병이었다'고 썼다. 또한 고고학자 폴 클레그혼은 커치의 주장을 그대로 베긴 뒤 과장해서 '많은' 하와이 원주민이 결핵에 걸렸다고 서술했다. 그러나 그의 저서에 하올레 이전의 하와이에 결핵 환자가 있었다는 것을 뒷받침할 만한 증거는 하나도 적혀 있지 않다.[10]

하와이 원주민에 대해 연구하는 학자들이 차례차례 거짓을 만들었다. 실제 인류학자나 고고학자 들이 어마어마한 기세로 우리 문화를 '발명'하고 있다고 말해도 될 정도다. 그들이 하올레 이전의 하와이 사회를 설명하면서 영아 살해와 봉건주의와 결핵을 끄집어낸 것에 우리 원주민이 당혹해할 수밖에 없는 이유가 있다. 원주민이 아니더라도 당혹스러울 것이다. 이런 조작을 전부 연결해 모아보면 인종차별주의적인 관점에서 그려진 한 민족의 초상화가 완벽하게 떠오른다고 말하면 납득

할 수 있을까. 그 초상화에는 서양의 관점으로 본다면 (영아 살해를 하기 때문에) 원시적이고, (봉건적 토지소유제도를 갖고 있기에) 후진적이며, 전염병에 걸린 민족이 그려진다. 이 거짓 초상화는 서양과의 만남이 먼 훗날 하와이 원주민에게 도움이 된다는 것을 시사한다. 서양과의 만남으로 인해 영아 살해가 폐지되고 토지의 사적 소유가 허용됐을 뿐만 아니라, 저명한 쿡 선장으로 대표되는 질병을 가진 서양인의 유입으로 원주민 인구가 격감한 것에 대한 변명도 되기 때문이다.

영아 살해와 봉건적 토지소유제 외에도 조작된 신화는 충분히 더 많고, 역사학·인구통계학·정치학 같은 분야에도 위조자가 있다. 뭔가 분명해졌다. 하울레는 원주민에 관해서라면 증거가 거의 없어도 혹은 전혀 없어도 부정적인 견해를 좋아하고 믿는 경향이 있다. 원주민의 문화와 신체가 서양에 비해 열등하다는 인종차별적인 믿음이 만연해 있기 때문이다.

원주민 국가를 수립하려는 운동에 15년 가까이 몰두해온 하와이 원주민의 한 사람으로서 나는 학자들(고고학자와 인류학자)과 수없이 싸워왔다. 발굴을 중단시키고, 골해부학적 감정이나 DNA 감정을 중지시키며, 하와이 원주민의 운동을 정확하게 전달하려고 요청하는 일이었다. 그때마다 그들에게 원주민의 처지를 이해받는 것은 무리라고 느꼈다. 그들은 거의 빠짐없이, 이를테면 문화적 분석과 그 외의 여러 가지 '과학적' 연구를 방패로 삼아 원주민의 주장을 거부했다. 그들 중 일부는 원주민의 취업 기회를 방해하거나 원주민의 동기와 정신 상태를 의문시하는 최악의 행태도 보였다.

이런 모든 일을 겪으며 나는 다음과 같은 태도를 취하게 됐다. 첫째,

하와이 원주민에 관한 모든 인류학과 고고학 연구를 막아야 한다. 조사하고 발굴하고 난도질하고 산산조각을 내고 분석하는 모든 활동을 중단시켜야 한다.

둘째, 인류학자와 고고학자는 자신들의 정치적 역할, 하와이에서의 위치, 하와이 원주민에 대한 책임 등에 대하여 진지하게 논의할 필요가 있다. 논의의 출발점으로 원자물리학자와 유전학자 간에 있었던 윤리적 토론 같은 것을 고려해볼 만하다. 이들은 자신들의 연구가 타인에게 잠재적 피해를 줄지도 모른다고 염려한다. 현재 진행 중인 하와이 원주민 운동에 대한 연구가 특히 그렇다. 우리의 적은 원주민을 폄하하고 공격하기 위해 날마다 이러한 연구 성과를 이용하기 때문이다. 바꿔 말하면 자신들의 연구가 원주민에게 어떠한 영향을 주고 연구 활동에서 어떠한 윤리적 혼란이 생기는지에 대해서 인류학자와 고고학자는 스스로의 문제라 여기고 서로 토론해야만 한다. 그 뒤에 학자와 하와이 원주민의 지도자가 대등하게 토론하는 기회를 가져야 한다.

셋째, 하와이 원주민은 비숍 박물관을 대상으로 독립적이고 전문적인 조사를 벌여야 한다. 이 박물관은 태평양제도에 중점을 두는 박물관 가운데 가장 크고 가장 오랜 역사를 가졌는데, 특히 하와이 원주민의 전통문화에 관심이 있다. 그러나 박물관과 용역 관계에 있는 고고학자의 자질과 학문상의 성실함에 대해서는 끊임없이 의문이 제기된다. 유적에 대한 허위 보고와 주정부 예산의 부정 사용 등이 그런 예다. 지난 10년간 하와이 원주민과 고고학 전문가 그리고 주 산하 기관으로부터 비숍 박물관에 대한 비판의 목소리(종교 유적지를 확인할 때 원주민의 전문 지식을 오만하게 무시하고 부당하게 작업을 진행하는 등)가 끊이지 않고 있다.

넷째, 하와이에서 연구에 종사하는 인류학자와 고고학자는 구미의 '문명'이라는 기준으로 원주민과 원주민 문화를 열등하고 야만스럽다고 분류할 일이 아니다. 학자 개인이 가지는 편견은 말할 것도 없고 자신의 연구 분야 자체가 인종차별적인 유산을 지니고 있음을 인정하고 그 사실을 공표할 필요가 있다.

나를 포함한 많은 하와이 원주민에게 금전과 명예를 목적으로 우리 조상의 무덤을 파헤치는 고고학자는 '마하오이 하올레', 즉 자신의 땅이 아닌 곳으로 침입해온 무례한 백인일 뿐이다. 원주민이 아닌 자가 조상의 무덤을 파헤치고 유골을 산산조각 내며 고속도로와 호텔을 건설하기 위해 그 유골을 다른 곳으로 치우면서 그것들에 대해 책을 쓰는 것은 문화적으로 명백히 잘못된 일이다.

백인은 인간의 뼈를 '과학적으로' 연구하는 일에 홀린 것 같은데, 우리 문화에는 그런 집착이 없다. 우리는 조상에 대한 '알로하'를 많이 지니고 있기에 망자의 매장은 의식을 행하고 경의를 표할 가치가 있다고 생각한다. 그래서 하와이 원주민의 대부분은 전통적인 유적을 발굴하고 분석하는 일에 도움을 주려 하지 않는다. 나로서는 '과학적' 지식을 늘리는 일과 우리 조상의 무덤을 훼손하는 일을 화해시킬 수 없다. 비록 서양인에겐 아무것도 아니더라도, 분명 신성한 것이 존재한다. 나에게나 대부분의 원주민에게나 유골, 무덤 그리고 의식은 '신성하여 침범할 수 없는 것'이다. 예외는 없다.

하와이 밖의 일에 어두운 사람을 위해 마오리와 그 밖의 원주민의 현황에 대해 한마디 해두고 싶다. 내가 이해하는 한 세계 각지의 원주민은 자신의 문화와 유물에 대해 무엇을 어떻게 해야 하는지 우리보다 훨씬 많은 권리를 행사한다. 그리고 완전히 독립된 나라에서는 원주민 스스로 모든 것을 결정한다. 더 말할 것도 없다. 그 밖에도 많이 있겠지만, 바로 자기결정권이라는 면에서 하와이는 다른 태평양 국가보다 훨씬 뒤져 있다.

마지막으로, 식민주의자라면 모두가 몹시 싫어하는 이야기를 거듭 말해두고 싶다. 원주민의 토지는 원주민의 것이다. 주거지에 대해 계보상의 주장을 할 수 있는 자는 원주민밖에 없다. 이 주장에 대해 구미인은 결코 인정하지 않겠지만, 그렇다고 해서 진실이 희석되지는 않는다. 실제로 구미인의 존재가 지배적이면 지배적일수록 원주민의 주장은 강하게 거부된다. 아메리카 대륙에서 백인은 '발견'이라는 허구를 끝까지 고집한다. 정복 시점에 이 대륙에는 이미 1억 5000만 명 이상이 살고 있었는데도 말이다. 접촉 이후에 이루어진 학살은 오늘날에도 계속되고 있지만, 그것도 전혀 인정하려 들지 않는다.

백인과 아시아계보다 약 2000년이나 먼저 건너온 우리가 하와이의 원주민으로 취급받지 못한 채 그저 우연히 도착한 이민 집단의 하나로 분류되고 있다. 하와이 원주민을 부를 때조차 '원주原住의indigenous'라는 말을 학자도 일반인도 결코 사용하지 않는다. 이민자를 가리킬 때 '이주자'라는 말을 쓰지도 않는다. 그러니 어느 이민 집단이라도 마치 하와이 원주민처럼 예전부터 하와이 땅에 살고 있었다는 착각을 불러일으키게 된다. 식민주의자가 원주민의 역사, 문화, 인간성을 부정하는 것이야말로 분명히 인종차별적이다. 어디든 같겠지만 하와이에서도 고고학자와 인류학자는 인간계와 자연계를 지배하려는 구미인의 거대한 프로젝트 가운데 핵심 부품이다.

의견을 달리하는 자 사이에서 중간 입장은 있을 수 없다. 비원주민은 아무리 오래 하와이에 살았다 해도 자신이 이주자(즉 우리 원주민의 고향에 몰려온 초대받지 않은 손님)임을 인정해야만 한다. 하와이 원주민은 우리가 유일하다. 아시아계, 백인, 그 밖의 사람이 원주민으로서의 지위를 주장하는 일은 가능하지도 않고 가능해서도 안 된다. 달리 말하면 하와이에 사는 사람이 모두 이민자는 아니라는 것이다. 그렇기 때문에 원주민에 대해 무언가 연구되고 출판되는 것을 정하거나 무엇이 신성한지를 결정할 권리는 우리 원주민에게만 부여된다.

이것이 내가 주장하고, 동시에 실현하고 싶은 일이다.

사랑스러운
훌라의 손길 :
관광산업과
매매춘

대부분의 미국인은 내 고향 하와이에 대해 누군가에게서 듣고 언젠가는 한번 가보고 싶다고 생각한다. 그러나 얼마나 많은 미국인이 어떠한 경위로 하와이가 미국에 합병됐는지, 왜 경제적·정치적·문화적으로 미국에 종속됐는지 알고 있는지는 의심스럽다. 또한 하와이 원주민이 아메리칸인디언과 동등한 지위를 목표로 영토와 정치적 주권을 획득하기 위해 20년 넘게 싸우고 있다는 사실에 대해서도 일반적으로는 알려져 있지 않다.

결정적으로, 미국인에게 태평양 지도를 펴놓고 하와이나 여타의 태평양 섬이 어디에 있는지 짚어보라면 제대로 가리킬 이가 몇이나 될까. 이런 지독한 무지에도 올해 500만 명이나 되는 미국인이 우리 고향에서 휴가를 즐길 것이고, 내년에도 후년에도 장래에도 이런 상황은 변하지 않을 것 같다. 이것이 이른바 미국적 생활양식이 지향하는 특권이고, 원주민에 대한 무지와 우월감을 동시에 드러내는 태도 그 자체다. 해외에 식민지를 두지 않고 전 세계의 자결을 가장 지원하는 나라가 미국이라는 이데올로기는 제2차 세계대전 이후의 미국제국주의 덕분에 해외보다 미국 국내에서 더 지배적이다. 그런 관점에서 볼 때 대개의 미국인에게 하와이는 '자신들의 것'이다. 어떻게 사용하고 빼앗아도, 더구나어떤 환상을 품어도 상관이 없다.

캘리포니아에서 비행기로 불과 다섯 시간 걸리는 곳에 환상의 시공으로 1000광년이나 떨어진 하와이가 있다. 거칠고 폭력적인 미국의 일상생활로부터 도피할 수 있는 섬이라는 이미지가 하와이에 들러붙어있다. 하와이라는 말을 듣고 머릿속에 펼쳐지는 풍경과 마음속에 들리는 감미로운 소리를 상상하는 것만으로도 달콤한 향기와 부드러운 감촉이 전해져온다. 무엇보다 오늘날 하와이는 '여성적인 것', 마법 같은매력을 지닌 원주민 '여성'이라는 이미지를 가지고 있다. 그래서 운이좋으면 그 '여성적인 것'이 방문자인 당신을 사로잡아버릴지도 모른다.

이런 허구상의 하와이는 서양인이 가진 병적인 성의식의 심연으로부터 나온다. 제국주의 전쟁의 틈새에서 이 성의식이 요구하는 것은 거무스름한 피부의 죄의식 없는 원주민으로부터 찰나적인 만족을 얻는 것임에 틀림없다. 사람들을 하와이로 끌어당기는 것은 번드르르한 할리우드 영화이고, 달콤한 앤디 윌리엄스의 노래이며, 제정신이 아닌 미국적생활양식에 의해 끊임없이 야기되는 심리적 상실감이다.

관광객은 현실로부터 도망가기 위해 내 고향으로 몰려오지만, 이곳을 공상의 낙원으로 그림으로써 이 땅에 옛날부터 살고 있는 민족을 파멸로 이끈다. 원주민에게 매일매일의 생활이 달콤하고 인간적인 것은아니다. 사실 대부분의 원주민에게 정치적, 경제적, 문화적 현실은 냉엄

하고 추악하며 혹독하다.

하와이에서는 원주민의 토지가 파괴되고 원주민 문화의 매매춘 거래가 횡행한다. 이런 일을 다국적기업(외국 자본도 있고 하와이 자본도 있다)과 대토지 소유자(예를 들어 선교사를 조상으로 두고 돌 파인애플로 유명한 캐슬&쿡) 그리고 지원을 아끼지 않는 주정부와 지방정부가 계획하고 실행에 옮기고 있다. 관광산업이야말로 하와이 경제의 구세주이고 원주민 문화가 그에 기여하는 것은 '자연스러운' 귀결이라고 그럴듯하게 주장한다.

이러한 이데올로기를 광고 에이전시(주정부 출자의 하와이 관광국 등)와 여행 회사(항공 회사 계열이 많다)가 만들어내고, 공범 관계에 있는 매스컴(영화, 텔레비전, 라디오, 일간지 등)이 유포한다. 하와이 노동조합은 일반 조합원이고 간부고 할 것 없이 관광객 유치를 외친다. 한편 건설업계는 리조트의 확대를 요구하고 끊임없이 로비 활동을 벌인다.

주요 교육기관인 하와이 대학은 수백만 달러의 혈세를 관광학과와 비즈니스 스쿨에 쏟아 붓는데, 후자는 부동산 센터와 자유기업 강좌(자본주의의 진면목을 감추기 위해 워커 강좌로 개명)로 구성된 교육기관이다. 하와이의 관광산업을 추진하는 주역으로서 이 두 기관은 관광 연구를 대대적으로 진행한다. 목적은 간단하다. 왜 하와이에는 골프 코스와 호텔과 관광 인프라가 지금보다 더 필요한가, 그리고 어떻게 하면 원주민 문화가 '자연스럽게' 나긋나긋해지고 재미있게 될까를 분명히 하는 일이다.

원주민 문화가 주정부 보증의 관광산업을 통해 상품화되어 팔려 나가는 것이 물론 하와이에만 한정된 현상은 아니다. 고아(인도 서남 해안에 있는 옛 포르투갈 영토-옮긴이), 오스트레일리아, 타히티, 미국의 남서부라는 언뜻 보면 공통점이 없는 듯한 지역에 사는 원주민도 피해를 입는다. 실제로 이런 문제가 빈번하게 일어나기 때문에 국제단체(예를 들면 방콕의 제3세계 관광에 대한 세계교회연합, 캘리포니아 주 관광감시 센터, 제3세계에 대한 유럽 네트워크)가 협력하여 원주민을 지원하고 관광산업에 대한 저항의 의사를 일상적으로 표명하는 데 도움을 주고 있다. 나는 하와이에 초점을 맞추고 우리 자신의 문화를 특화하고 있지만, 대부분의 원주민에게도 해당하는 일이라고 생각한다.[11]

다른 주요 관광지와 유사점은 있지만, 하와이의 경우 다음의 통계에서 보듯이 관광산업이 미치는 영향은 실로 충격적이다.

- 약 40년 전 미국의 주로 편입될 때 관광객 한 명에 하와이 거주자는 두 명을 넘었다. 현재는 거주자 한 명당 관광객이 여섯 명까지 불어났다. 하와이 원주민으로 한정하면 원주민 한 명당 관광객은 30명이다.[12]
- 경제학자와 범죄학자에 따르면 '오아후 섬의 범죄율(대인, 대물 범죄 모두)을 끌어올리는 가장 유력한 단독 요인은 관광산업'이다.[13]
- 인구통계학자가 과거 수년 동안 지적한 바에 따르면 '관광산업은 하와이 인구 증가의 커다란 요인'이고 '관광산업의 급성장으로 인구가 폭발적으로 증가한 탓에 1인당 소득이 급격하게 감소하는 추세'다.[14]
- 하와이 은행의 보고서에 따르면 하와이 주민의 실질소득 평균은 1970년대 전반부터 1980년대 전반까지의 관광 호황기에조차 불과 1퍼센트밖에 늘지 않았다. 1990년대도 마찬가지다. 국세조사국의 보고에 따르면 같은 시기 하와이의 개인소득 증가는 미국 50개 어느 주와 비교해도 두드러지게 나쁘고 최저 상태다.[15]
- 오아후 섬의 지하수 공급은 2000년에는 주민과 관광객 양쪽의 요구를 모

두 만족시키기에 부족할 것이다.[16]

• 〈호놀룰루 애드버타이저〉에 따르면 '일본인 투자가는 1987년 이래 하와이에서 71억 달러 이상을 써서 토지와 건물을 사 모으고' 있다. 이 금액은 토지와 물건이 대량으로 외국인의 손에 넘어간 것을 나타낸다. 예를 들어 하와이 섬에서는 약 2000에이커의 토지가 1850만 달러에 매각되고 몰로카이 섬에서는 7000에이커 이상의 토지가 3300만 달러에 매각됐다. 1989년에는 일본인이 토지를 구입하는 데만 10억 달러 이상을 지출했다.[17]

• 멸종된 혹은 멸종 위기에 처한 식물과 동물은 미국의 다른 지역과 비교해 하와이 제도에서 더 많이 볼 수 있다.[18]

• 2만 9000세대 이상이 주거, 목장, 농업 용지를 찾아 원주민 신탁지의 대기 목록에 올라 있다.[19]

• 인구가 가장 집중된 오아후 섬에서 주택 한 채의 평균 가격은 약 35만 달러다.[20]

• 평균적으로 한 세대의 수입에서 차지하는 주거비의 비율은 하와이가 미국 전역에서 가장 비싸고 최악이다. 그런 탓에 세대 총수입의 약 52퍼센트를 주거비에 할애한다.[21]

• 하와이 주민의 약 5분의 1이 '홈리스에 가까운' 상태로 분류된다. 이들 주민은 재난이 닥칠 경우 곧바로 홈리스가 된다.[22]

이런 통계를 보면 상당히 어두운 그림이 떠오르는데, 그것은 포스터와 여행업자가 들이미는 하와이의 이미지와는 꽤 동떨어진 것이다.

여기서 '관광산업'은 기업이 지배하는 대규모 여행업을 가리킨다. 이 업계는 그물처럼 종횡으로 지배한다. 즉 하나의 다국적기업이 항공 회사와 관광버스 회사를 소유하고 관광객을 자기 계열의 호텔로 데려간다. 여행자는 같은 계열사의 레스토랑에서 식사하고, 기업 소유의 레크리에이션 시설에서 골프를 즐긴다. 이렇게 하와이를 '체험'하고 결국에는 기업이 개발한 토지에 세워진 별장 구입을 고려하게 된다. 이 경우 이익은 거의 기업의 본국으로 보내진다. 하와이의 경우 '본국'은 일본, 타이완, 홍콩, 캐나다, 오스트레일리아 그리고 미국이다. 이런 의미에서 하와이는 바로 제3세계의 식민지와 같다. 하와이에서 '지역의 엘리트(하와이 주의 경우 민주당)'는 서로 협력하여 원주민의 토지를 빼앗고 사람들을 능욕한다.[23]

이런 종류의 관광산업은 다수의 여행객을 불러들이기 위해 수천 에이커나 되는 드넓은 대지에 대형 리조트를 세우게 한다. 그 결과 하와이 주민의 요구를 훨씬 넘는 수자원과 다양한 서비스가 필요해진다. 대형 복합 리조트에는 호텔, 골프장, 레스토랑 그리고 여행객의 모든 체험을 만족시켜줄 '필수 시설'이 건설된다. 대개의 경우 인프라 정비는 개발업자가 맡는데, 이것은 호텔의 증축을 지방정부가 허가해주는 데 대한 보상 성격이 강하다.

하와이에서는 점점 더 거대화되는 리조트 시설의 유치에 지방정부끼리 격전을 벌인다. 세원이 되는 리조트를 다른 지역보다 많이 가진 지방이 '풍족해지기' 때문이다. 그 가운데 가장 풍족한 곳은 호놀룰루 시인데, 오아후 섬 전체가 관할 행정구역이다. 오아후 섬에는 관광객이 찾는 네 개의 주요한 장소가 있고, 큰 국제공항도 있으며, 하와이 전체 인구의 약 80퍼센트가 거주한다. 호놀룰루의 몇 개 지역(예를 들면 와이키키)은 인구 밀집도가 세계에서 가장 높다. 더구나 연간 500만 명이 넘는 관광객이 607제곱마일이 채 안 되는 오아후 섬으로 밀려든다.

대지, 신, 족장, 백성의 연대기는 우주와
서로 뒤얽혀 있다

이제 '문화 매매춘' 문제로 넘어가 보자. 여기서 내가 정의하는 '매매춘' 이란 여성(과 여성적인 것)을 사물로 보는 제도 전체를 지목하고, 성적 가치를 돈을 매개로 사용하고 교환함으로써 여성을 깎아내리고 희생시키는 행위를 말한다. '매춘부'란 자신의 성적 능력을 자유의사로 파는 여성을 가리킨다. 매춘부와 매매춘을 생산하고 유지하는 제도의 기원은 물론 남성 지배적 사고방식에 있다. 포주는 매매춘을 중개하고 매춘부라는 상품을 관리한다. 그리고 손님의 출입을 망보고 매춘부가 성적, 경제적 기능을 충분히 다하는지 감시한다. 피해자인 여성은 포주의 가해 행위에 가담하게 되지만 마음은 저항에서부터 공모까지 왔다 갔다 하며 흔들린다. 어쨌든 매매춘이라는 제도는 남성에 의해 시작되어 지속되고 있다.

매매춘에 대해서라면 내가 다 설명하지 못할 정도로 훨씬 많은 것이 있겠지만 여기서는 이 정도로 그쳤으면 한다. 왜냐하면 모두가 아는 이 용어를 다소 넓게 해석해서 하와이 원주민의 문화에 일어난 일을 이해할 때 비유적으로 쓰려 하기 때문이다. 매매춘에 대한 세부적인 것을 정확히 밝히거나 하나의 모델을 빚어내는 것은 내 목표가 아니다. '매매춘'을 분석상의 카테고리로 사용함으로써 관광산업이 원주민과 원주민의 문화를 철저하게 모욕하는 현실을 전하는 것이 내 관심이다.

요약하자면 하와이 원주민의 문화에는 검토해야만 하는 네 개의 영역이 있다. 첫 번째는 우리 오네 하나우(고향)인 대지와 어장 그리고 큰 바다와 드넓은 하늘, 두 번째는 우리말과 춤(훌라), 세 번째는 우리 가족의 계보, 네 번째가 우리 여성이다.

하와이 원주민의 모올렐로(역사)는 우리 연대기 가운데 감춰져 있다. 쿠물리포(위대한 우주적 연대기)에서 원주민의 정체성을 찾을 수 있다. 이 연대기가 전하는 '본질적 가르침'은 '하와이 원주민의 세계는 서로 뒤얽혀 있고 각각의 부분을 따로 떨어뜨려 생각할 수 없다'는 것이다. 그리하여 '대지, 신, 족장 그리고 백성의 연대기는 우주의 모든 면과 함께 서로 뒤얽혀 있다'.[24]

파파(어머니인 대지)와 와케아(아버지인 하늘)의 모올렐로 사이에서 고향인 섬들(하와이, 마우이, 오아후, 카우아이, 니하우)이 탄생했다. 그리고 인간으로 이어지는 자손 가운데 토란이 나고 그 토란으로부터 하와이 원주민이 태어났다. 우리의 연대기에 따르면 인간은 대지와 토란을 쿠아아나(연상의 형제 자매)로 보고 가족적 관계를 지닌다.

폴리네시아 전역에서도 그렇지만 하와이에서도 연하인 사람은 연상인 사람을 돕고 공경해야 한다. 한편 연상인 사람은 연하인 사람을 부양하고 돌봐야 한다. 그래서 대지의 아이인 하와이 원주민은 사람에게 식량을 내어주는 토지를 경작하고 농작물을 재배해야 한다. 인간과 대지의 이러한 관계를 우리는 대지를 사랑하라는 의미의 '말라마 아이나' 혹은 '알로하 아이나'라고 한다.

인간과 대지가 조화롭게 함께 어울린 결과로 얻게 되는 균형을 '포노'

에마 드프리즈. 1941년 이후 미군이 지속해온 포격 연습에 항의하고 카호올라웨 섬 점거에
상륙한 젊은이들을 지지한 쿠푸나(장로)의 한 사람. 카호올라웨 섬에 건너가 조상을 위해
진혼 의식을 치렀다. 사람의 마음을 끌어당기는 마나의 위대함에 군 당국도 경각심을 가졌다.
에마가 사망한 후의 공백은 크고 메우기 어려울 정도다. (사진: 에드 그리비)

라 한다. 하와이 원주민 사회에서는 질서를 유지하고 식량을 충분히 확보해 잘 통합하는 것이 알리이(족장)의 의무였다. 마카아 이나나(백성)는 대지를 경작하고 족장에게 수확물을 제공했다. 한편 알리이는 식량 생산을 조직화하고 신들을 위무했다.

오늘날 '말라마 아이나'를 '토지 관리'라는 말로 바꿔놓는 사람도 있지만, 이렇게 하면 정신적 그리고 계보상의 연결이 전해지지 않는다. 대지를 사랑하고 풍요롭게 하는 일은 하와이 원주민이 갖는 가치관의 일부다. '아이나'는 '대지'를 나타내는 말의 하나로 '식량을 내주는 것'을 의미한다. 하와이 땅에 태어난 사람을 나타내는 '카마아이나'에는 '대지의 아이'라는 의미가 있다. 이렇게 대지와 하와이 원주민의 관계는 가족적이고 상호적이다.

하와이의 신도 대지에서 태어났다. 화산의 신 펠레, 비옥한 계곡과 평원의 신 카네와 로노, 대양과 거기에 사는 생물 모두의 신 카날로아 그리고 다른 여러 신도 마찬가지다. 우리 원주민에게는 우주 전체가, 눈에 보이는 것이나 보이지 않는 것이나 모두 신으로부터 받은 것이다.

우리 세계에서는 연상인 사람(쿠푸나)이 연하인 사람(모오푸나)을 소중히 여겨야 한다. 인색하지 않은 관용의 마음에 커다란 가치를 둔다. 원주민 사회에서 사람과 사람 사이는 '알로하'의 마음으로 이어져 있다. 이 말은 아주 쉽게 '사랑'으로 번역되곤 하지만, 실제로는 하와이 원주민만의 독특한 의미가 담겨 있다. 앞서 말했듯이 혈연적, 계보상의 이유다. 하와이 원주민은 자신의 고향에, 그리고 하와이에서 같이 생활하는 친족에게 알로하를 느낀다. 혈연관계가 없는 사람에게 알로하를 느낀다거나 실천하는 일은 거의 불가능하다. 그래서 마음이 통할 것 같은 비원주민이 몇이라도 있으면 그들과 가족적인 관계를 맺고 서로 알로하의 마음을 가지고 교분을 시작한다. 그러나 알로하는 마음 밑바닥에서 나오는 것이기 때문에 자유롭게 주고 자유롭게 받는다. 주고받는 것을 요구하지도 않고 할 수도 없으며, 명령하지도 않고 할 수도 없다. 무엇보다 알로하는 원주민 사이에서, 그리고 원주민과 대지 사이에서 태어난 문화에 뿌리박힌 감정이고 관습이다.

알로하의 의미와 의의를 살피면 하와이어(올렐로)가 원주민 문화의 핵심이라는 점을 깨닫게 된다. '올렐로'는 '말'과 '혀'라는 두 개의 의미를 가지며, '모올렐로'는 혀로부터 나오는 것, 즉 '이야기'를 의미한다. 하올레에 따르면 하와이 원주민은 구전해 내려오는 역사를 지녔지만, 우리가 가진 것은 창세기처럼 하나의 세대에서 다음 세대로 이어진다. 원주민이 역사를 인식하는 방법은 하올레와 다르다. 전통을 중시하는 사회에 살았던 하와이 원주민에게 말은 엄청나게 커다란 힘을 가진 것이기 때문에 "이 카 올렐로 케 올라, 이 카 올렐로 카 마케(말 속에 생명이 머물고 말 속에 죽음이 머문다)"라는 표현이 생겨날 수 있었다.

약 2000년간 원주민이 이어온 하와이 이야기는 1900년(하와이가 미국의 영토가 된 해) 미국이 밀어붙인 정부에 의해 금지된 탓에 사멸 직전의 상황에 이르고 말았다. 19세기 말 비원주민을 포함한 대부분의 하와이 사람이 하와이어를 말하는데도 그 이후 학교의 교육 용어나 관공서의 공용어는 모두 영어를 사용하도록 강제됐다.

그러나 1970년 이후 하와이어가 눈에 띄게 부활하고 있다. 특히 하와이어를 교육 용어로 쓰는 학교의 융성이 두드러진다. 현재 하와이 주는 하와이어와 영어 모두를 공용어로 삼고 있고, 따라서 하와이어를 말할

줄 아는 교원 수도 나날이 늘어나고 있다.[25]

하와이어의 개화와 함께 원주민의 춤도 피어나고 있다. 그중에서도 '훌라 카히코'라는 고전무용이 특히 더 그렇다. 할라우(훌라 교실)가 하와이 곳곳에 생기고 쿠무 훌라(훌라 스승)도 늘어나 훌라 대회가 개최될 때마다 만원 관객이 사나흘 동안 밤새도록 연기에 심취한다. 실제 태평양의 섬들에 사는 사람들 사이에서도 하와이 원주민의 훌라는 가장 세련된 현대 폴리네시아 예술의 한 형태로 받아들여진다.

물론 하와이 원주민이 현재 경험하고 아이들에게 계승하려는 문화의 재활성화는 우리 자신의 과거와 생활양식을 '되찾는' 동시에, 이른바 서양 문명의 미국판에 의한 식민화를 '거부하는' 것이다. 이것이 인류학자를 비롯한 부류가 문화의 재활성화를 거부하고 폄하하는 이유다. 재활성화가 정치적 영향력을 가지고 정신의 탈식민화로 이어진다는 점을 그들은 명료하게 이해하고 있다. 그래서 핵가족을 사회의 기준 단위로 보는 것과 개인주의를 인간 표현의 최고 형태로 보는 것을 우리가 거부하면, 사회사업가나 교회 관계자, 법조계나 교육계 인사가 극도로 화를 내는 것이다.

하지만 하와이 원주민은 '사생아'로 불리는 어린이를 이후에도 가질 것이고, (서양의 법 개념으로는 인정하지 못하겠지만) 미성년자든 성인이든 가리지 않고 양자로 받아들일(하와이 말로 '하나이') 것이며, 토지와 물을 사유재산으로서가 아니라 집단적으로 소유하고 사용할 것이다. 타인을 앞지르려 노력해서 결국 혼자만 빛나야 한다는 사고방식과 가치관을 비난할 것이다.

이러한 하와이 원주민의 가치관은 모두 '오하나'라는 관념에서 발전한 것이다. 오하나는 대충 '가족'으로 해석되지만, 더 정확히 말하면 근친과 연이 먼 사람 둘 다로 이루어진 집단을 가리킨다. 그리고 집단은 토지와 음식에서 아이와 지위에 이르기까지 거의 모든 것을 나눈다. 개인적인 붕괴를 막아주기 때문에 나눈다는 것이 가치관의 중심에 있다. 물론 빈곤은 피할 수 없는 것이지만, 집단 안에서는 누구든 서로 나눌 뿐이다. '쿠아아나(연상인 사람과 연하인 사람 간의 상호 관계)'가 실천되는 곳에서는 오하나가 잘 기능한다.

마지막으로 오하나의 틀 안에서 여성은 원주민 민족에게 생명을 주는 자로 간주되기 때문에 존경과 명예를 받는 대상이다. 젊은 여성은(보통 젊은이가 그렇듯이) 우리 라후이(민족)의 푸아(꽃)다. 원주민 여성의 아름다움, 특히 성적인 아름다움은 누구나 인정하는 것이고 부모와 형제만이 아니라 원주민 전체의 보물로 여겨진다. 원주민은 성적 관계에 개방적이고 너그러운 문화를 가지고 있지만, 기독교 등의 종교 단체가 이 전통적 가치관에 커다란 상처를 주었다.

관광객은 이제 그만

하와이는 그 자체로 성적 가치가 폄하되고 훼손된 여성이나 마찬가지다. 우리 아이나(대지)는 더 이상 음식과 주거의 원천이 아니고 이제 돈의 원천으로 전락했다. 대지는 이미 파파(어머니)가 아닌 '부동산'으로 불린다. 미국인에게 사람과 대지의 관계는 착취하는 자와 착취되는 사물의 관계에 지나지 않는다. 경치가 아름다운 곳곳의 명소는 원주민에게 성지였지만 지금은 고급 리조트 단지로 변해버렸다. 한때 그물로 물고기를 잡고 해초를 채집하고 게를 잡느라 분주했던 해안은 일광욕과 윈드서핑과 제트스키를 즐기려는 사람들로 북적거린다. 외지인은 이곳이 원래부터 제 것인 양 휘젓고 다니는데, 원래 그 지역에 살던 사람은 호텔 근처의 해안에 가까이 가는 것조차 규제되고 금지된다.

'말라마 아이나(대지를 사랑하라)'라는 표현은 주정부 관리가 새로운 관광 기획을 세우기 위해 사용하기도 한다. 호텔이 '자연생태적으로' 세워질 것이라고 해당 지역 사람을 설득할 때 이 하와이어가 사용된다. 하지만 완공된 호텔에서는 상주하고 있는 역사 전문가가 원주민에 대한 '발명된' 신화와 '원시적인' 이야기를 들려주며 호텔 투숙객을 기쁘게 한다.

고등학교와 호텔업계는 손을 잡고 10대 젊은이를 여행 가이드로 삼아 대형 리조트로 보낸다. 이들은 졸업 후의 직업 체험이라는 미명 아래 주방 일이나 정원 손질, 허니문용 스위트룸 담당이 되기도 하지만, 어쨌든 하와이 주에서 최저 임금으로 일하는 것은 분명하다. 또한 주정부 교육국은 관광산업의 중요성을 홍보하는 교재와 영화를 주 전역의 초등학교에 배포한다. 〈나에게 관광산업이란 무엇인가〉라는 뻔뻔스러운 제목이 붙은 영화는 '우리 마을에서 가장 괜찮은 것이 관광산업'이라고 지겹게 떠들어대는 신문처럼 하와이 주민을 설득하려고 한다. 물론 이런 선전은 모두 관광산업에 대한 진실을 가리기 위한 것이다. 사람을 제물로 하는 거대 산업에 의한 환경 파괴와 저임금과 토지 강탈 그리고 비싼 생활비(하와이가 미국의 50개 주 중 가장 생활비가 비싸다)라는 무서운 진실을 덮기 위해서다.

한편 원주민의 가치관과 관습을 시장에 더 내다팔기 위해 원주민 문화의 상품화가 진행 중이다. 결국 매매춘이란 수입을 얻기 위한 자신의 재능이나 마찬가지다. 이런 재능이 하와이식으로 말하면 '훌라'이고, 원주민의 관대함을 나타내는 '알로하'이며, 젊은 원주민 남녀의 아름다움을 나타내는 '우이'이고, 우리 토지와 물, 즉 원주민의 고향과 하와이의 마르지 않는 매력이다.

이런 재능 판매는 수입으로 이어지지 않으면 안 된다. 그래서 원주민의 이 같은 속성을 이윤으로 변환하는 것이 관광산업과 하와이 주정부의 기능이다. 그러기 위해 첫 번째로 요구되는 것이 물건(문화적 속성)의 변형이다. 그것은 마치 여성이 매춘부처럼 보이게 하기 위해 변신하는 것과 같다. 매춘부란 말하자면 스스로를 상품화함으로써 공범 관계에 빠져든 여성이라고 볼 수 있다. 그래서 훌라 무희는 피에로와 같은 화장을 하고 폴리네시아 나라들의 문화를 몰래 섞은 의상을 입고 음란하고 외설적인 방식으로 춤춘다.

그렇기 때문에 훌라가 본래 지닌 기운찬 에로스를 느끼지 못하게 된다. 음란함과 에로스의 차이는 바로 구미의 문화와 하와이 원주민 문화의 차이다. 호텔의 쇼에서 연출되는 훌라는 본래의 신성함이 완전히 사라져 남성의 건장함과 여성의 성적 매력이라는 표면적인 현란함밖에 남아 있지 않다. 인간과 신을 매우 기뻐하며 마음으로부터 기리는 내면의 아름다움이 사라지고 오직 돈벌이를 위한 오락으로서 훌라가 연출된다.

물론 중요한 것은 '하와이의 모든 것이 관광객, 비원주민, 방문자인 여러분의 것이 된다'는 메시지다. 경관도 원주민도 원주민 문화도 그리

하와이 원주민의 카호올라웨 섬 '무단침입'에 대한 연방 재판 당시, 하와이 원주민은 미국의
식민화에 반대하는 시위를 벌였는데 이때 그들은 원주민의 전통적 상징을 사용했다.
원주민이 착용한 호박 헬멧은 저항과 자부심을 나타낸다. (사진: 에드 그리비)

고 '원주'민으로서의 우리의 정체성도 모두 매물로 나와 있다. 때때로 알로하라는 말이 하와이적인 것을 뺏기 위한 소도구로 사용되는 일도 있다. 실제 이렇게 사용되는 알로하는 하와이 원주민 문화의 틀에서 일탈했기 때문에 전혀 의미를 갖지 못한다.

요컨대 하와이는 매물로 전시되는 존재다. 돈이 조금밖에 없는 사람은 얼마 안 되는 시간만 허용되지만 일본인처럼 많이 가진 사람은 느긋하게 감상하는 것이 가능하다. 주정부와 지방정부는 관광객을 유치하기 위해 세금 우대 조치를 강구하고 인프라를 정비한다. 때로는 주지사나 단체장이 직접 공항에 나가 방문객을 영접하는 일도 있다. 포주가 가격을 정하고 매춘부라는 상품을 지키는 것처럼 주정부도 개발업자와 결탁해서 하와이의 토지와 문화를 관광객 앞에 내민다. 최고급 리조트를 건설하고 가장 돈 많은 관광객을 불러들이는 업자와의 상담이 성사된다. 그 업자는 호텔의 객실 수도 골프 코스도 레스토랑도 다른 업자보다 많이 인가받는다. 빠른 인허가, 잡다한 건축 제한 해제, 상하수도 설치 등이 기적적으로 쉽게 이루어진다.

반면에 그들에게 쉬웠던 모든 일이 원주민에게는 선택의 여지가 거의 없다. 우리에게 가능한 것이라면 실업자의 줄을 길게 하는 것, 군에 입대하는 것, 관광산업에서 일하는 것, 그것도 아니면 하와이에서 나가는 것뿐이다. 고향을 떠나는 원주민은 해마다 계속 늘어나고 있다. 원해서가 아니다. 먹고살기 위한 어쩔 수 없는 선택이다.

관광산업에서 일하는 원주민은 댄서, 웨이터, 가수, 기사, 정원사, 청소부, 바텐더 등 저임금직에 몸담고 있다. 몇 안 되는 호텔 매니저 일조차 연수입이 1만~2만 5000달러 정도인데, 하와이에서 가족을 부양하기에는 부족한 수입이다. 원주민 젊은이는 다른 선택지가 없기 때문에 관광산업을 유일한 취직 창구로 받아들이기까지 한다. 젊은 여성은 웨이트리스로 일하거나 주말 쇼에서 춤추는 것보다 모델 쪽이 '깨끗한' 일이지만, 이 노릇도 관광산업이나 원주민 여성의 상품화 논리에서 벗어나지 못한다. 결국 일자리는 하나부터 열까지 관광산업에 의해 좌지우지된다.

하와이 원주민이 착취되는 것은 사실이지만, 또한 관광산업에 몸담고 있기 때문에 원주민에게도 '공범'이라는 문제가 생겨났다. 저임금에 승진도 거의 없기 때문에 공범 문제를 안고 있다 하더라도 경제적 절망감에 빠져 관광업계로 흘러들어오는 원주민 수는 줄어들지 않는다. 자신들의 문화가 상품처럼 취급받는 것을 거부하려 해도 실업이 눈앞에 아른거리는 이상 이런 문제는 부차적인 것이 되어버린다.

물론 관광산업을 식민지화의 일부로 간주하지 않는 원주민도 많다. 그들은 관광산업을 직업의 공급원으로 여기지, 결코 문화적 매매춘의 한 형태로 생각하지 않는다. 비판 정신을 가진 사람조차 관광산업에 의해 하와이 원주민 문화가 제물이 된다는 점을 결코 인정하려 들지 않는다. 이것이야말로 우리의 정신이 얼마나 억압되었는지 보여주는 척도다. 문화적 매매춘의 한복판에서 살고 있는 탓에 자신의 문화가 모욕을 당하는지도 우리는 깨닫지 못한다. 식민지에 살면서도 억압받는 것을 깨닫지 못할 정도로 정신의 식민화를 겪고 있다.

억압을 알아차리면 그 시점에서부터 탈식민화가 시작된다. 관광산업 강화를 도모하는 새로운 호텔 건설에 대한 저항의 움직임이 나타나고, 관광산업을 대신할 수입원으로 거론되는 지열발전소 개발과 망간광 채굴 등에 대해서도 저항운동이 벌어지고 있다. 게다가 관광객 증대에 대한 저항의 자세도 단단해지는 것을 감안하면 정신의 탈식민화는 이미 시작됐다고 말할 수도 있다. 그러나 주권 회복에 도달하기까지는 아직 넘어야 할 장애물이 많다.

지금까지 하와이 원주민의 문화가 싸구려로 취급되는 모습을 짧게나마 설명했는데, 이것은 소개에 지나지 않는다. 이제 원주민의 생각을 읽었으니 나머지는 독자가 그저 곰곰이 생각해주기 바란다. 만약 우리 고향을 방문하려는 생각이라면 제발 멈추길 바란다. 관광객은 그만 왔으면 좋겠다. 우리는 관광객을 원하지도 필요로 하지도 않는다. 사실 관광객이라면 진절머리가 난다. 우리 주장을 이해했다면 부디 주변의 친구에게도 이 메시지를 전해주면 좋겠다.

DEPART

Know thy

RACIS

SEXIS

COLONIA

백인
대학의

하와이
원주민

2

Native Hawaiians in a White University

하와이 대학에서의
인종차별주의:
개인적이고
정치적인 견해

식민주의적 맥락

우리 고향에 서양인이 들어오고 난 18세기 이후 하와이는 햇빛 쏟아지는 해변, 사람의 발길이 닿지 않은 짙푸른 계곡, 분화를 계속하는 화산 그리고 쾌활한 원주민으로 상징되는 '낙원'으로 크게 알려졌다. 할리우드 영화와 관광산업의 선전이 효과를 낸 덕에 낙원 신화는 아직도 이어지고 있다. 서양에 그리고 그 이상으로 일본에 하와이는 태평양에 떠 있는 휴양지이고 도피와 로맨스와 레크리에이션에 최적인 장소다. 하와이는 그들에게 상상 속, 마음속의 나라다. 그러나 하와이 원주민에게 이런 이미지는 식상한 식민주의적 프로파간다에 지나지 않는다.

하와이의 공교육을 이해하기 위해서는 이런 식민주의의 맥락에서 생각하지 않으면 안 된다. 실제 하와이의 공교육은 프랑스령 타히티에서 행해지는 프랑스어 교육 그리고 영연방의 일원인 뉴질랜드의 영어 교육과 같은 목적을 지니고 있다.[1] 주 공교육의 사령탑으로서 피라미드의 정점에 하와이 대학이 군림하고 있다. 전체 학생 수가 4만 명을 넘는 이 대학이 바로 식민주의의 살아 있는 상징이다. 하와이 대학은 많은 점에서 미군 주둔과 꼭 닮았다. 군사령부와 같은 기능을 교육에서 발휘하기 때문이다. 군이나 대학이나 모두 백인 지배를 옹호하고 주 경제를 지탱하며 장래의 테크노크라트를 양성하는 장이 됐다.

다른 식민지에서도 그렇듯이 대학의 기능은 종주국의 문화와 제도를 합법화하고 그 권력을 확고하게 하는 데 있다. 마찬가지로 하와이 대학도 하올레 미국인에 의한 지배를 유지하는 데 목적이 있다.[2] 표준적인 미국 대학의 커리큘럼, 관료적인 기구 그리고 백인 지배의 교수진이 이 대학의 특징이다. 게다가 '여행산업경영학과'와 '자유기업 강좌'(나중에 '워커 강좌'로 개칭)가 개설돼 있고, 주 내의 관광산업을 지원하는 '하와이 부동산 센터'도 딸려 있다. 연방정부 제휴의 부속 시설인 이스트-웨스트센터는 베트남 전쟁 당시 반공산주의의 싱크탱크로 설립됐지만, 지금도 아시아-태평양 지역에 관심이 있는 군과 정부 그리고 기업 관계자가 모여든다. 이런 시설이 모두 지구상에서 가장 동떨어져 있는 폴리네시아의 작은 섬에 존재하는 것이다.

더구나 이 대학은 하와이 원주민의 조상 대대로 내려오는 땅에 건설됐다. 하와이에는 아시아계 주민이 가장 많고 백인과 하와이 원주민이 각각 하와이 전체 인구 100만 명 가운데 약 5분의 1씩 차지한다. 그런데 하와이 대학은 백인 식민지의 초기 단계인 19세기로 되돌아온 듯 착각할 정도의 분위기다. 유색인종이 전체 학생의 75퍼센트 이상을 차지하는데, 교수진은 75퍼센트 이상이 백인이다. 설탕회사나 은행과 나란히 하와이 대학은 누구의 눈에도 명백한 백인 우위라는 현실에 원주민의 요소라곤 조금도 더하려는 시도를 하지 않는, 식민지 시대의 몇 안 되는 유물이다.

1981년 나는 백인 권력의 아성이라 할 만한 이 대학에 미국연구학과 조교수로 채용됐다. 나는 활발하게 일하고 때로는 하와이 원주민운동을 옹호하는 연설도 했다. 채용 직전까지 나는 위스콘신 대학에서 페미니즘 이론을 주제로 박사학위 논문을 쓰고 있었다. 미국 사회에 동화되어 전문직에 몸담는 쪽이 좋다는 권유를 받고 본토의 대학으로 유학을 간 나는 하와이 원주민이 왕왕 그렇듯이 원주민 민족주의자가 되어 식민지 하와이에 돌아온 것이다. 나는 차츰 미국제국주의를 원주민의 처지에서 비판하는 비평가로 세간에 알려지게 됐다. 하올레 신문은 나에 대해 '원주민운동의 공격적인 활동가 중 한 명'으로 보도했지만, 나의 말과 행동은 대중을 위한 비판적인 이의 제기의 선을 결코 넘지 않았다.

그러나 식민지에서는 어떠한 이의 제기라 할지라도 위협이 된다. 원주민의 이의 제기는 특히 더 그렇다. 내가 채용되면서 학과 안에 잠복해 있던 인종차별주의와 정치적 억압의 분위기가 일제히 분출되어 1986년 가을에 내가 (인종차별, 성차별에 대한 불만의 배출구로 설치된) 다른 연구 센터로 옮길 때까지 난리법석이 이어졌다. 채용되었을 때부터 옮기는 날까지 5년간 나는 개별 교수와 대학 전체로부터 인종차별적인 공격을 받았다. 논문과 연설로 비판적인 견해를 표명하려 하자 방해 작업이 들어왔고 학문의 자유도 침해받았다. 특정 주제와 사상에 대한 교육을 금지당하고, 일상적으로 비열한 짓거리를 받아야 했다. 그러나 모든 억압적이고 부당한 상황에 놓여도 나는 학생 단체의 지원을 얻어 싸워 나갈 수 있었다.

내가 굴복하지 않고 이겨낼 수 있었던 것은 대학의 조합 등으로부터 지원을 받을 수 있었기 때문이다. 이 투쟁에 나는 인생의 5년 이상을 써 버렸다. 그러나 저항의 노력에 대한 보상을 받고 승리할 때쯤, 대개 그렇듯이 이 투쟁은 최종적으로 나의 개인적인 승리 이상의 것이 되어 있었다. 하올레의 세계에 덤벼들어 최후의 승리를 움켜쥔 한 하와이 원주민 여성의 이야기는 들어볼 만한 가치가 있다고 믿는다.

인종차별주의와 정치적 탄압: 무대의 배경

지금부터 미국연구학과가 식민지 하와이에 탄생한 기묘한 경위에 대해 이야기해보려 한다. 이 학과는 1980년대 초 연방정부에 의해 설립된 이스트-웨스트센터 계열에 속하고, 내가 응모한 시점에는 거의 20년간 동일한 인물이 학과장으로 근무 중이었다. 본인이 자랑스럽게 말하듯이 그는 이스트-웨스트센터와 대학에 취임하기 전 중앙정보국CIA에서 근무했다. 그는 유색인종(하와이 원주민도 포함)에 대해 차별적인 발언을 일삼는 것으로 유명했는데, 학내 소수의 진보주의자에겐 적으로 간주됐다. 그는 학과장으로서 학과 개설 초기에 교수진을 조직했고, 자신의 제자 두 사람을 고용했다. 오랫동안 재직한 탓에 학과장의 권력은 거대했고 반면 학과회의 힘은 보잘것없었다. 그 결과 학과장의 한마디에 교수진은 고분고분 움직여야 했고 (학과장의 교체 요구는 꿈도 못 꿀 정도로) 굴종적인 상태였다.

1981년 당시 이 학과에는 남성 전임 교원 아홉 명과 여성 시간강사한 명, 남성 명예교수 두 사람이 있었다. 그 가운데 두 사람이 아시아계이고 나머지는 모두 백인이었다. 하와이 원주민 출신 교원은 아무도 없었다. 학문적으로 보자면 단행본을 포함해 출판 경험이 있는 사람은 3분의 1에 지나지 않았다. 나머지는 자비로 책을 냈거나 학과장처럼 불과 두세 편의 논문을 썼거나 또는 전혀 쓰지 않은 상태였다.

이데올로기적으로 말하면 이 학과는 바로 '아메리카 만세'형의 친자본주의, 친제국주의적 관점을 표방했다. 흑인의 시민권운동이나 반전운동, 여성해방운동을 강의에서 취급하는 교수는 없었다. 지적인 면에서 보면 교수진은 1960년대 이전대로였다(그리고 현재도 그렇다). 실제로 제3세계나 마르크스주의적 미국 분석이라는 관점은 전혀 없었다. 게다가 하와이의 원주민운동에는 전혀 관심을 보이지 않았고, 식민지적 상황으로 인해 미군과 관광산업에 착취되는 실태에도 전혀 주의를 기울일 기미가 없었다.

관광객에게 보이는 모습과는 달리 교수진에게 하와이 원주민의 존재 따위는 생판 남의 이야기였다. 뉴질랜드의 원주민족 마오리의 존재가 오클랜드 대학의 영국인 교수와 무관하다는 것과 같지 않을까. 덧붙이자면, 학자들은 일반적으로 주위 사회로부터 고립되어 지내는 탓에 인종차별주의의 정도가 더 강화됐다고 할 수 있었다. 당시의 교수진은 학생은 물론 일반 대중에게 우월감을 가지고 있었다. 왜냐하면 학생과 하와이 주민의 압도적인 다수가 아시아계와 하와이 원주민(미국인은 '비백인'이라고 자주 말한다)이었기 때문이다.

문화적으로는 이 인종적 우월감이 다양한 방식으로 손을 뻗는다. 혼성어(피진 영어, 영어와 하와이어가 결합되어 만들어진 단순한 형태의 언어-옮긴이)를 쓰는 지역의 학생에게 차별적인 발언을 하는 교수도 많다. 그들이 말하는 표준 영어를 학생이 (안 쓰는 것이 아니라) 못 쓰는 것이라고 일방적으로 단정했기 때문이다. 학생에게 미국의 문화 제도에 대한 지식(《뉴욕 타임스》나 메이저리그 따위)이 거의 없다는 것을 알자 어떤 교수는 하와이 같은 시골에 살아서 그렇다며 '시골의 답답함'에 분개하고 슬퍼했다고 한다. (실제로 어떤 부교수는 하와이의 '답답함'만을 다룬 책을 써서 자비로 출판하고 자기 수업의 과제로까지 지정한 일이 있다.) 또 많은 교수는 하와이의 문화적 습성(유머와 지역 사람의 복장 등)을 품위 없는 농담이나 촌사람의 익살 같다고 비웃곤 한다. 그리고 하와이 원주민의 문화를 훌라 페스티벌 또는 관광객 대상의 루아(잔치) 같은 오락이나 레크리에이션 부류로 격하한다. 실제 미국연구학과의 교수 대부분은 제국의 변두리 식민지에 온 개척자처럼 행동하면서 더 나은 기회가 올 때까지 지금의 자리에서 참고 지내자고 생각한다.

제1막: 백인 남성의 땅

1981년 2월 나는 미국연구학과의 교수직에 응모했다. 여성학과 비교문화 연구(내 경우에는 하와이와 태평양)의 업적이 응모 조건이었다. 51명이 응모했는데 학과의 인사위원회는 2차 전형 대상자로 여섯 명을 선택했고 나도 거기에 들어 있었다. 2월 23일, 학과는 최종 전형의 대상으로 두 명을 결정했다. 한 사람은 백인 여성으로 머지않아 아이비리그 대학에서 미국학으로 박사학위를 받을 예정이었다. 다른 한 사람이 나로, 나는 위스콘신 대학에서 정치학 박사학위를 받을 예정이었다. 심사는 아주 길게 이어졌고(전부 여섯 시간이 걸렸는데 오후와 저녁으로 나눠서 진행됐다), 논쟁을 불러일으켰다. 내 정치적 태도가 공공연히 토의에 부쳐졌고 어떤 교수(아시아계)는 '급진적'이라는 이유로 나의 채용을 보류하자고 주장했다. 이것은 일제사격의 시작에 불과했다.

2월 하순 어느 날 학과장이 내 이력서에서 '지역 활동'에 관한 몇 쪽 분량을 삭제했다. 학과에서 지정한 항목이었기 때문에 내가 이력서에 기입한 것이었다. 교수 중에 나를 지원하던 한 사람이 따져 묻자 학과장은 다른 후보자의 이력서에는 같은 항목이 빠져 있기 때문에 이력서의 '균형을 맞추기 위해' 삭제한 것뿐이라고 변명했다. 앞서 말한 또 한 사람의 최종 전형 대상자는 본토에서 건너와 면접을 마치고 벌써 모의 강의를 하고 있었다. 학과장은 이 후보자를 자기 집에 머물게 하고 환영회도 열었다. 하와이 원주민 후보자인데다 원주민운동 활동가인 나에게 그 같은 대접은 있을 리 없었다.

우리 두 사람에 대한 면접이 진행되던 3월 중순까지 나를 지원해준 교수들과 학과장 사이의 관계는 아주 냉랭해졌다. 정식 절차를 밟기 위해 (그리고 대학 당국의 감시를 잘 피하기 위해) 나에게도 환영회를 열어줘야 한다는 의견이 일부 교수 사이에서 나왔다. 급히 잡은 모임이 어떤 교수의 집에서 열렸지만, 이즈음이 되자 어떤 '정례적인' 면접도 나에게 구원의 수단이 될 것 같진 않았다. 내가 '백인 외 출입 금지' 구역에 들어갔다는 것을 분명히 알게 됐다. 학과 내에 아시아계 교수가 두 사람 있었지만 (두 사람 모두 동화주의자인 것을 자인하고 활동가라는 이유로 공공연히 내 채용을 반대했다), 나의 존재는 적어도 학과장에게는 불법 침입한 하와이 원주민일 뿐이었다.

3월 20일에 교수들의 투표가 있었다. 지원자의 이야기에 따르면 학과회에서는 원주민의 입장을 밝힌 나의 급진주의에 대해 여러 논의가 터져 나왔고, 나에 대한 비난이 끊이지 않은 탓에 나중에는 모두가 피곤하고 힘든 상태가 됐다. 첫 투표에서는 임용자가 정해지지 않았고 두 번째 투표에서는 내가 뽑혔다. 이 결과에 학과장은 깜짝 놀라 어쩔 줄 몰라 했다고 한다. 나중에 그는 교수들에게 "너희가 나를 배신하고 '골칫거리'를 선택했다"라며 분노했다고 한다. 어쨌거나 이제 관례대로 종래의 절차에 따라 투표로 선택된 후보자인 나에게 학과장의 채용 통지가 올 것이라고 생각했다. 그런데 학과장은 다른 최종 전형 대상자에게 전화를 걸어 학과회가 둘로 분열되어 교수 자리가 '동결'됐다고 전하고 말았다. 물론 나에게는 한마디 연락도 없었다.

2주간 침묵이 흘렀다. 나는 인사위원회 위원장에게 전화를 걸어 아무런 연락도 오지 않았다고 말했다. 위원장은 당황해서 어쩔 줄 몰라 했다. 예일 대학 출신의 남성 백인 교수인 위원장으로서도 학과장이 취한 노골적이고 오만한 인종차별주의를 감당할 수 없는 것 같았다. 전화 통화를 하면서 학과장이 나의 채용에 관한 학과회의 결정을 뒤엎고 모집 그 자체를 백지화할지도 모른다는 예감이 들었다. 백지화는 웃음거리가 될 제안인 동시에 나를 '편집증 환자'로 단정하는 대답이기도 했다.

4월 10일, 스스로 소집한 학과회에서 학과장은 준비한 성명문을 읽었다. 다음의 글은 인사위원회가 보관 중인 의사록에서 직접 인용한 것이다.

(학과장이 말했다.)

"대학이나 학과는 민주적 조직이라기보다는 사실 '권위주의적이고 온정주의적'인 것이라고 믿는다."

게다가 이어서 교무처장을 비롯해 마노아 캠퍼스 학장, 하와이 대학 총장과도 연락을 취한 결과 전원이 트라스크의 채용을 저지하는 데 동의한다고까지 말했다. 그 결과 수년간 공석이던 자리에 아무도 채용되지 않게 됐다.

학과장이 취한 행동을 지지하는 교수는 누구도 없었다. 거기서 그치지 않았다. 학과회의 결정을 뒤엎고 이면공작을 벌이고 인사 채용에 관한 합의를 짓밟는 데 대한 충격이 우선 학과 전체를 덮쳤고, 다음으로 학과장의 재고를 촉구하는 요구가 만장일치로 일어났다.

나를 지원해준 사람들이 나중에 전해준 바에 따르면, 학과장은 내가 그 자리에 '부적격'이라고 말했지만 왜 그렇게 생각하는지에 대한 근거는 표명하지 않았다.

낭패스러웠던 그날이 지나고 다음 날 나는 학생과 지역의 지원자와 전문가(변호사, 연구자, 사진가)를 모아 어떤 방책을 세워야 할지 이야기를 나눴다. 백인과 하와이 원주민 사이의 오랜 적대관계로 볼 때 학과회의 투표로 결정된 나의 채용을 거부하는 학과장의 행위가 인종차별적이라는 것은 분명했다. 물론 미국연구학과 교수진은 인종차별주의가 얽혀 있다는 것을 여전히 인정하려 들지 않고 단지 학과장이 '학과회의 총의'를 짓밟는다는 주장을 반복할 뿐이었다. 학과장의 전횡은 대학 내에서 흔히 볼 수 있는 광경이었다. 그러나 원주민인 내가 몸으로 배워온 기억은 전혀 달랐다. 학과장의 행동 곳곳에는 인종차별적인 징후가 드러나 있었다. 내가 응모한 사실에 공포심을 품었고 내가 동석하는 것만으로도 마음의 안정을 잃었다. 전형과 인터뷰 절차에 '변칙적' 요소를 끼워넣었고 인종차별적인 행동을 강력히 부인하면서 최종적으로 나의 채용을 노골적으로 거부했다.

그러나 최악의 사태는 아직 더 남아 있었다. 4월 16일, 학과장은 재차 회의를 열어 나와 지원자 네 명을 불렀다. 회의실에는 위협적이고 쌀쌀한 분위기가 감돌았다. 우리가 자리에 앉자 학과장은 예고 없이 회의실의 전등을 모두 끄더니 섬뜩할 정도로 협박적인 어둠 속에서 슬라이드를 비추기 시작했다. 분노에 잠긴 말소리가 영사기가 있는 부스에서 흘러나왔다. 부헨발트 수용소에 있는 나치 희생자가 촬영한 소름 끼치는 슬라이드가 한장 한장 스크린에 비춰졌다. 몇 분 후 학과장은 자신이 유대인의 핏줄을 이어받은 사람이라며 그런 자신이 인종차별주의자가 될 리 없다는 점을 격분하여 주장했다. 발광 직전이 아닌가 싶을 정도였다. 하지만 내가 알기로는 아무도 학과장이 인종차별주의자라고 입에 담아 비난한 사람은 없었다.

슬라이드 상영이 끝났지만 누구 하나 입을 열지 않았다. 나는 왜 이런 이상한 학과에 응모했을까, 화가 나기 시작했다. 학과장은 분노를 못이겨 부들부들 떨면서 테이블 쪽으로 다가와 나를 채용한다고 말했다. 거기 있는 사람들 모두 깜짝 놀랐다. 학과장은 종신재직권이 없는 비상임 근무자 채용을 '타협안'으로 생각했지만 잘되지 않았다고 말했다. 그래서 부득이 당초 예정된 자리를 나에게 주게 된 것이라고 했다.

교수 몇이 주뼛주뼛하며 돌려 말하는 투로 학과장의 행동이 '부적절'했고 나에게 공평하지 않았다고 말하려고 했다. 어떤 교수(학과장과 같은 유대인)는 학과장이 유대인 홀로코스트 이야기를 꺼낸 것은 이상한 일이고 이번 인사와는 관계가 없다고 넌지시 말하며 하와이 원주민에 대해 전향적인 자세를 보였으면 좋겠다고 청했다. 그 자리에 있던 어떤 교수도 슬라이드 영사 건을 직접 언급하지 않았다. 마치 없던 일로 하려는 것 같았다. 학과장의 협박에 분노를 표하는 사람은 아무도 없었다. 그들에게 학과장은 어디까지나 학과장이니 설령 아무렇지 않게 수상쩍은 행동을 했다 해도 경의를 표해야 하는 대상인 듯했다. 20분간 나는 마치 병풍 같았다. 그들은 그 회의실에 내가 있다는 것을 모르는 듯 행동했다. 학과장의 호출에 모인 교수들은 모두 나에게 투표한 이들이었지만 내게 말을 걸어주는 사람은 아무도 없었다. 상황은 기묘하게 흘러갔다.

모욕감과 분노가 밀려왔다. 어떻게 하면 될지, 무엇을 이야기하면 좋을지 몰라 나는 '이야기할 기회를 주었으면 좋겠다'고 청했고, 교수들은 기꺼이 그러라고 했다. 물론 학과장은 나의 존재를 여전히 인정하지 않았다. 나는 지금 이렇게 모이게 되기까지의 경위를 말하고, 미국 전역에서 온 응모자 가운데 내가 최후까지 남았음을 참석자 전원, 특히 학과장에게 확인시키려 했다. 다른 최종 전형 대상자(하올레 여성)가 뽑혔다면 나 같은 취급은 결코 받지 않았을 것이라고도 덧붙였다. 이런 처우가 나의 인종과 정치적 태도에 근거한 차별임이 명백하다고 생각했기 때문이다. 나의 부적격성에 대해 왈가왈부한 학과장의 발언은 내 주장의 올바름을 뒷받침하는 것에 지나지 않았다. 채용 통지를 바로 내주었으면 좋겠다고 말하고 나는 발언을 매듭지었다.

교수들은 내 말에 동의했다. 그들은 사태가 제어되지 않은 채 흘러가고 있다고 느끼는 것 같았지만, 심하게 주눅 들어 보였고 겁에 질린 것

같기도 했다. 나에게는 그렇게 보였다. 예상했던 대로 학과장은 채용 통지 발부를 거부했다. 며칠 후 학과장은 나에 대한 채용 결정을 재고 중이라고 여러 교수에게 알렸다. 그 후 열린 인사위원회가 채용 통지 거부는 바람직하지 않다는 뜻을 학과장에게 알렸고, 학장에게도 같은 의사를 전달했다. 학과의 교수진과 대학 당국 사이에 여러 차례 회의가 열렸다. 교수들은 정식 채용 절차가 무시되고 학과장에 의해 '학과의 총의'가 뒤집혔다고 계속 주장했다. 결국 교수진은 학장에게 학과장의 경질과 나의 채용 결정을 요구했다.

그러나 아무 일도 일어나지 않았다. '인종차별주의'라는 말은 교수진의 입에서 한 번도 나오지 않았다. '이번 일은 이해하기 어렵다'고 몇 사람인가 개인적으로 내게 말한 적은 있지만, 내가 인종차별주의라는 말을 꺼내자 모두 묵묵부답이었다. 그들의 세계에서는 이 말에 대한 거부 반응이 영원하리라는 것을 나는 실감했다.

나를 지원하는 그룹이 여섯 지구의 하와이 원주민과 캠퍼스의 다양한 학부-학과, 학생 단체의 대표자를 소집했다. 그리고 학부-학과 대표자와 지원 그룹 사이에 모임을 하나 만들었다. 많은 점에서 이 모임은 식민지의 백인과 원주민 사이의 긴장 관계를 그럴싸하게 부각시키게 됐다. 지원 그룹 사람들은 상대에게 경의를 표했지만, 두 명의 학과 대표자(둘 다 백인)는 많은 원주민이 동석한 것만으로도 겁을 먹은 것 같았다. 지원 그룹의 대표자(이 남성은 백인으로 다른 학과의 교수였다)가 가능한 한 빨리 나의 채용을 결정해야 한다고 요구했다. 다른 사람들은 내가 원주민이기 때문에 심한 처우를 받았다는 점과 일단 정보가 밖으로 나가면 각지의 원주민이 학교 내부의 문제에 호의적인 반응을 보이지 않을 것이라는 근심을 표명했다.

지원 그룹은 교수들 스스로 자기들이 처한 상황을 이해하지 않으면 절대 해결을 향해 움직이지 않을 것이라고 생각했다. 그래서 밀실주의에 푹 빠져 있던 교수들에게 만약 내가 채용되지 않으면 언론에 폭로하겠다고 계속 압박했다. 마침내 이런 압박 덕에 교수진은 해결을 향해 움직이기 시작했다.

4월 말에는 학과장 대표가 정해졌다(전의 학과장은 결국 사임에 몰리게 됐다). 채용 통지가 아직 오지 않은 가운데 나는 박사학위 논문을 마무리하기 위해 필사적으로 매달렸고, 지원 그룹이 대신 계속되는 싸움의 방침을 짜주고 있었다.

5~6월은 뒤숭숭했다. 학과장 대행이 곧 외국으로 나갈 예정이었고, 후임 학과장을 결정해야 했기 때문에 학과 내의 복잡한 상황이 지속되고 있었다. 채용 연락이 왔고, 당연히 나는 통지를 받기로 했다. 그러나 내가 모습을 나타내자 뭔가 어색한 듯한 미묘한 분위기가 감지됐다. 마치 강간 피해자가 가족과 이웃 사람에게 수치심을 안겼기 때문에 받게 되는 눈길 같은 느낌이었다.

게다가 하와이 원주민의 권리를 주장하는 대표자로서 내 얼굴이 잘 알려진 탓에, 나의 채용을 결정하면 미국연구학과가 깨질지도 모른다는 소문이 여기저기 교수들 사이에 돌게 됐다. 미국이 하와이와 세계 도처에서 제국주의적 국가로 행동한다고 비판하는 나의 태도가 학생에게 나쁜 영향을 줄 우려가 있다고 보인 것이다. 나를 지원해왔던 교수들도 나 같은 소수파에 대해 서서히 불편함을 느끼기 시작했다.

최종 전형 투표에서 채용이 결정되고 나서 4개월 후인 7월에 나는 위스콘신 대학에서 박사학위를 받아 하와이 대학 미국연구학과의 조교수가 됐다. 채용을 둘러싼 싸움은 끝났지만 씁쓸함은 바닥에 가라앉아 훗날 다시금 분출하게 된다.

제2막: 백인 여성의 땅

1981년 가을부터 1984년 가을까지는 백인 여성 교수가 학과장을 맡았다. 학과장이 바뀌었기 때문에 처음에는 안심했다. 특히 신임 학과장은 전형 단계에서 나에게 투표한 여성이었기 때문이다. 그러나 임명되고 한 달이 지날 즈음 아무것도 변한 것이 없음을 나는 깨닫기 시작했다. 학문적, 정치적 차이는 물론 행동양식의 차이가 둘 사이에 충돌의 불씨가 됐다. 말과 행동에는 (문화적으로) 올바른 방법이 있다는 신념을 새 학과장은 가지고 있었다. 이런 신념이 어떤 것인지 나는 명확히 알고 있다. 그것은 캠퍼스를 비롯한 하와이 전체에 백인 헤게모니를 관철하고 '우리 원주민' 문화에 기초한 행동을 강하게 억압한다. 하와이어로 말하면 '호오하올레'로, 백인처럼 행동하라는 것이다. 나는 큰 충격에 분노가 치밀어 올랐고, 그만 주저앉아버렸다. 마음까지 우울해졌다.

　예를 들어 학과장은 나에게 가르쳐도 좋은 것, 가르쳐서는 안 되는 것을 명령했다. 나는 미국 사회에 관한 필수 입문 강좌에 인종차별주의와 자본주의의 두 항목을 미국 사회의 기초가 되는 제도·이데올로기로 넣어두었는데, 학과장은 나에게 압력을 가해 이것을 가족과 기독교라는 항목으로 바꾸도록 지시했다. 나는 거절했다. 그런 탓에 둘 사이에 씁쓸한 감정이 남게 됐다.

학과 회의에 관해서도 학과장은 무슨 말을 하고 안 할지 따위의 발언 내용뿐만 아니라, 발언의 방법까지 내게 참견하려 애썼다. 어느 때인가는 회의 종료 후 학과장에게 불려가 '다른 교수에게 적절한 행동을 하도록' 주의를 받았다. 나이 든 한 교수가 아시아계 유학생에게 차별적 발언을 한 데 대해 내가 발언을 철회하라고 요구했을 때의 일이다. 학과장이 다른 교수에게 논쟁을 걸거나 도전적인 태도를 취해서는 안 된다고 말하는 이유는 명백하다. 무엇보다 내가 학과 교수 가운데 가장 어리기 때문이다. 물론 이런 끊임없는 '지도' 때문에 학과장과의 말싸움도 끊임없이 이어졌다. 아랫사람 대하듯 깔보는 태도를 난 참지 않았으니까.

어느 날 이러한 말다툼 중에 학과장이 '채용해줬으니 고마움을 느껴야 되지 않느냐'는 뉘앙스로 말했다. 내가 은혜의 강요에 격노한 데는 확실히 이유가 있다. 이런 말투는 미국 전역에서 응모한 후보자 가운데 뽑혔는데도 내가 이 자리에 최적이 아니라고 말하는 것과 같기 때문이다. 더욱이 학과장의 말에는 내가 학과장의 견습생이나 도제가 되어야 한다는 의미가 숨겨져 있다. 말하자면 인종차별적인 백인이 '피부가 거무스름한' 친구를 위해 관례적으로 남겨두는 열등한 자리를 원주민인 나보고 맡으라는 얘기다. 이런 우열의 실태는 어느 객원교수에게 내가 '우리 귀여운 원주민'으로 소개되던 때 명백해졌다. 원주민 방문자에게 내가 학과장을 '우리 귀여운 하올레'라고 소개하는 일을 난 꿈에도 생각한 적이 없으니 말이다.

이런 몇몇 사건이 지나가고 그 후 역사적 사건에 대한 나의 정치적 분석이 커다란 논쟁거리를 만들었다. 대표적으로 이런 일이 있었다. 내

백인 대학의 하와이 원주민

가 '미국의 아메리칸인디언 학살은 나치의 유대인 학살에 필적한다'고 말한 데 대해 학생들(전원이 하울레)이 불만을 신고한 사건이다. 그들의 불만을 구실로 학과장은 학과 차원에서 나를 정식으로 견책하려 했다. 불만을 제기한 학생들(실은 해당 강의에 등록하지도 않았다)의 발언에 같은 수업을 듣는 학생들이 논쟁을 청하고 나를 지지했는데도 학과장은 인사위원회에 나를 견책하라고 요구했다. 사건의 자초지종을 들으려 하지도 않았다. 게다가 학과장은 내 이력서에 이번 사건이 기재되면 종신재직권을 신청할 때 견책 처분을 받은 사실이 폭로될 거라고 함부로 말했다. 결국 나는 교직원조합에 자문을 맡기겠다고 요청했다. 조합은 학과장에게도 인사위원회에도 견책 처분을 내릴 권한은 없으며 대학 당국이 권한을 가지고 있음을 인사위원회에 문서로 전달했다. 조합은 또한 점잖은 해결 방법을 모색하라고 요청했다.

인사위원회는 위원 한 명을 제외하고 전원이 학과장을 지지했다. 나를 동석시키는 회합 개최에 마지못해 동의했을 때 그들은 내가 대학의 교원답지 않은 행위를 했으니 견책 처분은 당연하다고 생각했을 것이다. 위원회는 나를 지지한 학생들의 증언도, 내 해명도 들어주지 않았다. 예상대로 미국인이 아메리칸인디언을 학살했는지의 여부와 히틀러가 미국의 아메리칸인디언에 대한 처우를 모방해서 유대인 말살을 꾀했는지(내가 이렇게 말한 것에 백인 학생이 불만을 나타냈다)의 여부는 그 자리에서 논의되지 못했다.[3]

이 사건을 통해 나는 무엇보다도 대학 생활의 기본 원리가 형편없이 침해받고 있다고 생각하게 됐다. 어떤 연구를 가르칠 권리, 배운 것을 옹호할 권리, 불일치에 맞서고 논쟁할 권리, 배운 것 때문에 괴롭힘 당하지 않을 권리 등은 대학에서 보장되어야 한다.

또 이런 일도 있었다. 학과장은 내게 대학의 규칙상 정식으로 대학원 담당 교수가 되기 전에는 대학원 강의를 맡을(종신재직권 취득의 한 조건) 수 없다고 말했다. 당시엔 그 말이 거짓일 거라고는 생각지도 못했는데, 나중에 그것이 사실이 아님을 알았다. 그래서 나는 차별을 받았다고 불만을 진술할 때 이 일도 언급했다.

1984년에 학과장이 다시 교체됐다. 그런데도 나와 학과의 관계는 거의 회복하기 어려울 정도로 악화돼갔다. 나는 원주민에 대한 처우, 원주민 신탁 토지에 대한 주정부의 무대책, 과거부터 현재에 이르기까지 백인에 의한 하와이 지배와 대규모 관광산업에 의한 착취 등에 대한 비판 작업을 더 늘려갔다. 미국 전역에서 팔리는 두 잡지, 미국 전역에서 방송되는 라디오 프로그램 그리고 태평양에 관한 BBC 제작 영화에서 미국과 하와이 주를 비판했다. 또한 제네바에서 개최된 유엔 회의에 참가해 미국에 의한 하와이 왕조 정부의 전복과 하와이 제도의 불법적 병합, 원주민 신탁 토지의 부정 사용에 관해서 증언했다. 이 증언은 나중에 하와이의 일간지 중 하나에 게재됐다.

이렇게 내가 한 강연과 연설이 하와이의 신문과 본토의 신문, 게다가 국제판에 기사로 실릴 때마다 학과의 명예를 훼손했다는 비난이 밀려들었다. 사회적으로 인정받는 지위에 있는 자가 비판적인 소리를 내서는 안 된다고 여기는 것이다. 실제로 '하와이 대학에는 반反미국학과가 있는 것 같다'는 투고가 지역 신문에 실리기도 했다.

이런 일이 있었다고 해서 내가 이상할 정도로 직접행동주의에 물들어 있는 것은 아니다. 사실 공적인 자리에서 나보다 더 적극적으로 행동하는 원주민도 있다. 그러나 그들이 대학 교수는 아니다. 무엇보다 그 점에서 나는 결정적 선을 넘었다. 나는 식민지에 있는 작은 대학에서 교편을 잡는 공인이고, 그 대학에서는 공공연히 반대 의견을 내세우는 것이 (특히 원주민 편에서라면) 언어도단이고 위협적인 것으로 간주된다.

하와이는 캘리포니아도 아니고 위스콘신도 아니다. 주정부 내에 진보주의 진영은 존재하지 않고 대학 내에도 진보주의 그룹은 없다. 하와이에는 비판적 정신을 지닌 TV나 라디오 방송국도 없으려니와 진실을 근원으로 삼는 잡지도 없다. 하물며 통일된 야당도 전혀 세를 잡고 있지 못하다. 곳곳엔 온통 감시망이다. 자기 검열로 의견을 삼가는 경우도 있지만 대부분은 체제에 의해 강요된다. 그래서 나 같은 사람이 사회 비판에 나서면 주정부와 관광산업 그리고 맹목적인 미국주의자(미국연구학과 교수 같은) 측은 극단적인 과잉반응을 보인다. 반대가 별로 없는 탓에 (내성이 결여된 나머지) 아주 조그마한 반대에도 관용을 베풀지 못하는 것이다.

제3막: 결전

다음에 온 학과장은 나에게 견책 처분을 결정하려 한 인사위원회의 한 사람이었다. 그의 사람됨과 학과 운영 방침은 충분히 이해하고 있었다. 전임자인 두 사람과 마찬가지로 새 학과장도 엘리트임을 자인하는 권위주의자로, 곧잘 인종차별적인 행동을 하고 내가 수정안을 제안하거나 권리를 주장해도 늘 적대적인 태도를 취했다.

근무 조건이 나빠졌기 때문에 나는 전략 전체를 재고해야만 했다. 1985년까지 나는 방어적으로 대응해왔다. 사소한 충돌이라도 늘 학과장 측에서 낸 방침에 내가 대응하고 반발하면서 문제가 시작됐다. 관계가 악화되고 매년 주위의 백안시를 받아도 연구나 강의 실적, 근무 자세가 뛰어나면 교수진은 나에게 종신재직권을 인정하는 쪽으로 투표할 것이라는 희망을 가지고 일에 전념했다.

그렇지만 몇몇 요인이 겹친 탓에 나는 공세적으로 돌아서기로 했다. 우선 학과장과의 면담 때 '학과에서의 협력 관계'가 부족하다는 지적을 끊임없이 듣게 되고 연간 근무평가에도 그런 지적이 적히게 됐기 때문이다. 협력 관계가 종신재직권을 획득하는 조건 가운데 하나였기에 (내가 채용되자마자 학과 내규로 신설된 조건이지만) 협력 관계가 부족하다는 지적이야말로 나를 최종적으로 해고로 몰기 위한 이유라는 것을 깨달았다.

두 번째는 빠져나가는 것이 불가능한 올가미에 걸릴 것 같았기 때문이다. 말하자면 종신재직권을 얻으려면 대학원 수업을 해야 한다는 조건이 있는데도 학과장은 지금까지 나에게 그 기회를 주려 하지 않았다.

학과에서는 갓 박사학위를 받고 출판 실적도 강의 경험도 없는 백인 남성을 조교수로 채용했는데, 첫해부터 그에게 대학원 수업이 맡겨지자 나는 생각다 못해 성차별과 인종차별에 근거한 부당 대우라는 불만을 교직원조합에 접수했다. 신고서를 제출하기 전에 한 번 더 학과장에게 '나도 대학원 수업을 맡았으면 좋겠다'고 제의해봤다. 하지만 어떤 설명도 없이 '안 돼'라는 답만 들었을 뿐이다.

그런데 불만을 접수한 후 이 싸움이 일반인의 주목을 끌게 됐다. 심판 종료까지는 1년 반 이상 걸렸다. 그사이 전임 학과장 두 사람과 내

관계는 파탄이 나서 거의 전쟁에 가까운 상태가 됐다. 두 사람 모두 신고서에 이름이 기재됐기 때문에 나에게 공격을 받았다고 느꼈을 것이다. 나는 근무 중에 내가 기만당하고 차별받고 방해받은 것은 나의 인종, 정치적 태도, 성별 때문이라는 것을 대학원 수업의 사례를 들어 제기했다. 이 사건은 내가 미국에 비판적인 동시에 하와이 원주민이기 때문에 비판적이지 않은 백인(설령 나보다 직업적으로 열등하다 해도)에겐 당연히 보장되는 것이 나에겐 거부되고 있다는 것, 아무리 봐도 백인 남성은 특권을 가지고 대우를 받는다는 것을 드러내 보여주었다.

교직원조합은 나를 지지했을 뿐 아니라 논점을 명확하게 하는 데 도움을 주었다. 조합이 있었기 때문에 이 사건이 개인 차원의 문제에서 대학 전체의 문제로 확대될 수 있었다. 형식적이라고는 해도 학과장은 학과 밖 제삼자의 문의에 대응해야 했다.

나의 불만 접수는 대학 당국의 관료기구를 몇 단계에 걸쳐 지날 때마다 다양한 반응을 불러일으켰다. 그런 반응을 분석하는 것은 흥미로웠다. 초기 2단계까지 대학 당국(청문회)은 학과에 유리한 판단을 내렸다. 학과장이 학과 운영의 책임자인 이상 이 일은 놀랄 만한 일이 아니었다. 비로소 알게 된 것은 나에게 대학원 수업을 맡기지 않는다는 결정이 학과장 독단으로 이루어졌다는 점이다. 이런 식이라면 고용에 대한 여타의 권리가 죄다 부정될 수도 있다. 학과장이 그런 특권을 가지고 있다면 '공정한 규칙을 공정하게 적용하라'는 원칙은 결코 이루어질 수 없다.

제3단계에 들어가면서 사태는 급변했다. 이 사건이 조합의 불만처리위원회에 제출되어 조합 이사회의 의결에 부쳐지게 됐는데, 나의 인식과 논점이 직접적 이해관계가 없는 다른 교수에 의해 자세히 조사된다는 의미에서 이 전환은 중대한 것이었다. 만약 위원회가 이사회에 묻고 중재에 부치기 위해 투표를 한다면 나에게 승산이 있다고 나를 지원하는 사람들은 생각했다. 중재 투표로 이 사건의 심판이 결정되는 것은 아니지만 조합이 신속하게 중재에 나서준 것은 나에게 큰 격려가 됐다.

성차별과 인종차별 문제를 제기했을 때 처음 2단계에서 반론할 기회가 있었는데도 전임 학과장 두 사람은 사태의 진전 상황을 일부러 모르는 척했다. 그런데 조합이 나에게 유리하게 표결한 것이 드러나자 두 사람은 불만처리위원회의 절차가 공정하지 않다고 몇 번이나 전화를 걸어 이사들을 괴롭히기 시작했다. 전임 여성 학과장은 자신이 조합 이사였을 때는 한 번도 절차에 대해 불평을 말한 적이 없었지만, 돌연 이사회의 방식을 불공정하다고 비난하기 시작했다. 결국 두 사람은 조합 이사장에게 길고 긴 편지를 써서 나의 주장이 외부 중재인에게 인정받게 된다면 대학은 연방의 시민권을 위반하는 것이 된다며 이사장을 협박했다.

그들이 편지를 쓴 것은 이사회를 위협해서 잘하면 나에 대한 지지를 뒤집도록 압박할 의도에서였다. 그러나 그것이 오히려 역효과를 불러와 영향력을 행사하려는 그들의 난폭한 수법에 이사들을 질리게 만들었다. 결국에는 조합의 위원장이 이사들에게 비밀 엄수를 지시했다.

전임 학과장들의 편지는 내 주장의 올바름을 증명하는 것이 됐다. 내가 내 처지에 대해 무언가를 말하려고 할 때마다 왕따나 다름없는 취급을 받아왔다는 것이 드러난 것이다. 이번에는 조합 이사회가 내가 받은 것 같은 괴롭힘을 받게 됐고, 당연히 이사들이 그것을 좋아할 리 없었다. 전임 학과장들은 자신들도 모르게 그간 내가 개탄해온 행위를 다른 사람들 앞에서 재연한 것이다.

대학, 조합, 그리고 나, 이렇게 삼자가 중재안에 합의할 즈음 대학 당국의 상층부에서 인사이동이 있었다. 교수진이 직접 선출했기 때문인지 새로운 집행부는 불만 처리에 덜 적대적인 방식을 취했고, 중재보다는 협상에 무게를 두었다. 중재의 공공성에 대해 대학 측으로부터 다시 제동이 걸린 것이다. 대학 당국은 대외적 이미지 그리고 교수진과 대학 당국의 원만한 관계를 위해 학내의 다툼을 외부의 개입 없이 내부에서 처리하는 방향을 선호했다.

3개월간 신중한 논의를 거친 뒤 나는 만족할 만한 합의를 얻게 됐다. 나는 하와이 연구센터로 이동하게 되고 그 센터의 초대 전임 교수가 되는 것이다. 하와이 연구를 위한 특별 팀에서 학부-학과의 틀을 넘어 공동 작업을 진행한 경험도 있고 이 분야에 대한 논문도 발표했기 때문에 나에게는 더할 나위 없는 인선인 셈이다. 나에게 이 이상의 이동은 생각할 수 없었다.

내가 다른 곳으로 갑자기 빠져나가 해당 자리가 비게 되자 미국연구학과의 유력 교수들은 격노했다. 은퇴로 인해 네 개의 교수 자리가 순차적으로 없어지게 될 상황이었기 때문이다. 하지만 사실 교수들은 편해졌을 것이다. 성차별과 인종차별에 대한 불만 접수 사건으로 근심할 일이 없어졌기 때문이다. 나는 승리했다. 그러나 하와이 원주민의 민족주의자임을 천명하고 미국을 비판한다는 이유만으로 끔찍한 고용 조건 아래서 거의 5년을 보내야만 했다.

결론: 단순한 진실과 전략

1986년 가을에 나는 하와이연구학과의 종신재직권을 신청했다. 저서 한 권, 논문 일곱 편, 게다가 충분한 강의 경력이 있었기 때문에 누가 옆에서 치고 들어와도 괜찮다고 생각했다. 임시위원회가 종신재직권과 교수 승진을 만장일치로 추천했고 마침내 1987년 7월에 평의회가 승인했다.

이 오랜 싸움을 뒤돌아보니 제도적인 인종차별과 성차별은 늘 붙어 다닌다는 것을 확인할 수 있었다. 나는 종신재직권이 없는 것, 원주민이라는 것 그리고 여성이라는 것이 겹쳐서 두렵고 무력한 상황에 내몰렸다. 백인이 좌지우지하는 학과라면 어디라도 비슷했겠지만, 시작부터 불리한 상황에 놓였던 참에 나의 정치적 태도가 더해져 사태가 더 악화됐던 것이다. 식민지에 사는 원주민이 민족주의자로서의 견해를 결연하게 공공의 장에서 표명한다면 틀림없이 억압받는다. 이런 상황에서는 당연한 일이지만, 활동가는 포위되면 될수록 더 많은 지원을 필요로 한다.

일상적인 싸움을 위해서 그리고 게다가 폭넓은 층을 끌어들이기 위해서는 지원자끼리의 연대가 필요하다. 협상이 최종 단계에 이르면 페미니즘 단체, 환경운동 단체 그리고 아프리카계와 아시아계 미국인, 멕시코계 미국인인 치카노, 원주민 활동가 등의 조직적 노력이 얼마나 중요한지 알게 될 것이다. 그리고 이 지원 그룹은 현안이 된 문제가 단순히 특정 개인의 문제가 아니라는 것을 희생자와 체제 양쪽 모두에게 깨닫게 해줄 것이다.

전략의 관점에서 말하면 개인에게 초점을 맞춰서 싸워서는 안 된다.

예를 들면 미국연구학과의 세 학과장은 모두 차별주의자였지만, 초대 학과장이 너무나도 이상하게 행동했기 때문에 한동안 모든 문제가 이 학과장의 개인적 문제에 지나지 않는다고 생각했다. 그 후 4년 반 이상 다른 학과장의 행동을 뒤돌아보면 그렇게 받아들이는 것이 틀렸음을 깨닫게 된다. 따라서 어떤 상황을 개인적 행위로 귀착하려 들 때는 정치적 감각을 맑게 한 후에 대처해야 한다. 그래야 우리 같은 유색인종은 제도로서의 인종차별이 횡행한다는 걸 능히 알 수 있기 때문이다. 전략을 세울 때는 항상 정치적 분석을 가장 중시해야 한다.

전략적으로 보면 비밀주의에 의존하는 조직을 무너뜨릴 때는 문제를 공표하는 것이 가장 좋은 방책이다. 하와이에는 인종의 조화(어쩌면 그 이상인 '인종의 낙원')라는 환상이 있어 하와이 원주민에 대한 차별을 불가사의한 상태로 만든 탓에 차별이 존재한다고 주장한다 해도 정면에서 반박을 받게 된다. 내 경우의 일은 예외로 하고, 대학은 일반적으로 인종차별 문제에 예민하기 때문에 그런 문제를 밖으로 드러내려 하지 않는다. 대학이라는 곳은 경제계가 훨씬 오래전에 방치한 원칙을 소중히 지킨다고 표방하기 때문이다. 그렇게 공언된 이상을 대학이 지키도록 내버려두는 것이 현명하다. 사태가 발각됐을 때의 허둥지둥하는 모습이 크고 볼 만하기 때문이다.

그만큼 중요하진 않지만 꼭 알아두어야 할 전술상의 교훈이 그 밖에도 몇 가지 있다. 예를 들면 보통 '선량한 사람'이라고도 할 수 있는 '리버럴한' 지원자(대부분 백인, 확고한 이데올로기도 없고 사회 분석 따위는 해보지 않은 사람)는 인종차별과 싸운다는 것만으로도 충격을 받고 동정하는 취지를 개인적으로 전해는 주지만, 지원 그룹에 참가하는 일은 없다. 이들은 대부분의 학자와 마찬가지로 공공의 장에서 항의 행동을 하는 것에 공포심을 갖고 있기 때문이다. 사실 그런 사람은 잃을 것이 없다. 한편 나를 지원해준 원주민 대부분은 많은 것을 희생해야 했다. 일당을 포기했고 직업상의 불이익을 감수했으며 가족까지 잃은 사람도 있다. 그러나 차별에 대한 분노가 컸기 때문에 기꺼이 지원의 손을 뻗어주었다. 대학 교수, 특히 백인 대학 교수는 대체로 위험을 무릅쓰는 일은 하지 않는다.

또한 도중까지 지원하다 싸움이 길어지게 되면 어느 단계에서 떨어져 나가는 사람이 있다. 이런 종류의 이탈은 예측할 수 있는 것이지만, 싸움의 핵심 부분과 전략 그 자체에 영향을 미치지 않도록 주의해야 한다. 다른 어떤 것보다 한층 더 이 같은 형태의 전력 저하는 지원 그룹 전체의 의지 상실로 이어지기 때문이다.

그리고 조합에 대해서는 나는 거의 절대적 신념을 가지고 있다. 유색인종은 설령 평범하더라도 스스로의 조합을 가질 필요가 있다. '어떤' 형태로라도 제도적 발언 기관을 가지는 것은 '전혀' 가지지 않는 것보다 낫기 때문이다. '백인 남자 클럽'은 백인 남성을 위한 것이고 어떤 때는 온순한 백인 여성을 돕기도 한다. 그러나 유색의 활동가 교수를 지켜주는 일은 결코 없다.

결론적으로 가장 명백하게 말할 수 있는 것은 인종차별주의도, 성차별주의도 우리 안에 존재하는 악이라는 것이다. 어떤 것도(1960년대도, 제3세계의 해방투쟁도, 유색인종의 중산계급도) 그 사실을 바꾸지 못했다. 대학 곳곳에서 인종차별과 성차별 그리고 많은 억압적 사건이 곪아서 부풀어 오르고 있다.

나는 논쟁과 관련해 의견을 공표하는 것을 대학 측이 인정하는 듯 보이지만 실제로는 그것이 종신재직권 거부의 근거가 됐다는 이야기를 많이 들었다. 말하자면 유색인종이고 한때 활동가이기도 한 교수는 학문의 자유뿐만 아니라 언론의 자유도 싸워서 쟁취하지 않으면 안 되는 것이다. 내 경우 '시민'으로서의 역할과 '대학 교수'로서의 역할 사이의 혼란이 매년 직무 변경 때 직장에 긴장을 초래하는 원인으로 시끄러웠던 적이 있었다. 나는 그와 같은 구별은 있을 수가 없다는 태도로 반응했다. 그러나 대학 교수가 공적 영역에서 정치적 언론 활동을 하는 것은 부적절하다는 것이 학과장의 주장이었다. 물론 그 경우의 언론 활동이란 정치에 관련된 '비판적인' 활동을 의미했다. 현상 유지를 원하는 교수가 나와 같은 문제로 고민하는 일은 결코 없었다.

대학 교수가 '사회에 봉사하는 지식인'의 역할을 다하려는 움직임은 지금 대학에서 일어나는 가장 심각한 권리 박탈을 증명하는 사례의 하나다. 수많은 사회 조직 가운데 대학이야말로 공적 영역에서 일어나는 많은 사상에 대해 분석하고 비판하고 도전하는 책무를 진다. 이 책무가 없다면 사회에 봉사하는 지식인으로서의 역할은 사기꾼이나 기업가 그리고 이름을 팔려고 기를 쓰는 사람 따위에게 빼앗겨버릴 것이다. 그리고 대학에서 공공적 비판이라는 기능은 완전히 사라지고 말 것이다.

이런 생각이 나를 여기 종착점까지 데려다주었고, 동시에 이곳은 또 다른 시작을 예비하는 출발점이기도 하다. '저항'의 시작이다. 말로 하는 논쟁을 넘어 저항은 조직력, 계획 그리고 개인과 집단의 능력을 높이고 유지하는 강한 끈기를 요구한다. 유색인종 여성으로서, 특히 지식인이자 활동가로서 공공의 장에 얼굴을 내밀지 않으면 안 되는 사람에게 경계를 늦추지 않고 계속 싸우는 것 외에 살아갈 길은 남아 있지 않다. 그렇게 하지 않으면 체제 측이 비열하기 짝이 없는 관료적 수법과 타성으로 나 같은 여성을 피폐하게 만들 것이다.

몇 년을 참고 견뎌온 사람으로서 단언할 수 있다. 저항은, 그것을 했다는 그 자체가 이미 보상이다.

학문의
자유와
인종차별주의

1990년부터 1991년에 걸쳐 하와이에서는 학생신문에 내가 보낸 투고를 둘러싸고 큰 논쟁이 일었다. '하올레'라는 하와이어 단어에 대해 불평을 토로한 한 백인 남학생에게 내가 공개편지를 보내 반성을 촉구한 것이 발단이었다. 나는 하와이 대학 부속 평화연구소가 주최한 '학문의 자유에 관한 토론회'에 패널로 참가했을 때 다음의 연설을 했다. 나중에 이 연구소는 논쟁을 총괄하는 책을 출판했다. 그러자 놀랍게도 활자가 된 내 연설에 제재를 가하려는 대학의 움직임이 전 세계의 언론을 통해 보도됐다. 본토의 〈로스앤젤레스 타임스〉와 〈뉴욕 타임스〉뿐만 아니라 유럽과 일본, 오스트레일리아, 뉴질랜드, 스리랑카와 인도 등에서 기사를 실었다. '하와이는 인종의 낙원'이라는 평판이 세계에 퍼져 있기 때문에 내 이런 발언에 충격받았겠지'라는 것이 이 보도를 접했던 때의 솔직한 내 심정이었다. 어쨌든 많은 하와이 원주민은 백인 미국인을 향해 어디론가 가라고 말하고 있다. 물론 거기가 하와이는 결코 아니다.

1994년에 열린 '하와이 원주민에 대한 인종차별을 중지하라'는 집회에서 연설하는
하우나니-카이 트라스크. 아시아계 학생이 주도권을 쥔 학생신문 〈카 레오 오 하와이이〉에
인종차별적인 만화와 기사가 게재된 데 항의하는 발언을 토해냈다. (사진: 에드 그리비)

오늘 밤 나는 이야기를 하나 하려 합니다. 이 이야기는 어느 원주민 족의 대량살육에서 시작하고 거기서 살아남은 생존자 가운데 가장 맹렬하게 민족을 옹호하는 자를 침묵시키려는 시도에서 끝이 납니다. 그리고 백인에 의한 문화적·경제적 제국주의의 전체상을 밝히고, 이 하와이 대학에 숨어 있는 백인 패권과 인종차별을 폭로하는 이야기입니다. 특히 '학문의 자유가 백인의 인종차별주의 위에서 이루어졌다'는 정치적인 틀을 분명히 하는 이야기입니다.

하와이 원주민에게 미국의 식민주의는 폭력행위 그 자체였습니다. 떼죽음을 불러일으킨 폭력, 기독교 전도라는 폭력, 원주민 문화의 파괴를 초래한 폭력 그리고 미국 군대에 의한 폭력 말입니다. 미국이 우리 고향땅을 합병하자마자 새로운 형태의 폭력이 뿌리내렸습니다. 그것은 교육의 식민화라는 폭력으로, 외국인인 하올레의 가치관이 하와이 원주민의 가치관을 뭉개버렸습니다. 그리고 하와이 대학과 같은 학교는 원주민 문화를 조롱하고 미국 문화를 찬미했습니다. 백인 남성은 권위의 망토를 두르고 수업 내용과 교원 채용, 게다가 말하고 쓰고 출판하는 내용까지 결정했습니다.

하와이라는 식민지에서 하와이 대학은 주의 교육이라는 피라미드의 정점에 위치합니다. 미군과 마찬가지로 이 대학은 백인에 의한 문화적 지배를 지키는 수호자입니다. 표준적인 미국 본토의 대학 커리큘럼, 관료 체계 그리고 백인 남성 교수진이 이 교육기관의 특징입니다. 유색인종이 학생 전체의 75퍼센트 이상을 차지하는데도 교수진의 75퍼센트 이상은 하올레입니다. 그리고 종신재직권을 가진 원주민 교직원은 열세 명밖에 없는데 백인 교수는 660명이나 됩니다. 백인이 유색인종을 제도적으로 압도한 상황입니다. 제도적 인종차별이라고밖에 말할 수 없습니다. 원주민의 상황은 점점 더 나빠지고 있습니다.

이 백인 남성 우위의 대학에 조이 카터라는 백인 학생이 입학했습니다. 이 남학생의 출신지인 미국 남부는 백인 우위의 풍토가 있을 뿐만 아니라 백인우월주의 단체가 계속 늘어가는 지역입니다. 카터는 학생신문 〈카 레오(목소리)〉에 공개편지를 보내 다음과 같이 불평했습니다.

"'하올레 지배' 사회라거나 '하올레 앞잡이 정권' 등이라는 말은 인종차별적이다."

"'하올레'라는 말에는 '검둥이'와 비슷한 뉘앙스가 담겨 있다."

"백인이 비백인을 억압·박해·지배한다는 것은 '사실'이 아닌 누군가의 '생각'이다."

"나는 내 피부와 눈 색깔 때문에 지역주민에게 쫓기고 얻어맞은 적이 있다."

"인간은 역사를 거슬러 올라가는 민족의 일원으로서가 아닌 한 사람 한 사람의 개인으로서 대우받아야 하고, 마음대로 자신을 '자리매김하는' 것이 가능한 존재다."

카터는 이렇게 주장하면서 편지를 매듭지었습니다. 그가 하와이에서 불쾌한 생각이 든 것은 분명했던 것 같습니다. 왜냐하면 이곳은 미국 본토와 달리 백인이 다수파가 아니어서 본토에서처럼 다른 인종과 민중을 내려다보는 행동을 쉽사리 할 수 없기 때문입니다.

공개편지가 게재되자 곧바로 수십 통의 답장이 〈카 레오〉에 왔습니다. 내가 보낸 공개편지도 그중 하나로, 하와이에서의 백인의 지위·역사·역할 등을 카터에게 가르쳤다고 생각합니다.[4] '하올레'라는 말이 말살을 피해 현재 일반적으로 쓰이는 얼마 안 남은 하와이어의 하나라는 사실을 설명했습니다. 계속해서 나는 이렇게 썼습니다. "카터는 백인 지배가 가져오는 권력이나 특권과 한 사람 한 사람의 '개인'과는 관계가 없다고 호소하지만, 그 주장 자체에 전형적인 미국적 책략이 숨어 있다. 아메리칸인디언을 학살하고 흑인을 노예로 만들고 아시아계 이민자를 일용노동으로 혹사하며 하와이 원주민의 토지와 정부를 빼앗은 추악하고 사악한 역사에 대한 책임을 회피하려는 책략이다."

카터는 다른 백인과 마찬가지로 인종차별주의의 직접적 은혜를 입고 있다고도 썼습니다. 왜냐하면 인종차별은 어느 지배적인 인종 집단이 다른 집단을 착취하는 권력의 구조이기 때문입니다. 미국에서는 유색인종이 백인을 인종차별 한다는 것은 생각할 수도 없습니다. 하와이에서도, 특히 하와이 원주민에게도 마찬가지입니다. 카터의 생각과는 반대로 우리 원주민은 스스로를 분류하는 것조차 마음대로 하지 못하고 미국의 법체계 아래서 혈액의 농담濃淡에 의해 분류됩니다. 50퍼센트 이상 원주민의 피를 이어받은 사람은 원주민으로 간주되고 그 이하는 원주민으로 간주되지 않습니다.

마지막으로 유색인종이 백인에게 품은 증오와 공포는 경험, 즉 백인의 폭력을 받았던 경험에서 나온 것이라고 지적했습니다. 그 때문에 유색인종이 하올레에게 적개심을 가지고 있다면 자기 방어 때문일 거라고 했습니다. 적개심이 '하올레 때리기'가 아닌 '살아남기 위한 예민한 정치적 감각'이라고 썼습니다. 학살되고 토지를 빼앗기고 아직도 백인에게 지배받는 사람이 백인을 좋아하거나 신용할 리가 없습니다. 하올레에게 신뢰와 우호의 손을 뻗어야 할지 말지는 하와이 원주민으로서 우리가 결정권을 부여받아 마땅합니다.

나는 이렇게 문장을 매듭지었습니다. "만약 하와이와 하와이어와 원주민의 방식이 당신의 마음에 들지 않는다면 하와이에서 나가는 것은 어떻습니까. 우리 고향땅에서 하올레가 한 사람이라도 없어지는 것이 우리 원주민에겐 이익이 되기 때문입니다."

"원주민이 하올레에게 적의를 품는 권리만큼은 정당합니다"

내가 보낸 편지는 1990년 9월 19일에 게재됐습니다. 닷새 후인 9월 24일, 래리 라우던(최근 하와이에 온 철학과 학과장)이 학무국 차장 폴 유엔에게 결의문을 보내서 이러저러한 의견을 공표한 나를 징계 처분해야 한다고 주장했습니다. 그는 내가 관리직원이기 때문에 대학의 의견을 대표하는 자의 한 사람이라고도 했습니다. 이어서 〈아카데미의 인종차별주의자에 관한 성명〉이라는 철학과의 결의문이 발표됐습니다.

이 성명에 따르면 카터에 대한 나의 공개서한은 '그 학생이 백인이고 의견이 일치하지 않는다는 이유만으로' 대학 구성원인 학생에게 가한 '인종차별적'인 폭력을 부르는 추궁입니다. 그리고 '극히 기본적인 직무상의 책임'을 내가 소홀히 했다고 지적합니다. 그 책임이란 '다양한 사고방식을 자유롭게 표현하는 것이 가능한 분위기를 보호하고 유지하는 특별한 의무'에 관한 것이랍니다.[5] 특히 카터에게 하와이에서 나가라는 말은 백인 교수가 '흑인 학생 거절'이라고 선언하고 흑인 학생에게 '아프리카로 돌아가라'고 하는 것과 마찬가지라고 철학과의 어느 교수가 말했다고 합니다. 1990년 10월 15일 라우던이 학무국에 보낸 이 결의문은 나를 하와이 연구센터 소장 자리에서 끌어내리려는 취지였습니다. 철학과 교수들은 소장 자리를 관리직이라고 생각했습니다.

이 결의문은 래리 라우던에 의해 여러 언론에도 흘러들어갔고, 그 결과 앨버트 J. 사이먼 총장이 1990년 11월 2일 문서로 성명을 발표했습니다. 총장은 "대학 당국의 상층부와 적절한 협의를 거치지 않고 하와이 대학을 대표하는 형태로 관리직원이 의견을 발표하는 것은 용납할 수 없다"라며 '친구 래리'를 안심시키고, 덧붙여 "대학 당국은 교직원과 학생으로서 비우호적, 위협적, 적대적 환경이 만들어진 것을 용인하지 않는다"라고 말했습니다.[6]

1990년 11월 3일 하와이 대학의 교직원조합은 학내에서의 학문의 자유를 재확인했습니다. 그리고 "최근 마노아 캠퍼스에서 올라온 인종차별 문제에 관해서는 어떠한 관점에서의 의견이라도 발표하는 것이 가능"하고 하와이의 인종, 식민주의, 그 밖의 다른 관련 있는 문제에 대해 공정한 토론이 공개적인 장소에서 이루어질 것을 보증한다고 발표했습니다. 조합은 또 관리직의 범위를 재확인했습니다. 학과장이나 센터의 소장은 관리직이 아니라 단체 교섭에 참가가 허락되는 일반 교직원이기 때문에 대학 당국의 제재를 의식하지 않고 스스로의 생각을 자유롭게 말하는 것이 가능하다고 했습니다.[7]

1990년 11월 8일 사이먼 총장은 내가 한 발언 내용을 조사하라고 지시했습니다. 그 결과 눈가림만으로 지켜지던 '비밀 준수'의 원칙은 완전히 깨지고 말았습니다. 무엇보다도 백인 남성에 대해서만은 이 원칙을 지금도 고수하고 있지만, 사이먼은 출장지인 일본에서 〈호놀룰루 애드버타이저〉(1990년 11월 9일)에 전화를 걸어 내 자리가 관리직이고 관리직에 있는 자는 '어떤 종류의 사건도 발설해서는 안 된다는 원칙'을 지켜야만 한다고 알렸습니다. 이 시점에서 사이먼이 최악의 사태를 각오하고 결심했으리라는 것은 분명합니다. 의견을 일반에 공개할 권리는 학문의 자유라는 관점에서도, 언론의 자유라는 관점에서도 지켜지지 않았습니다.

사이먼이 조사를 지시한 한편으로 대학평의회도 철학과의 결의에 촉발되어 독자적으로 조사를 시작했습니다. 대학 창설 이래 처음으로 또 하나의 백인 남성의 요새라 할 평의회가 일반에 발표된 문서를 두고 동료 교수를 조사한 것입니다. 선례도 없고 절차도 정하지 않은 채 평의회는 철학과의 결의문만을 근거로 시작한 조사입니다. 11월 중순에는 본격적인 '마녀사냥'이 개시되어 백인 남성 조직 '보이스 클럽'은 악의를 숨긴 채 흥분 상태에 빠져 있었습니다. 그리고 백인은 공격을 걸어왔습니다. 지리학과의 게리 풀러가 나를 히틀러와 사담 후세인에 비교했고, 윌리엄 S. 리처드슨 법학과 대학원의 딕 밀러는 평의회를 향해 내 생각이 나치 독일을 낳고 일본계 미국인의 강제수용을 가져온 생각과 다름 없다고 말했습니다.

한편 철학과의 켄 킵니스는 하와이의 원주민운동이 큐 클럭스 클랜 KKK과 닮았다고 나를 지원하는 어떤 사람에게 말했습니다. 또한 나 자신이 대학 교수 자리를 고수할 것인지, 아니면 시민운동 활동가가 되고 싶은 것인지 확실히 해야 한다고도 말했다 합니다. 지금 당장이라도 곳곳에서 백인에게 폭력이 가해질 것 같다는 비난도 들었습니다. 특히 철학과 학과장인 래리 라우던은 적의를 드러내면서 내가 추종자 학생과 다른 원주민에게 '마녀사냥의 특허장'을 주고 '하올레를 때려눕히라'고 지시한다는 취지로 발언했습니다. 게다가 래리 라우던은 KHON 뉴스에서 나의 '급진주의'는 대학에 적합하지 않으며, 나를 지원하는 집회는 캠퍼스의 '테러리즘'이라고 해야만 한다고 공격했습니다.

나와 지지자들이 라우던을 비롯해 우리에게 반감을 가진 이들에게 서로 당당하게 이야기 나눌 자리를 갖자고 몇 번이나 호소했는데도 언론과 평의회에서는 나를 비난하고 마지막에는 내게 인종차별주의자라는 딱지를 붙였습니다. 매카시즘으로 알려진 현상(많은 사람이 죄도 없이 기소됐고 자신을 고발한 사람과 대등하게 논박할 기회도 주어지지 않았다)이 하와이 대학의 마노아 캠퍼스를 뒤덮기 시작했습니다. 괴롭힐 목적의 전화와 우편물이 하와이 연구센터 연구실에 쇄도하고, 〈카 레오〉가 (나를 인종차별주의자로 생각하는지 아닌지) 학생을 대상으로 설문조사를 하고, 나를 개인적으로 공격하는 스티커가 캠퍼스 여기저기 나붙는 등 백인우월주의 무리에 의한 폭력이 언제 일어나도 이상하지 않을 상황이 됐습니다.

한편 사이먼 총장뿐 아니라 평의회는 나와 한 번도 만나지 않은 채 나를 인종차별 혐의로 고발하기로 결정했습니다. 실제 고발한 사람 대부분은 내가 보낸 공개편지를 다 읽지도, 숙고하지도 않았습니다. 철학과가 발표한 결의문이나 호놀룰루 일간지에 실렸던 발췌문을 읽고 충분하다고 생각했습니다. '백인은 거짓을 말하지 않기 때문에 원주민이 쓴 것은 읽을 필요가 없고 지적인 백인의 해석을 신뢰하면 된다'는 진의가 그들의 마음속에 있는 것입니다.

당연한 일이지만, 백인의 이와 같은 태도에서 문제가 발생했습니다.

철학과 교수들은 조이 카터와 마찬가지로 인종차별주의에 대한 학문적
·서사적 연구나 묘사에 무지했습니다. 인종차별을 역사나 권력과는 관
계가 없는, 단지 피부색 문제라고 생각했기 때문에 그들은 내 공개편지
를 의도적으로 곡해했습니다. 래리 라우던은 악의적으로 개탄하며 내
가 카터에 대한 폭력을 정당화한다는 말까지 서슴지 않았습니다. 그러
나 나는 카터에 대한 폭력을 정당화한 적이 한 번도 없습니다. 원주민과
억압받는 사람이 하올레에게 적의를 품는 권리만큼은 정당화했습니다.
팔레스타인 사람이 이스라엘 사람에게 적의를 품는 것이 정당화되듯이,
북아일랜드 사람이 영국인에게 적의를 품는 것이 정당화되듯이, 착취당
하는 민족이 착취하는 사람에게 적의를 품고 원한의 마음을 갖는 것이
정당화되듯이, 우리 하와이 원주민이 같은 마음을 하올레에게 갖는 것
은 정당화되어야 합니다. 이것이 인종차별주의와 식민주의가 하와이에
남긴 유물입니다.

"백인이라면 아무리 위험하고 폭력적이고 잘못된
무엇이라도 발언하는 것이 가능합니다"

유색인종에 대한 폭력의 긴 역사를 내가 설명한 것은 바로 백인인 조이
카터에게 자신의 위치와 역사를 가르치고 싶었기 때문입니다. 다른 사
람에 대한 폭력의 역사를 가진 것은 유색인종이 아닌 백인이기 때문입
니다. 하와이에서도 원주민의 토지를 빼앗고, 정부를 쓰러뜨리고, 국가
를 파괴하고, 문화를 억압한 것은 하올레입니다. 하와이 원주민을 혈액

의 농도로 분류하는 법률은 백인이 만들었고, 우리의 생활양식에 적합하지 않은 다양한 제도를 만든 것도 백인입니다. 하와이에 자본주의를 가지고 들어온 것도 백인입니다. 바꿔 말하면 자신들의 이익을 위해 하와이 원주민을 착취하고 억압해온 것이 백인인 것입니다. 대개의 백인처럼 카터 역시 이런 것에 무지하면서도 배우려 하지 않습니다.

내가 하올레에 대한 폭력을 긍정하지 않는데 왜 철학과 교수들과 악의에 찬 학과장은 반대로 말했을까요? 하올레 자신의 내부에 무서움과 적의가 숨어 있기 때문이라고 나는 생각합니다. 하와이 땅에서 하올레는 정치가와 관광산업이 만들어내고 확대하는 '인종의 조화'라는 신화에 길들여져 있습니다. 하올레는 백인과 아시아계 사람이 압도적으로 많은 지역에 살고 있습니다. 그렇기 때문에 원주민에 관해서 무언가 알고 있다 해도 고작 발음하기 어려운 이상한 언어를 가지고 있다거나, 활동가로서 또는 개발을 저지하는 불법 행위자로서 TV에 나온 사람이라는 정도입니다. 그러나 백인 미국인만으로 조직된 정부가 하와이 왕국의 주권을 빼앗던 때부터 '왕조 전복'이라는 깊은 상처를 우리가 가지고 있다는 것만큼은 알고 있을 것입니다. 그렇습니다. 하와이의 하올레는 불안한 것입니다. 왜냐하면 백인의 이름으로 그리고 백인의 이익을 위해 자신들이 나쁜 일을 저질렀음을 알고 있기 때문입니다.

그렇기 때문에 주제넘은 원주민 여성이 백인의 역사와 원주민에 대한 책무를 가르치고 논하려 하면 무서움과 분노가 밀려올라와 비난의 목소리를 내기 시작합니다. 그러나 잘 알아보면 이 비난은 자신들이 벌여온 폭력의 '병든 역사'로 되돌아오지 않을 수 없습니다. 프란츠 파농이 말했듯이 백인에게 거무스름한 피부를 가진 사람은 옛날부터 무서운 요괴였습니다. 전 세계의 유색인종이 백인의 제국주의에 의해 잔혹하고 부정한 처사를 받아온 것을 백인은 알고 있습니다. 백인끼리 서로 그리고 우리에게 얼마나 폭력적이었는지를 그들은 충분히 알고 있습니다. 우리의 불만이 진짜라는 것도 알고 있습니다. 그렇기 때문에 침입의 '진짜' 역사를 우리가 손에 넣었을 때 얼마나 무서운 것이 되는지를 백인은 머릿속에 그리고 있습니다. 이런 사정이 있기 때문에 원주민의 존엄을 지키게 하라고 우리가 요구할 때마다 그들은 폭력의 조짐을 감지합니다. 그래서 흑인에 대한 폭력의 역사를 가진 것은 백인이고 그 반대가 아닌 것이 확실한데도 백인은 미국 내의 흑인을 매우 두려워합니다. 세계 곳곳에서 오랜 시간에 걸쳐 백인의 폭력은 '병든 역사'를 가지고 있습니다. 남북아메리카, 태평양 그리고 여기 하와이에서도 그렇습니다. 그러나 이런 사실은 계속 부정돼왔습니다. 철학과의 결의문이 이를 분명하게 보여줍니다.

캠퍼스에서는 백인 남성이 활개치고 백인의 인종차별주의가 활보하고 있습니다. 원주민으로서 그리고 시민으로서 한 사람의 백인 남성을 공공연하게 비판했다고 해서 세 개의 위원회로부터 조사를 받아야만 하는 곳이, 도대체 식민지가 아니면 어디에 있을까요? 백인 관리직원의 '책임 있는' 발언에 관해서 헛소리를 하며 사람을 가지고 노는 곳이 식민지가 아니면 어디에 있을까요? 래리 라우던이 〈보이스〉라는 학생 잡지에서 일종의 성적 괴롭힘을 옹호하는 발언을 했는데, 그것이 '책임 있는' 발언인가요? 아니면 다른 백인 남성 교수 이언 레이드가 같은 잡지에서 여성을 성적으로 열등하다고 논했는데, 그것이 '책임 있는' 발언인가요? 아니면 딕 밀러가 나치 독일과 일본계 미국인의 강제수용을 연상시키는 분위기를 내가 만들어냈다고 비난했는데, 그것은 '책임 있는' 발언인가요? 아니면 켄 킵니스가 한 번도 폭력적인 적이 없는 하와이의 원주민운동을 KKK에 비교했는데, 그것은 '책임 있는' 발언인가요? 결국 백인 남성 권력의 지지를 받는 백인 남성이 한 발언이면 '책임 있는' 발언이 되는 것 아닌가요?

실제 하와이의 오랜 역사를 되돌아볼 때 원주민을 살해하고, 플랜테이션으로 필리핀과 일본으로부터 이민자를 끌어오고, 노동자를 폭력을 써서 사살하고, 최저임금조차 지불하지 않았던 것은 백인입니다. 주 승격을 바란 것도, 우리 원주민의 주권을 계속 거부해온 것도 백인입니다. 원주민으로부터 토지를 빼앗고 거기에 눌러앉아 훔친 토지에서 이익을 올리는 것도 백인입니다.

그렇게 해서 백인이 정의하는 '책임 있는' 발언이 곧 '학문의 자유'의 바로미터가 됩니다. 백인이라면 아무리 위험하고 폭력적이고 잘못된 무엇이라도 발언하는 것이 가능합니다. 더구나 밀러와 킵니스와 라우던의 발언에서 보듯이 완전히 거짓말을 해도 받아들여집니다. 하지만 원주민 여성이 하올레에 관해서 진실을 확실히 말하면 비난을 가하고 훼방꾼 취급을 하고 입을 봉해버립니다. 원주민 여성에게는 학문의 자유도 언론의 자유도 없습니다. 왜냐하면 식민 지배의 체계를 비판하고 반대하는 발언은 '책임 있는' 발언이 아니기 때문입니다.

왜냐고요? 그와 같은 발언은 위험하기 때문입니다. 그것이 정치적 분석에서 나온 목소리이고, 비판적이고 대안적인 지적 전통에서 나온 목소리이기 때문입니다. 내 경우를 보자면, 내가 신문에 쓴 글이 진실이기 때문입니다. 그것도 미국과 하와이에서 하올레의 권력에 대한 거짓 없는, 게다가 추악한 진실이기 때문입니다. 이 진실은 흑인과 아메리칸인 디언과 아시아계 사람과 태평양제도 사람에 의해 악착같이 쌓인 저항의 역사에 근거합니다. 거듭 말하지만 하와이 대학의 하올레(교수진의 약 80퍼센트)는 대부분 이런 전통을 모르고 가르치지도 않습니다. 알았다면 원주민에게 이미 억압하는 자에게 적의를 품을 권리가 인정되었을 것입니다. 그리고 하와이에서 하올레가 한 사람이라도 떠난다면 그것은 하와이 주민을 위해 좋은 일입니다. 실제 미군이 수천 명 단위로 줄어들게 된다면 그것은 기뻐해야만 할 일입니다. 식민주의자가 사라지는 것은 전 세계의 원주민에게 정말 감사한 일입니다.

　이와 같은 상황에서 철학과에 의한 매카시즘 같은 추궁이 시작됐습니다. 내가 공공연히 공개 발언을 하여 조이 카터를 '협박'함으로써 인종적 괴롭힘이라는 죄를 저질렀다고 합니다.[8]

"우리는 위험한 시대에 살고 있습니다"

그런데 우선 조이 카터가 한 일은 확실하게 해둡시다. 카터는 신문의 투고란이라는 공개된 곳에서 의견을 발표했습니다. 거기서 밝힌 입장은 스스로 책임을 져야 합니다. 자신이 일으킨 논란에 대해 해명하고, 자신에 글에 대한 반론에 호불호를 묻지 않고 답하는 것이 그 책임의 하나입니다. 그것은 내가 공개편지로 말한 것에 나 자신이 책임져야 하는 것과 마찬가지입니다. 하지만 카터는 자신에게 비판적인 반응이 오자마자 이것을 내 탓으로 돌리고 논쟁에서 도망쳤습니다. 이런 행위는 그 자체로 무책임한 것입니다. 바꿔 말해 카터는 원주민에게 신랄한 비평이 가해지길 원했지만, 그러나 그것에 대한 책임은 원하지 않았습니다.

카터가 인종적 위협의 '분위기'를 느꼈는지, 아닌지 하는 문제로 옮겨봅시다. 나는 이 학생을 만난 적도 이야기한 적도 없는데 어떻게 내가 그를 위협할 수 있었을까요? 내가 기억하는 한, 나는 이 학생의 근처에도 간 적이 없습니다. 그렇다면 내가 무슨 '사악한 마법'을 구사하는 원주민 마법사여서 펜을 놀리는 것만으로 비와 눈을 내리게 하고, 이번에는 백인을 협박하는 일이 가능하다는 것일까요?

'협박을 받는 듯한 분위기'가 나에 의해 조성됐는지, 어떤지를 명백하게 하기 위해 학생부장 톰 게싱이 조이 카터로부터 진상을 들으려고 했습니다. 수개월에 걸친 조사 뒤 학생부장은 보고서를 발표했습니다. 다음의 글은 게싱 학생부장의 보고서를 그대로 인용한 것입니다.

트라스크 교수는 카터와 한 번도 만난 적이 없고 이야기한 적도 없기 때문에 이 학생의 인종과 피부색에 관해서 차별이 있었다는 증거는 찾을 수 없다. 인종과 피부색에 관한 적대적인 분위기가 하와이 대학 마노아 캠퍼스에 있다는 데는 상당한 증거가 있다. 그러나 이 같은 상황은 이번 사건 이전에도 존재하고 있었다. 이 적대적인 분위기의 존재가 카터 군의 공개편지와 트라스크 교수의 회답에 의해 주목받게 되고 학내의 최대 관심사가 된 것은 분명하다. 그러나 두 사람과 이런 분위기 사이에 어떠한 인과관계가 있는지는 단언할 수 없다.[9]

게싱 학생부장은 이 '적대적인 분위기'가 인종차별 사건을 일으켰는지,

어떤지에 대해서는 보고서 가운데 한마디도 언급하지 않았습니다. 그러나 하와이가 식민화되는 과정에서 그 같은 사건이 있었는지, 어떤지 찾으려고 하는 마음이 생긴다면 틀림없이 찾을 것입니다.

실제로 하와이 대학에는 적대적인 분위기가 존재합니다. 캠퍼스 곳곳에서 볼 수 있는 적의를 드러낸 전단이 가장 좋은 증거입니다. 그들은 반전 활동가이고 나의 지원자이기도 한 아시아계 여성을 '조각조각 절단 내겠다'고 위협하거나, 용기를 내서 나를 돕기 시작한 나이지리아의 흑인 학생을 '검둥이'나 '멍청한 흑인'이라고 일컫거나, 나에 대해서도 '레즈비언 두목'이라 칭합니다.

그러나 이것은 전단일 뿐 사소한 문제에 지나지 않는다고 말할지도 모릅니다. 그렇다면 백인 남성 교수의 수업 내용에 귀를 기울여봅시다. 일반과학과의 마크 멀린은 "원주민 알리이(족장)의 고귀함을 상징하는 레이 팔라오아(왕실의 훈장)는 여성의 음모로 만들어졌다"라고 말해서 원주민 학생이 대학 당국에 불만을 접수한 일이 있습니다. 나를 히틀러에 비유했던 게리 풀러는 하와이어를 죽은 언어로 일방적으로 규정하고 배울 가치가 없다고 말했다가 역시 원주민 학생의 불만을 산 적이 있습니다. 정치학과와 역사학과의 몇몇 교수는 확고한 증거도 없이 하와이 원주민이 영아 살해를 자행했다고 말합니다. 게다가 "너희 문화는 원시적이고 미숙하고 사이비다"라고 입을 놀려 자주 원주민 학생에게 상처를 줍니다.

백인의 이와 같은 발언이 인종 간의 적개심을 부채질하는 것은 아닐까요? 이것이야말로 다른 인종에 대한 위협이 아닐까요? 어쩌면 이것이야말로 역사 그대로인 것은 아닐까요? 철학과도, 대학 당국도 그리고 물론 백인이 좌지우지하는 언론도, 그 누구도 이런 발언에 항의하지 않고 조사하지 않고 비난하지도 않습니다. 이것이 바로 백인에 의한 식민 지배의 역사입니다.

그렇습니다. 이 캠퍼스에는 확실히 적대적인 분위기가 있습니다. 그것은 세계 곳곳의 식민지적 점령지(원주민 혐오와 식민지 정착자의 권력 장악)의 분위기와 닮았습니다. 비판적 목소리와 정치적 대안을 틀어막는 분위기입니다. 캠퍼스의 위압감은 백인우월주의라는 이데올로기에 의해 강화됐습니다. 이 이데올로기는 백인의 인종차별주의적인 문화를 찬미, 재생산하고 백인 교수진, 백인 이사회, 백인용 커리큘럼에 의한 지배를 보장합니다. 이런 상황이 '위압감' 이상의 분위기를 자아냅니다.

애초에 이러한 상황이 인종차별주의를 낳은 것입니다. 권력을 쥔 백인, 예를 들면 철학과의 래리 라우던이나 대학평의회의 회원 몇몇과 사이먼 총장을 필두로 한 이들이 품은 인종차별주의 말입니다. 바꿔 말하면 하올레라는 특정 인종에 속하는 사람의 인종차별주의가 착취자 측의 이익을 위해 원주민과 유색인종을 억압하고 종속시키려는 것입니다.

만약 하와이 원주민이 멸시당하거나 학내의 소수파로서 구석에 몰리거나 그중 한 사람이 위원회의 조사를 받고 직장에서 쫓겨난다면, 그것은 누구를 위한 것일까요? 누구의 이익이 될까요? 백인이 거머쥔 권력이 이익을 얻고 백인이 이득을 봅니다. 그 결과 하와이 원주민은 여러 가지를 잃습니다. 호소하는 목소리를 잃고, 전사 한 명을 잃고, 저항의 근거지를 잃습니다. 그리고 비판정신, 전통문화, 사람, 그 모두를 잃게 됩니다. 학문의 자유, 배우고 가르치고 논쟁하고 (그리고 무엇보다) 비판할 자유는 백인이 좌지우지합니다. 우리가 말하는 것이 마음에 들지 않으면 그들은 징벌 수단에 호소하거나 공공연히 비방하거나 입막음을 시도합니다.

앞의 사건이 어떻게 진행됐는지 마저 언급하고 이 이야기를 마치겠습니다. 내가 보낸 공개편지를 계기로 시작된 세 개의 위원회 조사는 이것저것 모두 나에게 유리한 결론을 내렸습니다. 내가 한 일은 비난받을 사유도 아니고 교수직을 그만둘 필요도 없다는 것입니다. 그러나 이번 소동은 다음과 같은 것을 가르쳐주었습니다.

공개된 토론장에서 유색인종 교수가 자신의 입장을 밝힐 권리를 행사한 경우 그 의견이 백인의 이데올로기에 비판적이고 맞서는 것이면 조사의 대상이 되지만, 백인 교수나 백인 학생은 설령 유색인종과 똑같은 행위를 했다 해도 조사의 대상이 되지 않는다는 것입니다. 사이먼 총장은 〈호놀룰루 스타-불리턴〉에 "반전을 호소하는 아시아계 여성을 조각조각 잘라내겠다고 쓴 전단을 배포하는 행위와 트라스크 교수의 지지자가 집회를 열고 하와이 연구센터가 뉴스레터를 발행하는 행위는 같다"라고 말했습니다. 이는 그가 완전히 정신의 균형을 잃었다는 증거가 아니고 무엇이겠습니까.

특히 마리 마쓰오카에 대해서 "이 해충 같은 여자를 불임의 몸으로 만들어 캠퍼스에서 내쫓아라"라고 쓰인 나치 같은 전단이 난무한 것은 충격적인 일이었습니다. 초애국적 군국주의 이데올로기와 마리의 육체에 위협을 가하라는 협박이 같은 전단에 나란히 적힌 것부터가 이것을 쓴 인종차별주의자의 악랄한 의도를 확실히 보여주는 것입니다. 어째서 사이먼 총장은 내 입장(확실히 총장과는 다르지만)을 지지했던 성명문과 이 전단이 같은 것이라고 말할 수 있을까요? 무서운 일입니다. 총장은 백인의 이데올로기에 반대해 공개된 장소에서 이의를 호소하는 서명된 성명서와 암살을 선언하는 무기명의 협박문이 잘 구별되지 않는 것 같습니다. 경찰조차 이 같은 협박문은 범죄라고 간주하고 주 법률에 저촉된다고 판단했습니다. 하지만 우리 총장은 그런 행위를 한심스럽다거나 범죄가 아니라고 생각하는 동시에, 백인에 대한 이의 제기는 육체에 대한 위해에 필적한다고 여전히 생각하는 것입니다.

이번 사건을 겪으면서 내가 원주민으로서 그리고 지식인으로서 줄곧 말해온 것이 옳았다는 생각이 듭니다. 백인은 백인을 지키려 하고 이 대학은 백인에 의한 지배 체제를 지키려 합니다. 만약 그렇지 않다고 생각한다면 '공개된 장소에서의 이의 제기와 암살 협박은 같다'는 사이먼 총장의 발언이 실린 최근의 신문 기사를 훑어봐주십시오. 내가 말하고 싶은 핵심을 잘 알 수 있을 것입니다. 백인이 암살 협박을 받았다 해도 총장이 이렇게 말했을까요?

내가 방금 말한 비교에 대해 부디 잘 생각해주십시오. 피부가 검은 사람이 백인처럼 대우받지 못할 때, 즉 하와이 원주민과 아시아계 그리고 다른 유색인종이 인종차별을 받을 때, 생명과 안전에 대한 협박이 심각하게 받아들여지지 않을 때, 그때 우리는 위험한 시대에 살고 있는 겁니다.

이 논쟁은 내가 연설로 말한 것보다 훨씬 더한 육체적 협박을 초래했다. 예를 들어 집으로 배달돼온 녹음테이프에는 '죽어라'라는 말을 비롯한 위협적 발언이 다섯 시간이나 녹음되어 있었다. 하와이 원주민 여학생은 백인 남학생에게 여러 차례나 강간 협박을 받았다. 하와이 연구센터에는 몇 번이나 협박 전화가 걸려왔다. 어떤 조교수와 내가 연구실에 있을 때 56세의 백인 남성이 들어와서 폭행을 가하려던 적도 있다. 이러한 협박의 대부분은 총장 혹은 총장실 직원에게 보고됐지만, 누구도 학생신문에 실린 나의 글만큼 위험하다고는 판단하지 않았다. 형무소에 원주민이 넘치는 하와이에서는 원주민에 대한 괴롭힘과 협박이 치안 유지 역할을 일부 한다고 여겨진다. 그러나 백인을 비판하는 것은 사회 전체의 질서를 어지럽힐 위험한 행위로 간주된다.

트라스크를 지지하며 철학과 규탄 집회에 참가한 하올레 여성. (사진: 에드 그리비)

학생, 교직원, 원주민 단체 회원 등 300명이 넘는 군중이 하와이 연구센터 소장 트라스크를 해임하라는 요구에 항의해 철학과 앞에서 집회를 열었다. 이 사진은 〈로스앤젤레스 타임스〉를 비롯해 일본의 신문, 아시아-태평양 지역의 여러 언론에 실렸다. 그의 도전적인 태도가 뉴스 사진으로 적합했기 때문일까? 아니면 그의 목에 걸린 화환이나 '원주민 의상'에 뉴스성이 있었는지도 모른다. 아무튼 '하와이라면 곧 관광지'라는 선전에 싫증 난 전 세계 사람에게 이 도전적인 원주민 여성은 뉴스거리가 됐다. (사진: 찰스 오카무라. 〈호놀룰루 애드버타이저〉의 허락을 받아 게재)

원주민 학생의
조직화

미국 본토 대학의 경우 원주민 강좌가 대개 그렇듯이 하와이 연구 프로그램 역시 오랜 싸움 끝에야 설치됐다. 자금 조달을 위한 로비 활동이 두 대학 당국과 3회기에 걸친 주 의회에서 수없이 이루어졌다. 우리는 하와이 연구센터 건설을 저지하려는 소송에 대항해야만 했고, 적의에 찬 백인 교수진과 싸워야만 했다. 예상은 했지만 백인은 '원주민 문화를 가르치는 데 5에이커의 토지는 필요 없다'고 생각했다. 하와이 연구센터는 이론과 실천 양면에서 투쟁의 장이 됐다. 투쟁은 사람들의 엄청난 관심을 받았고, 캠퍼스에도 우리 하와이연구학과에도 원주민 학생이 속속 모여들었다.

　미국 본토 대학에서 하와이연구학과가 탄생하기까지는 맹렬한 저항이 있었다. 1987년 설치에 앞선 10년간 하와이 각지의 원주민은 토지 탈환운동을 펼치고 있었다. 군county에 의한 토지의 부정 사용을 멈추게 하는 운동, 훌륭한 자연환경(습지대, 해안, 농경지 등)을 보호하려는 운동, 도시화를 저지하는 운동 등 여러 갈래에 걸쳐 토지운동이 벌어졌다. 토지를 둘러싼 투쟁은 하와이 원주민의 주권회복운동에 합류됐다. 미국이 1893년에 하와이를 침략하고 릴리우오칼라니 여왕을 옥좌에서 끌어내린 후 백인 사탕수수 농장주가 과두정치를 펼친 역사를 바탕으로 하와이 원주민은 단결했고 스스로의 정부를 다시금 수립하려고 일어섰다. 주권회복운동이 시작되고 약 20년이 지난 현재, 원주민 국가 재건을 위해 빼앗아간 200만 에이커에 이르는 원주민의 토지를 반환하고 본토의 원주민족에게 주어지는 자결권을 우리에게도 적용하라고 요구하는 운동이 계속되고 있다.

하와이연구학은 하와이 원주민의 주권회복운동의 일부다. 그리고 토지와 공동체의 관리를 원주민 스스로의 손에 되돌리려는 투쟁이기도 하다. 우리 학과는 저항하는 원주민의 모습을 캠퍼스 내에서 부각시키고 원주민운동의 최전선에 서는 핵심 인재의 양성에 힘을 쏟는다. 우리 운동에 학생이 몰려드는 것은 우리가 원주민의 문화와 역사를 다루기 때문이기도 하지만, 무엇보다 원주민으로서의 민족주의를 표방하기 때문이다.

학생자치회는 저항운동의 주요 거점

어느 조직이든 마찬가지지만 사람들의 단결은 보통 싸움의 장에서 생긴다. 대학 캠퍼스는 학생이 배우고 생활하고 활동하는 장이지만 저항운동의 중심이 되는 장이기도 하다. 그렇다고 학생이 지역운동에 참여하지 않는다는 뜻은 아니다. 학생으로서 저항의 태도를 표현할 수 있는 주요 장이 캠퍼스라는 의미다. 사실 그렇게 되어야 한다. 학생의 힘이 결집되고 학생 생활이 구축되는 장은 캠퍼스 말고는 달리 없기 때문이다. 그래서 캠퍼스에 초점을 맞춰보면 학생이 싸움에서 맨 먼저 할 수 있는 일은 대개 학생 생활을 관리하는 다양한 조직에 적극적으로 참여하는 것이다. 여기에는 총장과 학장을 비롯해 학생 서비스센터와 때로는 평의회 등 다양한 관리·운영 조직이 포함된다. 이런 기관이 정책을 입안하고 폐지하는 권력을 쥐고 있다.

그와 별개로 학생자치회는 학생과 대학 당국 사이의 불공평한 권력 관계를 은폐하기 위해 '학생의 권한 부여'를 들먹이는 일이 많다. 하와이 대학에서 학생자치회는 오랫동안 주의 정치를 홍보하기 위한 예비 연습장에 지나지 않았다. 자치회의 집행부가 일반 학생의 목소리를 대표하는 일은 좀처럼 없었다. 집행부의 학생은 오로지 대학 본부의 눈치를 살피거나 장차 주 의회와 군 정부에 들어갈 때 좋은 자리를 맡으려고 선을 대는 데 애쓸 뿐이다.

그러나 설령 과거에 학생이 졸업 후 정치 활동을 위한 받침대로만 학생자치회를 이용했다고 해도, 정치 단체로서의 학생자치회는 저항 운동의 중요한 거점이 될 만한 조직이다. 학생자치회에는 자치회비, 학생회관 등의 시설 유지비, 운영단 인건비 등 다양한 경비가 항상 따라붙기 때문에 혁신 세력에 의해 집행부가 교체된다면 저항운동에 좋은 기구가 될 것이다. 게다가 대학 당국, 평의회, 학생신문 등은 학생자치회를 학생을 대표하는 공인 조직으로 간주하고 합법성을 부여했다. 공인된 조직의 힘을 이용하기 위해서라도 혁신 세력에 의한 집행부 교체가 필요하다. 이는 변혁을 요구하는 시민에 의해 정권이 교체되는 것과 똑같다.

　그 밖에 캠퍼스의 다양한 기관과 시설도 혁신 세력에 의한 권력 교체가 필요하다. 예를 들어 학생신문, 학생회관, 생활협동조합, 스포츠 시설, 주차장 등이 있다. 이런 시설 혹은 기관의 경우 학생의 역할이 명확하게 규정돼 있지도 않고, 학생 스스로 자신들의 잠재력을 충분히 이해하고 있지도 않다. 그렇더라도 이들 기관 혹은 시설에서 학생의 힘이 커지면 이후 점차 싸움이 펼쳐질 것이다. 요컨대 학생 스스로의 근본적 잠재력에 대한 자각을 증진시킬 핵심 그룹의 조직화가 선행되어야 한다.

　하지만 이런 것이 싸움의 중심이 된다 하더라도, 쟁점을 형성하는 것이 단지 캠퍼스의 관심사뿐만은 아니다. 결코 그렇지 않다. 나는 1960년대 후반부터 1970년대 중반에 위스콘신 대학의 학부와 대학원에 다녔는데, 이때 베트남 전쟁이 계기가 되어 우리는 항의 집회와 시위를 반복하며 반전운동에 참가했다. 흑인의 시민권운동과 그 운동에서 태어난 흑인연구학Black Studies(지금은 아프리칸 아메리칸) 강좌를 요구하는 싸움도 학생들의 저항운동에 영향을 끼쳤다. 우리 목소리가 매우 강했기 때문에 위스콘신 주지사는 '질서를 유지하기' 위해 수천 명의 군인을 캠퍼스에 투입했다. 그러나 실상 캠퍼스 내 군 투입은 젊은 학생들의 항의운동을 통제한다는 명목하에 대학 당국 스스로 주정부의 벌거벗은 권력을 세상에 드러나게 한 꼴이 되고 말았다.

저항은 권위에 도전할 때 가치가 있다

싸움, 즉 정치적 저항은 권력의 질서를 유지하려는 주정부의 이데올로 기적이고 현실적인 태도에 도전하는 것이다. 저항은 권위에의 도전을 통해서 비로소 가치가 있다. 주 또는 다른 제도에 내재하는 권력의 가면 을 벗기는 것도 가치 있는 저항의 한 형태다. 캠퍼스 안팎의 시민 소요 를 진압하기 위해 주지사가 군대의 출동을 요구할 때 당국이 은폐하던 주먹, 즉 군대의 권력은 누구의 눈에도 명확하게 들어온다.

국가권력과 그것의 작동 방식이 속속들이 드러나는 것은 그 자체로 공공에 이익이 된다. 실로 혁명적인 이익이라 할 만하다. 해방적인 관행 과 억압적인 관행 사이의 경계는 권력이 속속들이 드러났을 때 훨씬 명 료해진다. 예를 들어 차별 철폐 조치를 요구하는 운동이 대중의 눈앞에 제기되면 국가는 정부에 비판적인 시민과 정면으로 충돌하게 되고, 이 충돌이 어느 단계에 이르면 국가권력의 무시무시함과 본질이 폭로되기 쉽다. 다른 말로 하면 일상생활에서 권력을 휘두르는 기관 그 자체를 바 꾸려고 싸울 때 비로소 자신들에게 무력감을 품게 하는 다양한 제약이 무엇인지 시민 스스로 깨닫게 되는 것이다.

캠퍼스에서 차별 철폐 조치를 요구하는 운동이 계속된 덕에 국가와 주의 교육제도에 내재하는 인종차별주의가 세상에 공개됐다. 게다가 미 국의 이데올로기와 정치 자체에 내재하는 인종차별주의도 대중의 눈에 드러나게 됐다. 그와 같은 저항운동이 없었다면 캠퍼스에서 유색인종은 없는 것이나 다름없는 존재로 취급되고 그대로 현상 유지가 지속되었 을 것이다. 우리 캠퍼스에 백인이 매우 많은 것(원주민의 관점에서 말하면 비원주민이 매우 많은 것)을 다윈의 자연선택설이 증명된 결과로 간주하기 쉽지만, 이는 사실 의도적으로 만들어진 계층·인종·이민자에 대한 차별 구조가 사회에 정착된 결과일 뿐이다.

하와이연구학과의 도전은 바로 우리의 모든 걸 건 것이고 여러 권력에 대한 나 자신의 관계를 총결산하는 것이었지만, 대학 당국과 몇몇 학과로부터 심한 저항에 부딪힌 나머지 우리는 10년간이나 그들에게 포위돼 있었다. 우선 1991년에 당국은 나를 하와이 연구센터의 소장 자리에서 끌어내리려고 했다. 앞에서 언급했듯이, 백인을 가리키는 하올레라는 하와이어에 공공연하게 불평한 백인 남학생을 내가 학생신문의 공개편지를 통해 나무랐던 사건 때문이다. 공개편지에서 나는 '만약 이 말이나 하와이어 혹은 우리 고향인 하와이를 비롯해서 원주민족의 유산이 마음에 들지 않으면 이 아름다운 섬에서 나가면 됩니다. 하와이에서 하올레가 한 사람이라도 떠난다면 그것은…… 기뻐해야만 할 일입니다'라고 극히 간결하게 말했다.

공개편지는 폭발적인 항의를 불러왔다. 내 해임을 요구하는 목소리가 평의회와 총장, 게다가 백인 남성 교수가 지배하는 철학과, 법학과 등으로부터 쏟아져 나왔다. 그러나 하와이연구학과의 학생 활동가에게 이 사건은 조직화를 향한 '역사적 순간'을 단축해주는 역할을 했다. 원주민 학생들은 '마케에 포노(정의를 쟁취하라)'를 결성하여 학생신문에 도전했다. 학생신문이 나쁜 아니라 원주민 일반과 하와이연구학과의 학생을 야유한 인종차별적인 만화와 조사 결과를 연재하고 있었기 때문이다. 마케에 포노의 활동이 눈에 잘 띄었기 때문에 우리는 한때 캠퍼스 내의 우익 학생이나 단체의 집중적인 공격을 받기도 했다.

그러나 나를 지원하는 활동을 펼치는 동안 마케에 포노 소속 학생들은 하와이 원주민이 캠퍼스에서 차별의 대상임을 통감하게 됐다. 학생들은 이윽고 학생신문뿐 아니라 학생자치회도 상당한 지명도와 권력을 가지고 있다는 것을 깨닫기 시작했다. 학생자치회가 예산뿐 아니라 클럽 사무실과 전화 등의 사용 결정권도 가지고 있음을 알게 된 것이다. 게다가 학생자치회는 '지위'도 꽉 쥐고 있었다. 학생평의회 혹은 학생회 회장으로서 발언한다는 것은 그 학생 자신에게 힘이 생긴다는 것을 의미했다.

재빨리 상황을 헤아린 마케에 포노는 학생자치회 집행부에 후보자를 낼 계획을 세웠다. 멋진 입후보자 명부는 못 되지만 그들의 탈식민화 의식만큼은 충만했다. 학생평의회에 선출된 학생은 두세 명에 지나지 않았지만 학생자치회 장악은 시간문제라고 원주민 학생들은 간파했다. 게다가 이를 통해 일반 원주민 학생에게 '단결하면 힘이 된다'는 메시지를 전할 수 있었다.

'쿠이칼라히키(해가 뜨니 일어서라)' 등 후속 학생 단체도 학내 선거가 있을 때마다 후보자를 내자는 목표를 세웠다. 이러한 단체가 다양한 형태로 저항운동을 펼쳐갔다. 예를 들어 학내에서 올바른 스펠링으로 하와이어를 사용하자는 캠페인을 펼치기도 했다. 그리고 학생 서비스의 일환으로 시민권을 담당할 상담 교원의 고용을 요구했다. 이것은 하와이연구학과의 부담을 줄이려는 목적이기도 했지만, 학생의 시민권이 침해될 때 교수진 이외에 학생을 지원하는 전문가가 필요하다고 인식했기 때문이다. 이러한 노력 덕에 하와이 원주민 전체에 대한 편견과 인종차별 그리고 늘어가는 학내의 적개심에 캠퍼스 전체가 차례로 눈을 뜨게 됐다.

이러한 의식의 각성은 열도 각지에서 고조된 주권회복운동이라는 커다란 흐름 속에서 이루어진 것이다. 어떤 의미에서는 주권회복운동을 중심으로 하는 정치적 단결의 움직임이 대학에까지 흘러들어왔다고도 볼 수 있다. 하와이연구학과를 이끌어가는 교수진 자체가 주권회복운동을 적극적으로 지지하고 추진하는 최대 조직 '카 라후이 하와이이(줄여서 카 라후이)'의 등록 회원이었다. 하와이 원주민에 관한(전통적 장례에서부터 퇴거 반대 투쟁, 집회의 권리 그리고 주권 회복에 이르기까지) 모든 것에 대해 교수진은 정치적 견해를 표명해야 했고, 하와이연구학과 학생은 쿠무(선생)의 가르침에 따라 원주민이 현재 안고 있는 문제에 몰두하게 됐다. 그러나 다른 차원에서 학생들은 자신들만의 길을 걸었다. 학생 자신의 관심을 반영한 문제가 강의실, 학생자치회, 대학 당국을 상대로 불거져 나왔다. 그들의 싸움은 교직원의 관심사보다는 학생의 관심사에서 시작된다. 당연히 그래야 한다.

'칼라이 포(어둠을 떨쳐라)'라는 학생 단체는 이제 선구자의 자취를 밟으며 활동하고 있다. 이들도 캠퍼스의 인종차별주의와 싸워왔다. 결성의 계기가 된 것은 '하와이 지리' 강좌를 듣던 자매 학생(그중 한 사람은 임신 8개월이었다)이 수업 중에 쫓겨난 사건이었다. 두 학생은 하올레 교수가 하와이 역사를 인종차별적으로 왜곡했다고 항의한 탓에 네 명의 학내 경비원에게 붙들려 강의실에서 쫓겨났다. 두 사람의 질문이 방해가 되어 수업 진행이 불가능했다는 것이 강의실에서 내쫓긴 이유다. 하와이 원주민에게 영아 살해의 전통이 있었다는 해당 교수의 허언에 자매는 반대 의견을 내세우며 영아 살해를 뒷받침하는 역사적 자료를 제시하도록 요구했다. 그러자 인종차별적 수업에 대한 그 비판이 마음에 들

　백인 대학의 하와이 원주민

지 않는다는 이유만으로 해당 교수는 두 학생을 강의실에서 나가도록 지시했다.

이 사건의 핵심은 두 학생이 원주민이라는 사실이다. 예전에 하와이 원주민 사이에 영아 살해가 있었다는 풍문은 선교사가 조작한 것이라는 점을 두 학생은 이미 알고 있었다. 두 학생은 내가 담당하는 하와이 연구학과의 필수 과목인 '하와이 역사의 신화' 강의를 듣고 있었다.

이 대목에서 원주민의 역사를 가르치는 것이 왜 정치적인 행위가 되는지 이해할 수 있게 된다. 올바른 역사는 원주민의 정신을 탈식민화하게 하여 정치의식의 고양을 촉진하기 때문이다. 물론 하올레의 역사는 하올레에게 저항운동을 불러오지 않는다. 왜냐하면 하올레의 역사는 축복받은 것으로 가르치기 때문이다. 만일 하올레의 역사 수업을 듣고 저항의식이 생겨난다고 해도 그것은 (집단이 아닌) 학생 개인으로부터 나오는 경우가 대부분이다. 하지만 오늘날 미국에 보편적인 유색인종 멸시의 역사, 특히 '야만적'인 원주민 또는 '유전적으로 열등한' 아프리카계 미국인의 역사를 유색인종에게 가르치면 유색인종 학생 사이에서 소란이 일어나는 경우가 많다. 이래서 우리 역사를 가르치는 것이 커다란 싸움의 장이 되고 학생에게 정신의 탈식민화를 촉구하는 계기가 되는 것이다.

하와이 지리 강좌를 듣든 자매의 저항이 칼라이 포라는 하와이 원주민 학생 단체의 결성으로 이어졌다. 캠퍼스 투쟁의 최전선에서 칼라이 포는 집회를 열고, 인종차별적인 교수에게 증거를 제시하도록 요구하고, 시민권 상담 교원의 배치를 대학 당국에 요구하고, 자매가 강의실에서 쫓겨난 것에 대해 항의했다. 칼라이 포는 항의 행동의 일환으로 학생

자치회 장악을 최우선 목표로 삼고 모든 관리직에 입후보했다. 투표 결과, 원주민 여성이 네 표 차로 회장에 당선됐고 나머지 입후보자는 학생 평의회 의석의 대부분을 차지했다.

신임 회장이 취임하자 칼라이 포 소속 학생들은 관행적인 취임 축하 댄스파티를 없애고 그 예산을 다른 자치행사로 돌린다고 발표했다. 여름 내내 준비했기 때문에 가을 학기가 시작되자마자 바로 활동을 개시할 수 있었다. 선거의 온라인화에 몰두하고, 주지사의 경제 활성화 프로젝트 팀에 참가할 수 있도록 총장에게 청원하고, 중요한 사안이 생겼을 때는 매번 꼭 성명을 발표했다. 예를 들어 새 집행부는 원주민 학생을 대상으로 한 수업료 면제 조치를 평의회에 진정했다. 또한 사회학과 계열의 교사校舍 이름을 변경하는 운동에도 착수했다. 하와이 대학의 건물이 대부분 그렇듯이 이 교사도 인종차별주의자인 스탠리 D. 포티우스를 기념해서 포티우스 홀로 명명됐기 때문이다.

칼라이 포는 억압받던 이들이 결연히 일어나 원주민 학생의 단결을 성공적으로 이끈 사례라 할 만하다. 우선 칼라이 포는 중요한 문제, 즉 원주민을 인종차별적으로 취급하는 캠퍼스 내의 사건을 계기로 결성됐다. 다음으로 집회를 열고 시위를 하고 포럼을 개최하고 기자회견을 열었다. 더욱이 단체의 이름에 원주민의 언어를 붙여 상징적인 이유를 담았다. 마지막으로 학생자치회 선거의 경우 학생의 권리를 요구한다는 입장에서 입후보자 명부를 작성했다. 입후보자 명부를 하와이 원주민 학생으로 채움으로써 원주민의 입장을 전면에 내세우고 선거전에 임할 수 있었다. 선거에서 승리를 거두고 신속하게 다른 소수민족과 연대하여 그에 상응한 지침을 마련했다. 사실 칼라이 포는 다음 연도의 학생자치회 선거에 폴리네시아계 학생과 공동으로 출마하기로 했다. 하와이 원주민 학생은 사모아계 학생과도 연대하고 있고, 이미 폴리네시아계 학생과는 동맹을 조직하고 있다.

최전선에 서서 싸우는 여성, 그것이 가야할 길

칼라이 포의 결성과 승리는 적어도 내게는 시간이 아주 오래 걸린 승리 같았다. 두 번의 도전 끝에 칼라이 포는 학생자치회장 자리를 손에 넣었다. 전체 4만 명이 넘는 하와이 대학 학생 중 원주민 학생은 불과 5퍼센트 미만이라는 것을 감안하면 이들의 승리는 가치 있는 것이고 경이적이라고 말해도 좋을 정도다. 칼라이 포의 승리는 최전선의 활동가를 조직화하는 것이 얼마나 중요한지를 분명하게 보여준다. 또한 하와이 원주민의 주권회복운동이 캠퍼스에 근거한다는 메시지이기도 하다. 하와이 원주민은 주 차원에서도 자치정부를 요구하지만, 이번 싸움의 장은 캠퍼스이고 정부는 학생자치회였다.

칼라이 포의 지도자 대부분이 압도적으로 여성인 것도 기쁜 일이다. 하와이대학학생연합회ASUH의 회장인 마모 킴도 여성이다. 47세라는 것도 덧붙여야 할 것이다. ASUH의 평의원도 대부분 여성이고, 기개 넘치는 기획은 대개 여성이 입안하고 실시했다. 그리고 칼라이 포의 주임 고문도 여성, 바로 나다.

우연일까? 나는 그렇게 생각하지 않는다. 지금까지 주권회복운동의

하와이 대학에서 열린 자유토론회에 참가한 하우나니-카이 트라스크.
(사진: 칼 비티. 〈호놀룰루 애드버타이저〉의 허락을 받아 게재)

선두에 선 것은 여성이고 하와이연구학과의 지도자도 여성이다. 요컨대 여성이 최전선에 서서 싸우고 있다. 여기에는 역사적이고 문화적인 이유가 있겠지만, 역사가 현실만큼 중요하지는 않다. 현실은 단순하다. 행동이 있는 곳, 사람이 사는 곳, 민족이 숨 쉬는 곳, 거기에 여성이 있다. 우리는 위험을 무릅쓰고 긴 시간 싸워 나갈 준비가 되어 있고 또 우리에겐 싸움의 장에서 도망가지 않을 결의도 있다. 도망가지 않는 정도가 아니다. 우리는 책임감 있는 강인한 전사로서 당연히 싸우는 존재다. 이것은 1960년대에 미국 남부에서 끓어올랐던 흑인의 시민권운동으로 증명됐다. 그 후 여성과 젊은이가 단결의 물결을 이끌고 있다.

이런 일은 지금의 주권회복운동에도 적용된다. 또한 대학의 노동조합도 마찬가지다. 원주민운동에서도 가장 뛰어난 지도자는 여성이다. 하와이연구학과의 학생은 캠퍼스 내의 다양한 민족, 인종의 학생과 함께 준비하고 있다. 사모아 학생, 하올레 학생 일부, 학생자치회 일을 하는 아프리카계 미국인도 수는 적지만 협력 관계에 있다.

여성이 지도적 위치에 서는 것은 극히 당연한 일이다. 여성 지도자는 분야나 직종을 가리지 않고 곳곳에서 활약한다. 현재 캠퍼스 내의 지도자도 그렇다. 여성의 존재감은 부분적으로는 우리의 주권회복운동에 의해 증명되기도 하지만, 또한 우리의 놀라운 개인적·문화적 강인함에 의해 증명된다.

하와이 원주민으로서 우리는 원주민 여성 가운데 지도자가 나오기를 기대한다. 나 자신도 감히 그러하기를 소망한다. 그리고 이것이 우리 민중이 가야 할 길이다.

주권:

국제적
맥락

3

Sovereignty: The International Context

하와이
원주민과
인권

현대의 하와이는 식민지 종주국인 미국과 다름없는 이민자의 사회다. 즉 우리 하와이를 지배하는 이주자의 이익을 위해 원주민과 원주민 문화를 말살하고 억압하며 주위로 밀어내는 사회라는 것이다. 이민자 사회에서 시민권 문제는 두 가지인데, 하나는 이주자를 다른 이주자로부터 보호하는 차원의 문제이고 다른 하나는 이주자를 국가로부터 보호하는 문제다. 원주민을 부정하는 일, 예를 들면 학살, 토지 강탈, 언어 금지, 가족의 이산 그리고 문화 상품화 등은 이주자 사이에서는 논의의 대상이 되지도 않고, 시민권의 변수로 여겨지지도 않는다. 이런 일은 타히티·누벨칼레도니·알제리 같은 프랑스의 식민지, 오스트레일리아·뉴질랜드·인도 같은 영국의 식민지, 브라질·앙골라·모잠비크 같은 포르투갈의 식민지, 남아프리카공화국·인도네시아 같은 네덜란드의 식민지 혹은 미합중국으로 불리는 '에스파냐-프랑스-영국을 섞은 이상한 혼성국가'에도 들어맞는다.

세계 어느 곳의 원주민에게든 시민사회는 그 자체로 식민지 이민자가 만들어낸 산물임에 틀림없다. 식민이 이루어지기 전의 원주민 사회는 가족관계를 기본 단위로 하고 족장이 다스렸다. 생활에 필요한 것(토지, 물, 식량, 집단으로서의 동료의식 그리고 원조)은 모두에게 보장됐다. 그러나 식민주의가 모든 것을 바꾸어놓았다. 자, 정의하자면 정복이란 원주민을 멸종하는 것을 의미한다. 토착 민족을 인정하거나 그들의 대지와의 가족적인 관계를 인정하는 일은 결코 없다.

유명한 미국 헌법은 토지, 언어, 문화, 가족, 자치정부를 비롯해 (원주민의 관점에서) 가치 있는 것에 대한 원주민의 권리를 보호하는 조문을 일절 마련하지 않았다. 역사적 관점에서 보면 미국 헌법은 국내에서 시민권의 효력을 인정하는 문서인데도 차모로족, 사모아 사람, 하와이 원주민, 알래스카의 이누이트 그리고 아메리칸인디언에 관해서는 아무것도 말하지 않는다.

원주민으로서 우리는 모두 헌법의 적용 범위 밖에 있다. 이 헌법은 원래 거기 살던 원주민과 원주민의 토지를 미국이 소유한다고 선언하는 이민자의 문서이기 때문이다. 식민주의의 틀로 원주민을 짓누르는 헌법이기 때문에 어느 조문도 원주민의 토지 강탈을 금지하지 않는다. 미국과의 합병을 거부하는 원주민의 권리에 대해서도 언급하지 않는다. 그런 까닭에 1893년 미국 군대에 의한 침공과 하와이 점령, 그 결과로서의 하와이 왕조 전복, 1898년의 강제합병은 반헌법적 행위도 아니고 시민권의 침해도 아니라는 주장이 정당화되는 것이다. 미국이 의도한 바다. 미국이 하와이 원주민에게 엄청난 피해를 끼쳤어도 하와이 원주민은 미국 헌법의 맥락에서는 미국을 상대로 제소할 수 없는 것이다.

그래서 하와이 원주민은 미국의 법체계가 옹호하는 가장 기본적인 개념과는 무관한 존재다. 알렉시스 드 토크빌이 '법의 선물'이라 칭한 이 개념에 따르면 국내외의 원주민에게 전쟁, 이주, 학살 등을 어떠한 형태로든 시행해도 된다고 허용한다. 이러한 아웃사이더로서의 처지는 하와이 원주민에게만 해당하는 것이 아니다. 전 세계의 원주민은 대개 식민지 경영자의 법체계에서 제외되어 있다. 실제로 식민주의는 원주민의 동화보다는 말살을 제일의 목표로 한다. 식민주의자의 법체계에서 배제되는 것 따위는 말살에 이르는 과정의 일부에 지나지 않는다.

그러므로 오늘날 세계에서 우리 원주민이 필사적으로 싸우는 것은 시민권을 요구하는 것이라기보다 계획적인 말살에 맞서기 위한 것이라고 보는 시각이 더 그럴 법하다. 예를 들어 미국에서는 '소멸 직전'의 인디언이 완강하게 소멸을 거부한다. 그들은 라코타족의 운디드니 대학살에서 나바호족과 쇼쇼니족의 강제 이주에 이르는 온갖 형태의 학살에 저항해왔다.

북미 원주민의 저항은 미국 정부에 제법 영향을 주었다. 왜냐하면 그 이후 원주민만을 대상으로 한 제정법과 판례법의 힘을 빌려 인디언과 그 외 원주민을 주류지에 억지로 넣어왔기 때문이다. 연방의회와 법원의 방침은 수년에 걸쳐 국민의 감정과 함께 움직여왔다. 그 결과 연방 정부의 정책은 '강제 이주'에서 '소멸'로, 또 '자결'로 이동했음에도 다시 제자리로 돌아가 버렸다.

변덕스러운 식민주의 유산은 하와이 원주민보다 아메리칸인디언을 대상으로 더 장기간에 걸쳐 매우 꼼꼼하게 만들어졌다. 그러나 원주민의 역사로 보자면 그 둘의 줄거리는 닮았다. 즉 우리 원주민의 처지는 연방·주 정부의 처분에 따라 좌지우지되었다. 하와이 원주민에겐 땅의 원래 주인으로 인정도 받지 못한 채 독립적인 법적 지위는 고사하고 미성년자가 부모의 보호를 받는 수준의 권리만 주어졌다. 게다가 그마저도 연방정부가 본토의 원주민에게 인정한 다른 권리에는 미치지 못한다.

지금까지 말한 것 같은 식민지적 상황 그리고 점점 자신의 생활을 스스로 통제하는 일이 더 어려워지는 상황에 직면해서 우리 하와이 원주민은 연방의회에 다음과 같은 점을 승인하도록 요구한다.

첫째, 원주민으로서의 고유 지위

둘째, 왕조 전복 당시 토지와 주권의 손실을 포함해서 미국이 끼친 손해

셋째, 주권 회복 요구에 응해서 임의의 형태의 원주민 자치정부를 승인하고, 조상 전래의 토지와 물을 반환하며, 금전을 포함한 포괄적인 보상 조치를 취함으로써 위의 손해를 배상할 필요성

'보편적' 인권

하와이 원주민이 미국 정부로부터 입은 손해는 20세기의 국제관계에서는 당연한 것으로 여겨지는 관행(침공, 점령 그리고 탈취)에서 비롯됐다. 19세기에 미국은 하와이 왕조의 주권을 존중하겠다고 몇 번이고 확약했지만 제국의 유혹을 뿌리치지는 못했다. 미국 군대에 의한 하와이 왕조의 전복(1893), 그 직후에 수립된 백인(하올레) 임시정부(1893~1894)와 하

와이공화국(1894~1898)에 대한 미국의 외교적·군사적 지원, 최종적으로는 1898년의 강제합병, 이것은 모두 자국 이외의 토지와 인민을 지배한다는 미국의 제국주의적 야심의 발현에 다름 아니다. 민주주의를 수출하기는커녕 미국은 이러한 행위를 통해서 자결권에 대한 '부정하기 어려운 침해'를 행한 것이다. 국제법에 비추어보면 이와 같은 침범행위는 다음과 같이 정리할 수 있다.

첫째, 국적의 자의적 탈취
둘째, 영토의 자의적 탈취
셋째, 민족자결권(천연자원에 대한 원주권도 포함한) 부정

이러한 탈취는 전체적으로 '세계인권선언'의 제15, 17, 21조를 위반한 것이다. 게다가 두 개의 국제인권규약, 즉 '시민·정치적 권리에 관한 국제규약(B규약)'과 '경제·사회·문화적 권리에 관한 국제규약(A규약)'의 제1조 위반이다. 그리고 마지막으로 '미주인권협약'을 위반했다.[1] '세계인권선언' 제15조와 '미주인권협약' 제20조는 각각 다음과 같이 말한다.

• 모든 사람은 국적을 가질 권리를 갖는다.[2]
• 어느 누구도 자의적으로 자신의 국적을 박탈당하거나 국적을 바꿀 권리를 부인당하지 아니한다.[3]

'세계인권선언' 제21조는 이렇게 규정한다.

• 모든 사람은 직접 또는 자유롭게 선출된 대표를 통하여 자국의 통치에 참여할 권리를 가진다.[4]

• 국민의 의사는 정부 권위의 기초가 된다. 이 의사는 보통과 평등 선거권에 의거하며, 또한 비밀투표 또는 이와 동등한 자유로운 투표 절차에 따라 실시되는 정기적이고 진정한 선거를 통하여 표현된다.[5]

앞에서 말한 두 개의 국제인권규약 제1조는 완전히 똑같다.

모든 사람은 자결권을 가진다. 이 권리에 기초하여 모든 사람은 그들의 정치적 지위를 자유로이 결정하고, 또한 그들의 경제·사회·문화적 발전을 자유로이 추구한다.[6]

여기에 열거한 조문의 어느 것을 봐도 '국적'과 '자유로운 선택'이 인권에 관한 논의의 핵심이다. 하와이에 대해 말하자면, 원주민의 인권은 명백하게 미국에 의해 침해되어왔고 현재도 여전히 침해되고 있다. 그렇게 말하는 까닭은 다음과 같다.

미국이 하와이 왕조 전복에 관여해서 임시정부와 하와이공화국을 수립한 때, 그것이 어떠한 형태의 국민투표도 거치지 않은 채 하와이 원주민의 의사를 무시하고 하와이를 강제적으로 합병한 것이라는 데는 역사상 의문의 여지가 없다.

합병과 독립 가운데 하나를 선택하는 일이 하와이 원주민에게 허락되었더라면 원주민은 원주민 국가로서의 주권을 선택했을 것이다. 이것은 합병파의 지도자인 로린 서스턴과 전권공사 제임스 블라운트를 비롯해서 후이 알로하 아이나와 같은 원주민 운동의 지도자에 이르기까지, 당시의 사정에 밝은 인사들이 모두 그렇게 추정했다는 점에서 명백하다.

왕조의 전복과 미국으로의 합병이 국제규약 체결 전에 일어난 사실이라고 해서 하와이 원주민의 제기가 무효가 되는 것은 아니다. 보편적 자결권이라는 이상은 엄연한 국제법의 확정적 원칙이어서 관습법과 상호 조약을 대체할 만한 것이다. 이것은 보편적 자결권이 중요한 원칙이기 때문에 1948년의 유엔 헌장 채택 이전에 일어난 국가 간, 민족 간의 관계에도 거슬러 올라가 적용될 수 있다는 것을 의미한다.

하와이 원주민은 조약상의 정치적 권리를 방기했거나 투표를 통해 합병을 승인한 것이 결코 아니기 때문에 유엔의 '비자치non-self-governing 민족'의 범주에 포함되어야만 한다. (원주민이 아니라) 주정부가 원주민의 신탁지를 관리해왔기 때문에 우리의 종속적인 지위가 유지돼왔다. 종속적인 지위 탓에 약 200만 에이커에 달하는 하와이 원주민의 택지와 할양지가 하와이 주 면적의 절반 가까이를 차지하게 됐다. 신탁지의 관리와 운영은 주정부의 기관이 하는데, 전자는 하와이원주민택지국이, 후자는 토지·천연자원국이 담당한다. 1978년에 하와이 주가 창설한 하와이원주민사무국OHA이 할양지 수입의 20퍼센트를 받고 있지만 이 기관도 어디까지나 주정부와 연방정부의 법률에 근거해서 운영된다. 이런 기관 가운데 어느 것도 하와이 원주민의 자치를 실현한다고 말하기는 어렵다.

비자치 민족인 하와이 원주민은 유엔이 인정하는 '자결권을 갖는 민족'의 범주에 속한다. 그러나 이러한 권리는 몇몇 이유로 하와이 원주민에게는 계속 거부되고 있다. 첫 번째, 하와이 원주민은 하와이로 들어온 이주자와 조금도 다르지 않다는 주장이다. 이는 하와이 원주민의 2000년에 걸친 역사를 부정할 뿐만 아니라, 자발적인 지위(이주자)와 자의가 아닌 입장(식민지화에 따라 국적이 강제로 바뀌었다)을 동일시한다. 이런 생각은 종종 주정부와 연방정부의 정책적 토대가 됐다. 원 국적을 자발적으로 포기하고 하와이 영주를 택한 이주자(하올레와 아시아계 이민)와 달리 하와이 원주민은 고향땅에서 스스로의 국적을 강제로 빼앗겼다.

두 번째, 하와이 원주민은 '자신의 주'를 가지는 동시에 미국 국민이 되기 때문에 다른 미국인과 '평등'하다는 근거 없는 주장이 횡행한다. 이 논점은 둘 다 핵심을 비껴 나간다. 왜냐하면 하와이 원주민은 강제로 합병되기까지 한 번도 미국 국민이었던 적이 없기 때문이다. 미국 시민권이 주어졌다고는 하지만 너무나도 일방적인 것이었고 그것도 원주민의 동의는 없었다. 주 승격은 합병으로부터 시간이 경과한 후에 생겨난 정세의 결과일 뿐 결코 합병 전의 일은 아니다. 게다가 주 승격의 투표는 하와이 원주민이 자국에서 소수파였을 때 이루어진 것이다. 이주자가 주 승격을 압도적으로 지지한 데 반해, 하와이 원주민은 반대했다(이런 사실이 주 승격을 추진한 자들에 의해 편의적으로 간과된 것이다). 결국 '미국인으로서의 평등'이라는 허구가 역사의 진실을 모호하게 만들었다. 즉 군사적, 경제적 침략에 근거한 권리를 제외한다면 미국에는 하와이 원주민과 토지를 지배할 권리가 전혀 없다는 역사의 진실이 은폐된 것이다.

하와이 원주민의 자결권을 끝까지 부정하는 세 번째 논거는 '시효時

效'라는 사고방식이다. 이에 따르면 장기간에 걸쳐 평화적으로 행사돼온 권리는 전혀 의문시될 수 없다. 시효라는 개념은 식민주의 국가(예를 들어 미국)가 해외 영토(예를 들어 하와이)에 대한 영토권 주장의 근거로서 지금까지 영향력을 발휘하고 있다.

그러나 일반적으로 알려진 것과는 반대로 미국에 의한 하와이 지배는 그렇게 '장기간'이 아니다. 1998년 시점에서 보면 하와이 원주민이 자국을 통치하던 당시에서 100년 정도의 시간만 흘렀을 뿐이다. 왕조 전복과 합병 전에 있던 2000년에 걸친 원주민 스스로의 통치 기간과 비교해보면 미국 지배의 1세기 따위는 대수롭지 않은 것이다.

덧붙여, 미국의 하와이 점령이 다른 열강에 의한 식민화의 야망을 저지했다는 점이 명백하다고 해도 그것이 하와이 원주민의 권리를 소멸시키는 이유가 되는 것은 아니다. 이 점에 관해서 국제사법재판소는 새롭게 출현한 자결이라는 원리 쪽이 국가에 의한 영유권 주장보다 우선순위가 높다고 선언한다.

마지막으로, 미국과 미국적 생활양식 쪽이 원주민 국가와 원주민의 생활양식보다 앞선다는 주장이 있다. 이런 논거는 미국에 의한 하와이 합병과 하와이 자원이나 원주민에 대한 미국 지배의 지속을 정당화하기 위해 끊임없이 제기된다. 재미있는 것은 이 논거가 옛날부터 곧잘 제기되었다는 데 있다. 예를 들어 19세기 내내 미국의 노예제 찬성론자는 이 논거를 가지고 아프리카계 미국인이 '원시적인' 아프리카에서 자유로운 백성으로 생활하는 것보다 '문명화된' 미국에서 노예로 생활하는 것이 훨씬 축복받은 것이라고 주장해왔다.

이와 비슷한 것으로 '문화에 우열이 있기 때문에 뛰어난 문화가 다른 문화를 모두 지배하는 것은 당연하다'는 관념이 있다. 이런 백인 우월주의(그 결과로서의 '백인의 책무')는 15세기부터 19세기에 걸쳐 유럽이 남북아메리카, 아프리카, 아시아, 오세아니아를 정복할 때 구실로 삼았던 것이다. 그러나 이런 관념은 제국주의 정책이 역사적 사실이라는 가면을 뒤집어쓴 것에 지나지 않으며, 국제법도 이런 관념은 완전히 부인한다.

자결권은 인종·신념·문화에 관계없이 모든 민족이 향유할 수 있는 것으로, 거기에는 영토 보전의 권리도 포함된다. 인종과 문화의 차이를 논거로 해서 권리 박탈을 정당화하는 학설은 국제법에서 인정되지 않는다. '하와이 원주민은 뒤떨어지고 미국인은 뛰어나기 때문에 미국인이 원주민을 대신해서 하와이의 토지를 지배하는 편이 낫고 앞으로도 그럴 것'이라고 말하는 것은 인종차별적인 주장이다.

'미국적 생활양식이 어쨌든 세계에서 제일 좋기 때문에 하와이 원주민도 고맙게 그 은혜를 입어야 한다'는 인종차별적인 주장은 역사적 사실에 비추어보면 잘못된 것임을 알 수 있다. 1세기 이상에 걸친 미국과의 접촉(거기에는 전염병이라는 '수혜'와 97퍼센트에 이르는 원주민 인구의 감소, 억압적인 기독교를 수용한 '기쁨' 그리고 하올레의 사적 소유에 의한 토지 수탈 등이 포함되지만)을 겪은 후에도 19세기 말의 하와이 원주민이 계속 하와이 왕조의 백성이길 바랐다는 점은 명백하다. 국제법 용어로 표현하면 '미국 지배에 편입되기보다 자결을 바랐다'고 할 수 있다. 국민투표도 거치지 않고 하와이를 미국의 소유물로 취하려고 선동한 것은 하올레 엘리트(선교사와 사업가)였다. 물론 이런 일이 모두 미국 군대의 침공에 의한 하와이 점령 후에 이루어졌다는 점을 기억해야만 한다.

미국이 정치적, 문화적 우월성을 계속 주장하는 것은 국제법의 맥락에서 보면 식민주의 국가의 이데올로기를 강요하는 것밖에 안 된다. 식민주의 이데올로기는 정상적인 민족과 국가의 관계로 도저히 받아들일 수 없다는 것이 유엔의 확고한 입장이다. 왕조 전복에 대해서는 1993년에 미국 정부가 사죄했지만, 하와이 원주민의 자결(원주민에 의한 원주민 소유지의 관리를 포함한)은 연방정부와 하와이 주정부의 방해로 말미암아 오늘날까지 실현되지 않고 있다.

물론 미국에 의한 인권 침해, 특히 아메리칸인디언에 대한 권리 침해는 비록 미국 정부가 공식적으로는 전면 부정하지만 널리 알려진 심각한 사실이다. 미국인과 미국 정부는 자국에서는 정의와 질서가 지켜진다고 강변하면서 다른 나라, 특히 제3세계 국가의 인권 침해 문제는 곧잘 비난한다. 연방정부가 스스로 저지른 인권 침해를 인정하는 일은 좀처럼 없고 미국 내의 원주민의 지위에 대해서는 설령 잘못을 인정하는 일이 있다고 해도 극히 드물다. 왕조 전복에 관한 1993년의 연방 상원에 의한 사죄가 전형적인 예다. 사죄는 있었지만 그 이후 빼앗겼던 원주민의 토지는 어떻게 됐을까? 아직까지 단 1에이커의 땅도 원주민에게 반환되지 않았다.

'원주민'의 인권

원주민의 요구에 대한 미국 정부의 완고한 거부에 맞서기 위해 여러 원주민 부족은 인권위원회의 보호 아래 '원주민 실무 그룹'을 설치하도록 유엔에 요청했다. 20년에 걸친 작업과 원주민 스스로 수천 시간의 증언을 수집한 끝에, 유엔은 '차별 방지와 소수자의 보호에 관한 소위원회'인 제46차 회의에서 '원주민의 권리에 관한 유엔 선언'(초안)을 정리했다.

이제 원주민의 생존과 원주지의 보존은 전 세계의 승인을 받는 중인 사안이다('원주민의 권리에 관한 유엔 선언' 초안은 1992년에 마련되었고, 결국 이 책이 출간된 뒤인 2007년 유엔 총회에서 통과됐다. 당시 미국·오스트레일리아·캐나다·뉴질랜드가 반대표를 던졌지만, 2010년 미국이 마지막으로 비준함으로써 비록 법적 강제력은 없지만 이 선언은 세계적 윤리 규범으로 자리 잡게 되었다 - 옮긴이). 현재의 법체계만으로는 해결할 수 없는 '첫 번째 민족(원래 거주자)'의 역사가 있기 때문에 원주민에게는 특별한 지위를 부여해야 한다는 생각이 미국 내에서조차 퍼져 나갔다. 다른 많은 원주민이나 원주민 단체와 나란히 하와이 원주민의 민주주의를 표방하면서, '원주민의 권리에 관한 유엔 선언'을 표준으로 삼아 우리 원주민의 특별한 지위를 보장하는 법률상의 논의를 고민하고 그 분석 결과를 장차 하와이뿐 아니라 미국에까지 적용해야 한다고 주장하는 사람도 늘고 있다.

물론 내가 지금 제안하는 것은 미국의 시민권에 대해 변호사, 법원, 의회 그리고 일반 사람이 받아들이는 사고방식과는 정면으로 대립한다. 대부분의 미국인, 그중에서도 특히 변호사에게 미국 헌법은 기독교의 십계에 해당하는 것이다. 그것은 돌에 새겨진 일련의 형법이고 신성한 권위자로부터 부여받은 것이기 때문에 영원히 불변하는 것이다.

그러나 세계의 여러 나라가 자국 내의 다양한 민족을 차례차례로 승인했기 때문에 미국만이 자결을 추진하는 지구 차원의 움직임과 동떨어진 채 반대국으로 남게 됐다. 헌법이 권리의 옹호와 의무의 표명에 유일한 수단이라고 주장하면서도 미국은 자국 내 원주민의 인권을 계속 억압하고 있다. 따라서 미국 정부가 이들 원주민의 인권을 조직적으로 침해하면서도 다른 나라의 인권 침해 문제에 참견하는 것은 어불성설이라는 목소리가 미국인과는 상관없이 국제사회에서 점차 커지게 됐다.

과거 20년간 국제사회에 원주민 문제를 호소해온 우리에게 관건인 사안은 시민권이라기보다 인권이다. 그래서 우리는 원칙의 표준으로 삼아야 할, 또한 정책의 작성과 실시의 지침으로 삼아야 할 '원주민의 권리에 관한 유엔 선언'에 몰두해왔다. 대충만 읽어봐도 선언의 보호 규정 대부분이 미국 헌법 아래서는 (현재 시점에서) 적용할 수 없다는 것을 누구나 알 수 있다. 다음은 '원주민의 권리에 관한 유엔 선언'의 주요 내용이다.

[정의]

원주민의 정의는 식민주의자의 정주 이전에 집단생활을 하고 있었는지의 여부에 따라 달라진다. 한 국가 내의 소수자 집단이나 소수민족과 혼동해서는 안 된다. '원주권'과 '소수자 권리'는 엄밀하게 구별해야만 한다. 그러므로 원주민의 '인구'는 원주민을 정의할 때의 기준이 되지 않는다.

[인권, 자결 그리고 국적]

1조: 원주민은 유엔 헌장, 세계인권선언, 국제인권헌장으로 인정받은 모든 인권과 기본적 자유의 완전하면서 효과적인 향유에 관계되는 권리를 가진다.

3조: 원주민은 자결의 권리를 가진다. 원주민은 이 권리에 의해 그 정치적 지위를 자유롭게 결정하고 또 그 경제적, 사회적, 문화적 발전을 자유롭게 추구한다.

5조: 원주민 각 개인은 국적에 관련된 권리를 가진다.

[안전, 정체성 그리고 자유]

6조: 원주민은 독자의 민족으로서 자유롭고 평화롭고 안전하게 생활할 권리를 가진다.

7조: 원주민은 민족문화 파괴와 문화적 집단학살을 당하지 않을 집단적, 개인적 권리를 가진다.

8조: 원주민은 그 민족이 원주민이라고 스스로 인식하고 또한 타인에게 원주민이라고 인식되는 권리를 가진다.

[전통과 습관, 노동과 미디어]

3장: 원주민은 자신의 문화적 전통과 관습을 실행하는 권리를 가진다.

이 권리에는 정신적 관습, 매장지를 포함한 성지의 보존, 구전 전승, 역사와 언어의 다음 세대로의 계승 등이 포함된다.

4장의 17조: 원주민은 그들 자신의 언어에 의한 그들 자신의 미디어를 설립할 권리를 가진다.

4장의 18조: 국제 노동법과 국내 노동법령에 근거해 정해진 모든 권리를 완전하게 향유할 권리를 가진다.

5장의 21조와 23조: 원주민은 그들의 정치적·경제적·사회적 제도를 유지, 발전시키고, 그들 자신의 생존과 발전의 수단을 보장받아 자유롭게 모든 전통적 그리고 다른 경제적 활동에 종사하는 권리를 가진다.

[토지의 권리]

6장에 토지권과 보상에 관한 조문이 들어 있기 때문에 현존하는 국민국가에 가장 논쟁적인 선언으로 여겨진다. 남북아메리카, 오스트레일리아 그리고 여타의 토지를 식민지화한 유럽인이 '인간이 살고 있지 않은 토지'라는 의미로 사용하는 '무주지無主地(terra nullius)'라는 개념은 현재 법률적으로 받아들일 수 없는 교리다.

26조: 원주민은 자기가 전통적으로 소유했거나 점유했거나 이용해왔던 토지와 영토를 소유하고, 개발하고, 관리하고 또한 사용할 권리를 가진다. 이 권리에는 그들의 법, 전통이나 관습, 토지의 소유제도 그리고 자원의 개발과 관리 제도를 완전하게 인식할 권리가 포함되며, 또한 이것들의 권리에 관계된 어떠한 방해, 양도 또한 침해를 방지하기 위한 국가에 의한 효과적인 조치를 받을 권리를 가진다.

27조: 원주민은 자기가 전통적으로 소유했거나 점유했거나 이용해왔던 토지, 영토 그리고 자원이 그들의 동의 없이 압수되고 점유되고 이용되거나 상해를 입었을 경우 그에 대한 반환의 권리를 가지며, 반환이 불가능한 경우에 해당 원주민은 정당하고 공평하게 보상받을 권리를 가진다. 관계된 원주민의 자발적인 동의가 있는 경우를 제외하고 보상은 질, 규모, 법적 지위에서 동등의 토지, 영토, 자원의 형태를 취하지 않으면 안 된다.

28조에는 군사 활동과 기타 위험한 활동에 관해서 "관계된 원주민의 자발적인 동의가 있는 경우를 제외하고 원주민의 토지와 영토에서 군사 활동을 해서는 안 된다"라고 규정한다.

29조: 원주민은 그들의 문화적·지적 재산의 완전한 소유, 관리, 보호의 인식에 관한 권리를 가진다. 원주민은 사람과 기타 생물의 유전적 원천, 종자, 의료, 동식물의 특성에 대한 지식, 구술 전통, 문학, 디자인 그리고 시각·공연

예술을 포함한 그들의 과학, 기술, 문화적 표현을 관리하고 발전시키고 보호하기 위한 특별한 조치에 관한 권리를 가진다.

30조: 원주민은 그들의 토지, 영토, 기타 자원의 발전 또는 사용에 관계된 우선 사항과 전략을 결정하고 또 전개시킬 권리를 가진다. 이 권리는 원주민의 토지·영토·자원에 영향을 주는 모든 자원(특히 광물자원·수자원)의 개발·이용·심사 프로젝트를 실시하기에 앞서 원주민 스스로 자유롭게 국가를 상대로 정보를 열람한 후 자신들의 동의를 받을 것을 요구하는 권리를 포함한다.

이상의 조문은 선언 자체의 커다란 의미뿐 아니라 내용의 독창성에서도 중요성을 갖는다. '원주민의 권리에 관한 유엔 선언'은 문제를 다루는 법이나 초점을 두는 방식도 다른 인종 규약과는 달라서 원주민이 안고 있는 개개 문제의 중요성을 부각시킨다. 개개의 원주민 문화에 대한 강조나 조상 전래의 영토에 수립한 원주민의 자치정부 선언을 명시한 점이 특히 그렇다.

물론 자결의 의미와 실시 방법에 대해서는 많은 논의가 있었고 해당 국가의 저항도 많이 받았다. 그러나 원주민의 자결에는 분리 독립의 권리가 포함되지 않는다는 것이 일반적인 이해의 수준이다. 몇몇 나라가 '국내에서의 자결'이라는 원칙은 적용할 수도 있다고 제안했을 뿐이다.

이와 같은 권리를 명확히 하고 법제화하는 일은 해당 국민국가의 대응에 달렸기 때문에 거기에 어려움과 저항이 따르리라는 것을 유엔 실무 그룹과 원주민 참가자는 아주 잘 이해하고 있다. 유엔 실무 그룹은 국가에 대한 지침으로 원주민의 고유성, 전통, 언어에 대한 존중, 원주민의 생명과 집단적 생활에 대한 보호·보장, 적절한 법적 조치, 사회생활 서비스와 교육 지원 등 원주민의 발전에 기여할 책무를 제안한다.

하와이 원주민의 인권

'원주민의 권리에 관한 유엔 선언'의 작성이 진행되는 가운데 하와이 원주민은 토지권을 쟁취하기 위한 정치적 단결을 강화해왔다. 20년 넘게 싸워오면서 원주민운동의 지도자와 단체는 몇몇 제안을 내놓았다. 그들의 제안을 내용에 따라 분류하면 다음과 같다.

- 스스로의 역사와 원주권 그리고 토지 확보의 필요성에 대해서 적극적으로 원주민을 교육하는 것
- 신탁지의 남용과 배상 문제에 대해서 주정부와 연방정부를 소추하는 것
- 토지의 점거, 출입 금지 구역(군사기지 포함)의 경우에 위법한 항의 행동, 정부 활동의 방해 같은 공격적인 정치적 시위 행동을 벌이는 것
- 종교 활동이 금지된 성지에서 예배를 하거나, 리조트 혹은 고속도로 등이 예정된 토지에 어촌과 토란 밭을 만들거나, 원주민의 문화를 상품화하고 얕보는 관광객 상대의 행사를 방해하는 공격적인 문화 행동을 취하는 것

공격적인 행동을 취하는 목적은 다음과 같다.

- 원주민만이 아닌 일반 사람도 하와이 원주민의 문제를 자각하는 것이 가능하다.

하와이 원주민이 자치정부를 요구한다는 사실을 미국인은 믿기 어려워하는 것 같다.
원주민운동에 오랫동안 헌신해온 칼라니 오헬로는 자신의 주장을 단호하게 표현한다. 연간
650만 명에 이르는 미국인 관광객이 오헬로의 조언에 귀를 기울여준다면 하와이 원주민은
주권 회복에 한걸음 더 가깝게 갈지도 모른다. (사진: 에드 그리비)

- 남용, 모욕에 대한 직접 행동을 통해서 혹은 문화적 행사의 실천을 지원함으로써 원주민의 권리를 주장할 수 있다.
- 이러한 행동이 자결의 실천을 강화한다.

마지막으로, 자결을 선언하는 데는 '카 라후이'와 같이 망명정부의 형태를 취한 자치정부를 수립하는 것이 포함된다. 또한 리조트 개발, 공업단지, 고급 주택지, 군사시설 등에 반대하는 실제 행동을 통해서 알로하 아이나(대지의 사랑)의 정신을 원주민의 방식으로 실천함을 보여주는 것도 생각할 수 있다. 토지 반환 문제 그리고 하와이 원주민과 주·연방 정부 간의 영토 분쟁에 대한 국제기관의 판결이 원주민 쪽으로 기울고 있는 것도 이론적인 면에서 주권 회복을 옹호하는 예가 된다.

넓은 차원에서 보면 하와이 원주민의 주권 회복에 대한 논의는 다음의 자치 형태 가운데 가장 적합한 자치정부를 선택하는 과정을 수반한다. 즉 완전하게 독립한 하와이(하와이 원주민만이 배타적인 지배권을 가진다), 명시된 토지를 기본으로 한 '제한된 주권'(운영 주체는 원주민의 대표에 의한 협의체지만 미국의 연방 규칙에 얽매여 있다), 법적으로 편성된 토지를 기본으로 한 행정 단위(현존 행정 구분 안에서 선출된 일반 협의체와 연대한다), 모든 '국가 내 국가'(아메리칸인디언 국가 모델).

카 라후이는 1987년에 창설되어 현재 수천 명의 등록 회원을 가진 원주민 주도의 자치정부로, 국가 내 국가 모델에 가까운 기구, 헌법, 정치 의제를 지닌 유일한 단체다. 키아아이나(지사)에 선출된 밀릴라니 트라스크가 이끄는 카 라후이는 하와이원주민사무국과 기타 주정부 기관을 대체할 조직으로서 존재감을 드러낸다. 더 나아가 카 라후이는 연방에 의한 하와이 원주민의 주권 승인을 요구하고 있다. 그중에는 원주민에게 부여된 토지에 자치정부를 수립하는 요구도 포함된다. 카 라후이는 주의회, 하와이원주민사무국, 기타 주정부 기관(예를 들어 원주민주택국)이 토지가 아닌 금전으로 주권 회복 문제를 해결하려는 데 철저하게 반대한다. 카 라후이는 또한 하와이 원주민이 주와 연방 양 법원에서 연방정부의 의무 불이행에 대한 소송을 제기해야 한다고 주장한다. 그리고 마지막으로 카 라후이가 끊임없이 주장하는 것이 있다. 하와이 원주민이 스스로의 문화에 따라 생활하고 고향땅에서 번영해가는 가장 좋은 방법은 주권을 회복하는 것이지, 결코 주정부와 연방정부의 지배와 보호 아래에 있는 것이 아니라는 점이다.

원주민의 주권에 관한 이와 같은 싸움은 하와이 원주민에 한정되지 않는다. 태평양 섬 곳곳에서 반복될 뿐만 아니라 억압의 멍에에 괴로워하는 원주민이 있는 전 세계 어디에서나 볼 수 있는 현상이다. 타히티와 캐나다의 원주민, 마오리, 오스트레일리아의 원주민 애버리지니, 팔레스타인인, 쿠르드인, 티베트인, 마야인, 케추아인 그리고 다른 여러 원주민처럼 하와이 원주민은 민족으로서의 자결과 자립을 요구하며 계속 싸우고 있다.

국제적인 문제가 되고 있는 '원주민의 인권'이라는 사고방식은 커다란 저항에 부딪히면서도 드디어 주권 회복에 대한 하와이 원주민의 논의 속으로 들어가게 됐다. 원주민 인권이라는 개념에 대한 몰이해야말로 원주민운동이 주권 회복 문제에 초점을 맞출 수 없었던 요인의 하나다. 다양한 단체가 인권 차원에서 이해하는 것을 거부한 탓에, 또한 하와이의 정부기관과 정치가가 인권이라는 개념을 하와이 원주민의 문제에 적용하는 것에 거부반응을 보인 탓에 그간의 논의는 당장의 토지 반환 요구나 기타 사소한 문제에 한정될 수밖에 없었다.

미국에 의한 왕조 전복 이후 한 세기 이상이 지난 지금, 우리는 원주민의 인권이라는 가장 커다란 틀을 통해 논의해야만 한다. 시민권은 인권에 포함되는 이차적 권리다. 토지 반환 요구나 원주민 언어의 계승과 금전적 배상은 단순히 미국 혹은 하와이 주에 사는 시민의 권리라는 관점이 아닌 원주민의 인권이라는 관점에서 이해되고 논의되어야만 한다. 하와이 원주민의 국가인 하와이 왕조가 스스로를 독립국이었고, 미국이 외교·군사적 모략으로 왕조 전복에 중심 역할을 했다면, 우리가 받은 과거의 상처는 분명 국제법 위반이다. 요컨대 국가의 주권을 논하기에 미국 헌법만으로는 틀이 너무 작다. 보편적인 인권에 대해 말할 수 있는 국제적인 틀이 논의의 기둥이 되어야 한다.

강탈적인 초국적 자본주의가 활보하는 오늘날, 하와이 원주민은 하와이 주라는 종래의 틀을 넘어 생각하기 시작했다. 혹은 미국이라는 국가의 경계를 넘어가고 있는지도 모른다. 우리가 어머니 하와이이Hawai'i의 정통 자손이라는 것, 말하자면 이 대지의 파수꾼이라는 것을 우리는 이전보다도 더 강하게 주장하게 됐다. 이것이 원주민이, 즉 하와이에 정착한 최초의 민족이 대지와 맺는 관계가 다른 이주자의 그것과는 전혀 다른 이유다. 이런 관계를 다음 세대로 물려주고 지켜가는 것이 원주민인 우리의 의무다.

태평양제도의 정치학:
제국주의와
원주민의
민족자결

수천 년 동안 광대한 태평양은 다양한 사람의 고향이었다. 서양 학자에 의해 미크로네시아, 폴리네시아, 멜라네시아로 구별된 것은 최근의 일이다. 그러나 핵 시대의 막이 열린 것과 동시에 태평양은 환태평양제국 (아시아와 아메리카 국가 그리고 구소련)으로 인식됐다. 태평양은 문화를 가진 사람이 사는, 지구상에 현존하는 장소라기보다 제1세계 사람들의 '마음의 나라'를 반영하는 거울이고, 사랑스럽고 환상적인 섬이 흩어져 있는 상상의 공간이 됐다. 물론 이런 사고방식을 태평양의 섬사람들은 받아들일 수 없다. 태평양은 조상 대대로 내려온 바다이고 식민주의 국가의 침략을 받은 것은 극히 최근의 일이기 때문이다. 태평양의 섬사람, 즉 원주민은 거의 300년에 걸쳐 제국주의와 싸우고 있다. '제국주의'야말로 태평양을 이해하기 위한 키워드다. '인종차별주의'나 '대량학살'처럼 '제국주의'라는 단어 역시 주류 학문에서 통용되는 용어이므로 이에 대한 나 자신만의 정의와 사용법을 명백하게 해두고 싶다.

제국주의의 멍에로 괴로워하는 민족에게 이 체제는 외부 세력에 의한 철저한 통합, 즉 이질적인 문화와 생활양식이 자신의 사회 속으로 침입해 전통을 왜곡하고 사회 전체를 통째로 바꾸는 것을 의미한다. 지배자가 어떻게 찬미하든 결과는 언제나 파괴적이다. 그러나 피해의 정도는 식민지의 넓이, 지배자 측의 국력, 지배받는 측의 저항 등에 따라 달라진다. 태평양은 작은 섬과 커다란 약탈 국가(예를 들면 미국, 프랑스, 인도네시아) 그리고 적은 인구의 원주민이라는 3자 간의 관계가 곧 식민지의목 조르기를 보장한다.

물론 제국주의의 목적은 식민지 착취이고, 토지·바다·노동·여성 그리고 태평양에서는 '남해의 낙원'이라는 조작된 이미지가 착취의 대상이 된다. 게다가 식민지로의 물질적 원조는 전부 착취의 연장선상에 있고, 식민지와 본국을 잇는 경제적 의존 관계를 강화하는 역할을 한다. 그것은 마치 영어를 말하고 TV를 보고 술 마시는 것을 원주민에게 가르침으로써 심리적 의존이라는 거미줄을 교묘하게 둘러쳐서 거기서 빠져나가지 못하게 만드는 것과 같다. 이렇게 몇 세대가 지나면 식민지 사회는 최악의 문화적 습성에 중독되어 자신의 원주민native 문화에 무지해질 뿐만 아니라 자신의 문화로부터 소외된다.[7] 이렇게 문화의 헤게모니는 제국주의적 기획에서 날카로운 칼의 역할을 맡는다. 그러나 원주민 쪽에서 생각하면 문화적 민족주의는 탈식민화를 쟁취하는 것 이상의 중요한 전략이 된다.[8]

예를 들면 하와이나 아오테아로아(뉴질랜드)에서도 원주민 언어를 몰입immersion 방식으로 가르치는 학교가 문화 부흥 활동의 중심이 됐다. 게다가 문화 부흥 활동은 조상 전래의 토지 반환이나 다양한 형태의 자치정부 수립 운동으로까지 퍼져 나갔다. 이런 상황에서 하와이 이야기를 가르친다는 것은 문화와 정치 양쪽 모두에 걸친 운동으로 이해할 수 있다. 온갖 수단을 동원해 원주민의 모어 사용과 계승을 체념시켜온 사회에서 이러한 시도가 이루어진다는 점에서 문화적인 동시에 정치적인 운동인 것이다.[9]

인종차별주의 이데올로기는 '원주민에게는 문화가 없다'는 원주민 문화에 대한 부정을 정당화한다. 그리고 지배적인 문화에 비교될 만한 것도 없는, 장식물 수준에도 미치지 못하는 것으로 원주민 문화를 깎아내린다. 하와이의 경우 특히 더 그렇다. 거대 관광산업이 하와이 역사의 모든 면을 상업화함으로써 번창하기 때문이다. 상업화가 진행된 결과, 다음과 같은 생각이 모든 사람에게 널리 퍼지게 됐다.

'훌라와 알로하로 상징되는 하와이 원주민의 관용과 사랑을 중시하는 마음, 그리고 대가족으로 대표되는 하와이 문화는 '손님을 상대하는' 산업에 더할 나위 없이 적합하며, 관광산업을 통해 하와이 문화가 장려되고 보존된다.'

물론 진실은 정반대다. 쾌활한 하와이 민족이 관광객을 환영하고 자신의 문화를 기꺼이 보여준다는 환상은 관광객을 끌어들이기 위해 그리고 관광산업에 대한 원주민의 저항을 약화하기 위해 조작된 것이다. 이런 조잡한 인종차별주의의 배후에는 원주민 문화를 부정하는 모종의 교묘한 의도가 숨어 있다. 즉 '원주민은 자신의 문화에 대한 자각도 없고, 자신의 문화를 주장할 수 있을 정도로 잘 알지도 못한다'는 인종차별적인 신념이 깔려 있다. 백인은 원주민이 임기응변적인 주장만 늘어놓는다고 말한다. 더 나쁘게는, 원주민의 주장을 문화에 대한 것이 아니라 정치에 대한 것으로 간주한다. 인류학자나 '전문가'로 일컬어지는 이들의 비난이 이에 해당한다. '전문가'는 원주민 민족주의자가 순전히 정치적 목적으로 문화 전통을 '만들어냈다'며 원주민의 문화는 '진짜'가 아니라고 주장한다.[10]

원주민은 누구인가

원주민이 '무엇'이라고 '누가' 정의하는지, '누가 원주민으로' 정의되는지 같은 이런 문제는 본래 원주민이 검토해야 하지만 식민화로 인해 서양식 교육을 받은 학자, 관료 등의 전문가에게 빼앗겨버렸다. 이 도둑질 자체가 식민주의라는 권력이 곳곳에 만연해 있음을 증명하고, 자신이 '누구'이고 '무엇'인가에 대한 원주민의 자기정체성이 왜 지배 세력의 문화에 의해 무자비하고 악의적으로 거부되는지를 설명해준다.[11]

원주민의 문화적 권리 행사가 왕성하고 확고해질 때, 그때를 놓치지 않고 이런 유형의 인종차별적 주장이 일반 대중 속에 던져진다. 지배적 문화를 대표하는 사람(인류학자와 역사가에서 관료와 정치인까지)은 재빨리 위험을 감지한다. 왜냐하면 식민지에 원주민의 문화적 저항이 일어나면 그것은 정치적일 뿐 아니라 헤게모니에 대한 도전을 의미하기 때문이다. 지배 세력은 어느 단계에 이르면 모든 생활 영역에서 지배적인 언어의 사용을 광신적으로 요구하고, 또는 지배 문화에 일방적인 특권을 주는 식으로 대응한다. 또 다른 단계에 이르면 주류 학자와 관료가 원주민의 문화를 내세우는 사람의 동기가 불순하다고 비난하고, 또는 그들의 주장이 미친 짓이라고 공격하며 정당성을 정면으로 부정한다.

그러나 동기는 대개 문화적 표현을 둘러싼 싸움을 통해서 명백해진다. 글, 공공 포럼, 소극적 저항을 포함한 다양한 저항 행동 등의 모든 기회를 이용해서 민족주의자는 해설을 제공한다. 창조적 표현의 분출은 문화적 민족주의를 동반하기 때문에 원주민에게는 (자신이 누구인지에 대한) 자기 해설 같은 것이다. 그때 비非원주민적인 것보다 원주민적인 것을 우선하는 선택이 이루어진다. 정치적인 관점에서 보면 그것은 탈식민화의 하나를 선택하는 것이다.

특히 언어는 정신을 탈식민화하는 데 도움이 된다. 자신의 문화 속 언어로 가르치고 배움으로써 스스로의 세계관을 구축하는 일이 가능해진다. 그 결과 지배적인 이데올로기에 동의하지 않게 되고 최종적으로는 정면에서 대립하게 된다. 원주민만의 독자적 집단성을 주장하고, 원주민다운 것을 권위 있는 것으로 다시 정의하며, 원주민의 역사·가치관·소망을 반영하는 문화적인 작품을 창조하려고 노력한다. 이런 원주민 그룹은 탈식민화 정신의 산물이다. 그리고 (때론 민족주의 정치운동으로 귀결되는) 고양된 의식이 퍼져 나가면서 원주민 그룹은 발전한다. 정신적인 탈식민화와 정치적인 탈식민화의 직접적인 연결은 억압받는 민족주의적 원주민 활동가뿐 아니라 지배 문화의 대표자에게도 분명히 두드러지게 보인다. 그렇기 때문에 식민지 상황 아래서 원주민으로서 생각하고 행동하는 일은 집안의 반대와 강한 정신적 긴장을 동반하는 지극히 정치적인 현실의 문제다.

문화적 민족주의가 분명 눈에 띄기는 하지만, 그것이 태평양 지역에서 가장 돋보이거나 유일한 저항 영역은 아니다. 18~19세기에 태평양 지역은 몇몇 물 보급 항구와 해외 전초기지가 있는 미지의 장소에 지나지 않았다. 하지만 20세기에 들어 강대국의 핵 정치에 관계된 전략 요충지, 해양과 도서의 광물 매장지 그리고 제1세계의 폐기물 투기지로 역할이 변하면서 태평양 지역에서 제1세계의 군사화에 대한 저항이 점점 커져갔다. 게다가 지난 20년 동안 또 하나의 위협은 '남해의 낙원'이라는 신화에서 생겨났다. 매력적인 섬과 성 상품을 판매해서 대량의 관광객을 불러들이려는 관광산업이다.

휴가의 목적지이기도 한 태평양의 섬에 해악을 끼치는 제1세계 국가의 방침은 일견 모순되는 듯 보이지만 그들 제국주의의 철저하고 오만한 모습을 보면 쉽게 이해할 수 있다. 틀림없이 구미인도, (비핵 선언을 한) 일본인도 우리 태평양 사람을 인종적으로 그리고 문화적으로 열등한 존재로 본다. 이런 강탈자에게 태평양은 '문명'의 중심에서 멀리 떨어진 광대한 지역이기 때문에 위험한 계획(예를 들면 핵실험과 핵무기 저장)에 적합한 장소다.

태평양(혹은 어디든)에 핵을 들여온 것이 더없이 어리석은 짓이라는 생각은 미국이나 프랑스와 같은 식민주의 국가에는 통하지 않는다. 이들은 스스로의 우월성에 대한 신념이 강한 탓에 자국은 무적이라고 독선적으로 생각하기 때문이다. 하올레가 핵에 의한 홀로코스트를 포함한 어떠한 곤란에 처해도 구미 문명은 승리를 거둘 수 있다고 생각한다. '핵 생존 가능성nuclear survivability'이라고 불리는 우스꽝스러운 정치적 입장이 그 결과다.[12] 다음의 언급은 대량학살에 대한 그들의 섬뜩한 자세를 전형적으로 보여준다.

몇 억 명의 사망자와 광범위한 지역의 파괴라는 최악의 시나리오는 지구상의 재해로서 전례 없는 일일 것이다. 그러나 반드시 역사의 종말을 의미하는 것은 아니다. 핵시대에 가장 중요한 시나리오(의 하나)는 전쟁이 잇달아 도처에서 발발한다 해도 종결의 시점에 살아남는 자가 있을 수 있다는 것이다. 핵을 사용한 전쟁에서 이기는 나라가 있다면 지는 나라도 있다는 것으로, 제2차 세계대전 때처럼 최종적으로는 핵전쟁에서 긍정적인 결과가 나올 가능성도 있을 것이다. 재건이 시작되고 생활은 계속될 테니, 대부분의 생존자가 죽은 자를 부러워하는 일은 없을 것이다.[13]

이런 광기에 대한 국가와 문화의 경계를 넘은 저항이 태평양 섬 사람들 사이에서 점점 거세지기 시작했다. 그곳에서는 핵실험, 핵무기 수송에 대한 저항운동이 외교적으로도, 민중운동 차원에서도 조직되고 있다. 카나키(누벨칼레도니), 서파푸아, 동티모르, 팔라우 그리고 타히티에서는 지역주의에 근거한 독립운동 지원이 이루어지고 있다. 외국 세력의 국내 자원(특히 어장, 광산, 리조트 개발) 탈취를 감시하는 움직임도 시작됐다. 게다가 원주민의 문화를 상품화하고 최종적으로는 말살해버리는 외국의 문화적 지배에 대한 의구심도 증폭되고 있다. 대륙이 아닌 섬의 시점에 따르면 태평양 사람들은 세계에서 가장 넓은 위험 지대에 살고 있는 셈이다.

제1세계의 폭력

태평양 지역 사람들은 대륙과 바다 양쪽 모두에 강한 애착을 가지고 있기 때문에 지형과 문화 간의 유대를 속속들이 알고 있다. 그들은 다양하지만, 강탈적인 대국에 맞선다는 점에서는 일치한다. 그래서 제1세계 국가 혹은 인도네시아와 같은 국가(세계은행과 미국 정부 등 제1세계의 지원을 받는 국가)가 침략적 적의를 드러낼 때 태평양 사람들은 연대한다.

서파푸아와 동티모르에서는 인도네시아에 의한 학살이 있었고, 누벨칼레도니에서는 카나카 혁명과 지도자 암살이 일어났으며, 미크로네시아와 타히티에서는 방사선병으로 많은 원주민이 죽었다. 그리고 팔라우는 미국에 대한 오랜 저항 끝에 폭력 사태가 발생하고 결국 비민주적인 자유연합협정에 어쩔 수 없이 서명하게 됐다. 롱겔라프 섬과 에니웨톡 섬 주민은 토지를 빼앗겨 거주하던 집을 잃게 됐고, 괌과 북마리아나 제도에서는 관광산업과 군대의 착취에 시달리게 됐으며, 하와이와 아오테아로아에서는 원주민이 자신들의 고향에서 소수파가 되어 억압받고 있다. 태평양 지역 사람들이 저항운동을 벌이고는 있지만 싸움의 상황은 아프리카, 라틴아메리카, 아시아의 여러 민중과 비교하면 아직 자유를 쟁취하기 위한 혁명적 시대의 초입에 머물고 있다.[14]

이 같은 현실은 프랑스령 폴리네시아와 누벨칼레도니에서 똑똑히 나타난다. 프랑스의 식민주의에 저항하여 타히티에서는 폴리네시아해방전선으로, 누벨칼레도니에서는 카나키사회주의민족해방전선FLNKS으로 대표되는 독립의 움직임이 일어나고 있다. 카나키의 저항운동은 남태평양의 독립국들로 결성된 남태평양포럼SPF의 지원을 받고 있다. 남태평양포럼의 원조로 카나키인은 누벨칼레도니 문제를 유엔의 탈식민화위원회의 의제에 다시금 등장시킬 수 있었다. 이런 움직임이 하나씩 성공하자 프랑스는 경악했다. 아마도 누벨칼레도니, 오스트레일리아, 뉴질랜드, 피지 같은 나라와 멜라네시아(바누아투, 솔로몬 제도, 파푸아뉴기니)에서 운동의 선두에 서는 그룹 간에 지역적 협력 관계가 구축되었기 때문에 가능한 일일 것이다.

그러나 평화적으로 누벨칼레도니를 독립국가로 만들려 한 태평양제도의 소망은 산산이 부서졌다. 1988년 5월, 루아요테 제도의 우베아에서 일어난 인질 사건으로 독립 찬성파 사람들이 프랑스 군에 의해 학살되고 곧바로 마티뇽 합의가 조인됐다. 그리고 이 사건은 카나키의 자결을 지지하는 운동에 심각한 위협이 됐다. 합의 조인의 결과, 카나키사회주의민족해방전선의 지도자 두 사람이 1988년 프랑스 군에 의한 학살기념일에 적대파로부터 암살됐다. 암살 사건 이후 카나키사회주의민족해방전선이 분열하면서 어쩔 수 없이 약화되기 시작해 지금은 독립의 기운마저 사라져버렸다.[15]

한편 프랑스령 폴리네시아에서는 핵실험 중지를 요구하는 국제 여론에 밀려 프랑스가 결국 굴복했다. 게다가 오스카르 테마루가 이끄는 원주민저항운동이 폴리네시아해방전선의 선두에 서 있다. 테마루는 타히티 제2의 도시인 파아아의 시장이다. 그러나 식민주의의 본래 모습 그대로 프랑스가 비폴리네시아계 주민의 이익을 중시하는 시책을 강구한 탓에 대부분의 원주민은 경제적으로나 사회적으로 불우한 상황에 내몰리고 있다. 하지만 불평등이 기획된 것임을 알게 되자 민족운동의 공감도가 높아졌다. 프랑스 군대가 시위 참가자 등 정부 비판자에게 최근 가한 탄압이 불씨가 되어 프랑스의 정책에 저항하는 세력의 통일을 확대하는 결과를 가져오게 됐다. 예를 들어 남태평양포럼 등 기존의 정책 기관과 함께 범태평양비핵·독립운동이라는 저항운동이 세력을 키우고 있다.

지역적으로 프랑스는 태평양에서의 반反프랑스 정서를 약화시키기 위해 대규모의 일괄 지원책(예를 들면 피지와 쿡 제도에 대한 원조)을 들고 나왔다. 하지만 동시에 프랑스는 핵실험으로 인한 환경과 건강에 대한 악영향을 인정하려 들지 않고 여전히 완강하고 터무니없는 자세를 고집한다. 프랑스 정부는 단순히 핵실험 속행을 단념한 것일지 모르지만, 태평양 지역 주민이 받은 방사능 피해는 천 년이나 길게 이어질 것이다.[16]

더욱이 악질적인 잔혹행위가 서파푸아(이리안자야)에서 인도네시아로부터의 독립을 둘러싸고 행해지고 있다. 서파푸아 해방운동을 짓밟으려는 인도네시아 군으로부터 도망친 수천 명의 주민이 국경을 넘었기 때문에 심각한 난민 문제가 발생했다. 오스트레일리아와 파푸아뉴기니 정부는 명백한 증거가 있는데도 인도네시아의 잔혹행위를 비난하지 않았다. 한편 국민의 일부를 대규모로 서파푸아에 이주시키려는(공식적으로는 '뒤처진' 멜라네시아계 주민을 '문명화'하려는) 인도네시아 정부의 '이주 정책'은 서파푸아 주민에게는 대량학살과 다를 바 없다.

그와 동시에 동티모르에서는 인도네시아 군에 의한 점령(1975년 이래)과 멜라네시아계 주민 학살이 계속되고 있다. 유엔 총회의 비난 성명과 아시아-태평양 지역의 많은 기관이 항의했지만 인도네시아는 동티모르의 독립혁명전선(프레틸린)과의 평화 협상을 거부하고 있다. '태평양의 숨겨진 홀로코스트'로 묘사되는 학살이 자행된 동티모르에서는 기근,

고문, 살해, 실종 등으로 20만 명이 넘는 생명이 사라졌다. 인도네시아 군부와 사업가가 동티모르의 경제와 정치를 좌지우지하고 멜라네시아계 원주민을 대대적으로 배척하는 정책을 실시하고 있다.[17]

한편 '유엔 신탁 소유'라는 계획 아래 미국은 원주민이 주권을 갖는 것을 정면으로 반대한다. 팔라우(벨라우)공화국의 비핵헌법(핵 군함과 핵무기의 영해 통과 금지)에 대해서 미국은 완력으로 변경을 강요하고 있다. 미국 정부는 해상 훈련을 금지 대상에서 제외해야 한다고 계속 주장한다. 그에 대해 팔라우 정부는 헌법을 바꿀 의사가 없다고 표명해왔다. 최종 결정은 주권을 가진 팔라우 국민의 판단에 달렸다. 국민투표가 수차례 이루어지고 미국의 요구대로 헌법을 바꾸는 데 단호히 반대한다는 결과가 나온 후 정국이 혼란해지면서 폭동으로 이어졌다. 대통령이 암살되거나 자살하고 비핵헌법을 옹호하는 활동가 몇 명이 살해됐다. 그러한 혼란 속에서도 팔라우의 여성은 용감하게 미국 의회를 향해 비핵헌법 승인 협정에 합의하도록 요구했다. 그러나 팔라우 국민의 의사는 받아들여지지 않았다.

이와 같은 정치적 폭력은 인구 1만 5000명에 불과한 작은 국가를 경제적 파멸로 몰아갔다. 1985년 8월부터 1988년 8월까지 팔라우 경제에 관한 회계감사원의 보고서에 따르면, 레이건 정부가 이러한 곤경을 초래한 중심부임이 분명하다. 팔라우에 대한 연방 자금 지출의 감사 거부에서 시작해 협약 반대파인 팔라우 국민에 대한 위협과 보복이 있었다는 중대한 고발을 무시하는 것에 이르기까지 레이건 정부는 팔라우 경제의 황폐화와 정치 혼란의 원흉이었다. 협약이 최근 의회를 통과했기 때문에 팔라우는 최종적으로 거의 미국의 지배 아래 들어가게 됐다. 미국의 경제적, 정치적 방해 공작으로 이제 이 작은 나라는 미국 의존이라는 괴로움을 겪는 처지에 이르렀다.

팔라우 외에도 북마리아나 제도와 마셜 제도 그리고 미크로네시아연방과의 장기에 걸친 교섭 끝에 체결된 조약을 보면, 미국이 (마셜 제도의 '스타워즈 계획' 실험장을 포함한) 이 지역의 항구적인 군사 행동권을 쥐고 있는 한 완전한 의미의 탈식민화는 이루어지기 어렵다는 것을 알 수 있다.

범위를 넓혀 유엔의 신탁통치령을 보면 신탁 종료에 관한 방법과 시기에 대해서 의문점이 떠오른다. 미국이 미크로네시아연방, 마셜 제도, 북마리아나 제도에 대해서 혼란스러우면서도 일방적인 움직임을 보였기 때문이다. 예를 들면 1986년 레이건 대통령은 앞에 언급한 세 영토의 신탁통치는 더 이상 유효하지 않다고 선언하면서도 팔라우공화국의 신탁통치는 계속된다고 발표했다. 그러나 1년 후 미국 정부는 유엔 신탁통치이사회에 미크로네시아의 신탁통치는 여전히 시행 중이라고 진술했다.

미국이 (유엔의 지시에 따르지 않고) 신탁통치령의 주민에게 주권을 반환하지 않은 것은 에니웨톡, 비키니, 롱겔라프 등의 섬에 끼친 방사능 오염과 완전히 똑같은 미국식 식민주의의 가장 좋은 증거다. 원주민으로부터의 강탈이 옛날이나 지금이나 미국 외교의 기본 방침임에 틀림없다. 남북아메리카의 인디언에서 태평양제도의 원주민과 아시아의 원주민에 이르기까지 미국이 자행한 침략, 토지 탈취, 대량학살의 기록은 사라질 수 없는 것이다.[18]

실제 빼어난 군사대국으로서의 미국은 제2차 세계대전 이후 태평양을 자국의 바다로 간주했다. 원주민의 관점에서 보면 이것은 미국이 태

평양에서 최강의 제국주의 세력이라는 것을 의미한다. 식민주의적 약탈
은 현재도 하와이와 미크로네시아 그리고 사모아의 원주민을 대상으로
계속되고 있다.

하와이는 미국 해병대가 점령한 이후 1893년 미국의 해외 영토가 됐
다. 하와이 왕조의 전복에는 선교사의 후예인 사업가들이 얽혀 있다.
1898년에는 강제로 합병되어 하와이 왕국 국민은 1900년 미국 정부에
의해 일방적으로 미국 국민이 됐다.

작은 섬 괌은 제2차 세계대전에 휩싸여 종전 후 점령국이 일본에서
미국으로 바뀌었다. 하지만 그 당시 원주민의 의견은 조금도 고려되지
않았다. 팔라우와 미크로네시아의 여러 섬은 유엔을 통해 미국의 통치
아래 들어가게 됐고 원주민의 주권은 완전히 무시됐다. 한편 모든 '아메
리칸' 사모아는 '서'사모아로부터 떨어져 통일도 독립도 할 수 없는 상
태가 됐다. 이러한 사례만 봐도 태평양에서의 미국의 패권이 완연히 드
러난다. 미국의 지배는 원주민 측에서 보면 토지 탈취, 경제 종속, 문화
착취 그리고 대개의 경우 죽음과 질병을 의미했다. 이렇게 원주민의 자
결을 무시하기 때문에 미국의 해외 영토 곳곳에서는 민족운동이 끓어
오르고 있다.

호전적인 미국의 자세는 '핵에 의한 우위' 정책에 의해 더욱 위압감
이 커지게 됐다. 이 정책의 바탕은 (핵 항공모함의 기항지 확보와 항로 유지를 포
함한) 해양의 핵 군사화다. '전략적 거부권'과 마찬가지로 전략상 필요한
광물자원에 대한 이권 확보도 이 정책의 목적이다. 현재의 적국이든 잠
재적 적국이든 그들의 태평양 접근은 미국에 의해 거부당하게 됐다. 게
다가 어떠한 정변이 일어난다 해도 이 지역의 정부는 미국의 국익에 적

대하는 것이 허락되지 않는 친미를 유지해야 한다.[19]

태평양 사람들은 미국의 이런 자세를 자신들의 육체적, 문화적 존재에 대한 커다란 위협으로 명확히 파악하고 있다. 우선 무엇보다 미국 군대의 규모 자체가 위협이다. 그다음으로 육·해·공 전역에 걸쳐 비치된 핵무기의 위험, 그중에서도 오발사로 발생하는 비극적 결말이 위협을 배가한다. 또한 반대운동을 계속 전개하는데도 미국이 군사 실험을 계속하기 때문에 마셜 제도를 비롯한 여러 섬 주민이 주거지에서 쫓겨나는 신세가 됐다. 지금까지 미국이 해온 것을 보면 앞으로도 주민의 토지를 기지, 항구, 공항, 무기 저장고 그리고 실험장으로 쓰기 위해 현재 수준 이상으로 빼앗고 주택지도 '방어'를 구실로 수용하게 될 것이다. 이렇게 해서 미국의 '이익'은 원주민을 모욕하고 괴롭히고 그리고 왕왕 죽음으로 내몬다. 원주민 측의 우정과 신뢰는 종국에는 항상 배반당한다.

물론 하와이는 미국의 침략 정책상 우수한 사례. 미국은 19세기 내내 하와이 왕조의 독립을 옹호한다고 약속하면서 1893년에는 해병대를 보내 하와이를 침략하고 1898년 주권 상실에 이르는 길을 정돈했다. 하와이 원주민은 반대의 목소리를 높였지만 결국 하와이는 미국의 해외 영토로 전락했다. 오늘날 하와이에는 미군의 태평양사령부가 있고, 하와이는 (핵잠수함을 포함한) 미군의 태평양 전진기지 역할을 다하고 있다. 하와이 원주민에게 더 비극적인 것은 하와이는 태평양에 있는 미국의 해외 영토 중에서 가장 중요한 군사기지여서 전시에는 알맞은 공격 목표가 된다는 사실이다.

현재 우리 하와이 원주민은 도시의 밀집 지역과 촌락의 빈민가에 내

몰려 생활한다. 그리고 사회적, 경제적 빈곤과 보건과 교육의 차별에 시달린다. 한편 미군은 광대한 토지를 기지와 주택지로 사용하고 거기서 일하는 군무원에게 보조금과 기타 경제적 특권을 제공한다. 정치가는 군대의 주둔으로 하와이가 혜택을 받는다고 그럴듯한 말을 늘어놓지만, 그로 인해 하와이 원주민은 지금까지 너무나 큰 손해를 입었다.

남태평양 사람들은 하와이에서 많은 것을 배워야 한다. 너무 많은 관광객이 몰려오면 섬 원주민의 문화에 압도적 영향을 끼친다. 하와이가 대표적인 예다. 수십억 달러를 벌어들이는 관광산업은 하와이의 문화를 그로테스크한 형태로 상품화해버렸고, 인종에 의한 계층화가 진행돼 하인처럼 일하는 저임금 노동자를 낳았으며, 주요 섬의 곳곳을 고층 빌딩 밀집 지역으로 바꾸고 수자원을 오염시키고 고갈시켰다. 현재 최악의 지역에서는 홍콩을 웃도는 과밀 인구 상태를 보인다. 절도와 여행자에 대한 폭력 범죄가 늘어나고, 다국적기업(특히 일본의 투자에 의한)에의 의존이 점점 강화되고 있다. 오늘날 하와이에는 연간 700만 명에 이르는 관광객이 몰려온다. 이것은 하와이 원주민 1인당 30명을 넘는 수치다.

실제로 일본은 경제력을 바탕으로 투자가나 관광객으로서 바누아투, 타히티, 미크로네시아, 피지, 사모아 등 태평양의 곳곳에 진출하고 있다. 한편 하와이에서는 일본 기업이 1970년대 이후 90억 달러 이상의 부동산을 사들였다. 1990년대에 들어 투자는 줄어들었지만 일본인은 우리 고향에서 관광객이나 투자가로서 여전히 지배적인 존재다.

이처럼 증식을 거듭하는 투자는 경제 자립과 문화 존속을 더한층 위협하는 원흉이 된다. 하와이의 경험에서 조금이라도 배울 것이 있다면 그것은 인구가 좁은 땅에 방문자가 쇄도하면 원주민의 문화가 회복 불가능할 정도로 손해를 입는다는 교훈이다. 게다가 원주민은 관광업자에게 고용됨으로써 스스로를 적극적으로 멸시하는 과정에 참여할 수밖에 없게 된다. 말하자면 인질 경제 속에서 살아가야만 하는 것이다.

또한 대규모 관광산업 외에도 항로와 항만에서 육지와 심해에 이르기까지 천연자원의 착취 또한 위험한 상황에 놓이게 된다는 사실도 배워야 한다. 이에 덧붙여 해저 광물자원과 정보통신망을 지배해서 해상 관할 구역을 확대하려는 제1세계의 관심을 생각하면 태평양 주민은 글로벌 경제에 휩쓸려가는 작고 약한 존재로밖에 안 보인다. 남태평양의 나라들은 의존형의 약소경제가 '표준'이고 1인당 소득이 세계에서 가장 낮은 편에 속해 원조를 필요로 하는 수준이기 때문이다.[20]

실제 거대하고 도시화된 구미와 아시아의 여러 나라에게 태평양의 섬나라는 대부분 아주 작고 동떨어져 있는 탓에 수탈의 대상으로서 매력적이다. 그런 국가는 경제와 정치가 끊임없는 이윤 추구에 의존하고, 군사력의 증강을 도모하며, 항구적인 이동성을 추구하기 때문이다.

태평양 어딘가에 때 묻지 않은 낙원이 있다는 신화는 그저 신화일 뿐이다. 실상 핵에 의한 오염과 빈곤, 인종차별, 착취라는 현실을 보고 나면 그것이 거짓임을 쉽게 알 수 있다. 그러나 바로 이 신화가 외국의 투자를 재촉하고 외국인 관광객을 끌어들인다.

지나치게 일반화한 것인지도 모르지만, 나는 태평양 사람들의 생존에 결정적인 것들을 다음에 제시하고자 한다.

자결

누벨칼레도니, 서파푸아, 동티모르, 뉴질랜드, 타히티, 팔라우와 다른 신탁통치 지역, 사모아, 괌 그리고 하와이, 그 어디를 보아도 다양한 형태의 정치적, 경제적 자치권을 요구하는 원주민의 운동이 끓어오르고 있다. 예를 들면 괌의 '원주권요구인민전선'은 미국의 지배 아래 있는 다른 나라나 지역의 조직과 마찬가지로 경제적 자립에 필요한 (영토 반환을 포함한) 원주민의 자결권을 요구한다. 한편 하와이 원주민은 과거 10년간 원주민의 자결을 위한 싸움을 반복적으로 펼쳐왔다. 이 드라마의 주연 배우는 하와이원주민사무국으로 불리는 주정부가 설립한 원주민협의회와 카 라후이로 불리는 원주민 주도의 자치정부 그리고 주정부와 연방정부다. 거의 200에이커에 이르는 원주민 신탁지와 수십억 달러의 수입이 문제가 된다. 아마 주지사, 연방 상원의원, 하와이원주민사무국의 이사를 포함한 정치가는 죄다 원주민 주도의 발의에 반대할 것이다. 태평양의 다른 지역과 마찬가지로 하와이에서도 원주민의 주권에 반대하는 세력은 일치단결하여 원주민의 토지와 자산을 원주민 스스로 지배하는 데 반대한다.

핵 없는 태평양

이 문제는 독립과 밀접하게 연결된다. 태평양 지역을 핵으로 위협해온 나라가 미국, 프랑스 그리고 구소련이기 때문에 이들 나라야말로 남태평양포럼의 비핵지역조약 협정서에 따르지 않으면 안 된다. 현재 조약 존중의 의향을 나타내는 것은 러시아와 중국뿐이다. 게다가 오스트레일리아의 우라늄 수출을 허용하고, 핵무기를 태평양 지역 개별 국가에 반입하는 문제를 허용했기 때문에 이 조약은 예상보다 효력이 크지 않을 것이다. 바누아투공화국(남태평양에 있는 섬나라로, 영국과 프랑스의 통치령이었다가 1980년에 독립했다-옮긴이)의 월터 리니의 주장대로 핵이 없는 남태평양이란 어떠한 핵물질도 이

곳에 들이지 않는다는 것을 의미한다. 결국 조약에는 하와이는 물론 신탁통치 지역도 포함되지 않았고 미국과의 교섭은 개별적으로 이루어져야만 한다. 하와이의 경우는 최악이다. 제7함대를 포함한 미국 군대가 빼곡히 결집해 있기 때문에 핵전쟁과 핵 사고의 인화점이 될 우려가 크다.

천연자원과 문화자원의 보호

육지 자원과는 별도로 해당 지역에는 어류, 해저광물 등 대양에 관한 특권 보호라는 문제가 있어서 다른 나라와 협의를 거쳐야만 한다. 그중에서도 중요한 것이 대양 환경 보호다. 중요 안건에 관한 지역 내 협력의 사례로 제20회 남태평양포럼(타와라에서 개최)에서 채택된 성명이 있다. 이 성명에서 남태평양은 '유자망流刺網 어업 금지' 수역으로 선포됐다. 그러나 포럼에 참가한 일본은 물론이고 한국과 타이완도 유자망 어업 금지에 대해 거부 자세를 취했다. 포럼 가맹국이 유자망 문제를 유엔에 제소하는 것은 불가하므로 일본은 태평양 지역에서의 '수표 외교'를 계속하는 동시에 유자망 어업 금지를 반대하는 동맹국 확보에 희망을 걸 것이다. 현재 일본의 태평양제도에 대한 경제 원조는 추정치로 7000만 달러가 넘는다.

대양과 육지의 환경보호와 마찬가지로 다양한 원주민 문화의 보호도 문제가 된다. 이 지역의 문화는 섬과 바다의 생태계와 떼어놓고 설명할 수 없다. 문제는 고도의 과학기술이 거의 혹은 전혀 없는 자급형 생활양식을 가진 원주민 생활에 외국의 문화와 경제가 급격하고도 심대한 영향을 끼치는 데 있다. 관광산업의 영향과 더불어 매스컴(텔레비전과 라디오 등)과 대량 수송의 급격한 도입은 한 세대도 지나지 않아 원주민 문화를 모두 몰아낼지도 모른다. 그런 후에는 익숙한 사회문제(범죄, 가정 붕괴, 자살 그리고 폭력)가 뒤따르게 되므로 원주민은 스스로를 통제할 수단이 거의 없는 억압적 운명에 던져지는 것이다.

외교 정책과 지역의 안전

태평양의 여러 섬나라는 키리바시(태평양 중부의 섬나라로, 1979년 영국에서 독립했다—옮긴이)와 바누아투가 구소련과 개별적 협정을 맺었듯이 구미의 우산 아래서 뛰쳐나갈 필요가 있다. 다른 나라(예를 들면 제3세계)와 국제기관(예를 들면 유엔) 그리고 태평양의 다른 지역 사람들(예를 들면 바누아투, 솔로몬 제도, 파푸아뉴기니라는 멜라네시아의 활동가 그룹)과의 관계를 강화하자는 것이다.

태평양 지역에서는 문화적 활동의 경험과 지리적 유사성을 지역 내 협력의 토대로 해서 분쟁 해결에 활용하거나 핵 군사화와 같은 중요 안건에 대한 통일된 견해를 표명하는 일이 가능하다. 경제적·정치적 협력에 따라 남태평양포럼 어업청, 역외고객조정위원회, 포럼 사무국(옛 남태평양경제협력국) 등의 역내 기관이 설립됐다. 최근 설립된 포럼의 역내기관조정위원회CRIA는 가맹 정부 간의 관계 부처 통합을 목표로 활동을 시작했다. 이러한 협력은 계속되어야만 한다.

하와이 원주민은 태평양의 다른 섬나라 사람들과 마찬가지로 조상 전래의 태평양을 자신들 역사의 보고로 여긴다. 거기에는 오로지 별빛만을 믿고 섬에서 섬으로 그리고 적도를 넘어 배를 조종해온, 두려움을 모르는 항해자들의 위대한 계보가 새겨져 있기 때문이다. 대지의 아이보다 바다의 아이로, 태평양의 섬사람이 다른 민족과 다른 형태로 살아남기 위해서는 태평양 자체가 살아남아야만 한다. 제1세계 사람들은 태평양 사람들이 수천 년간 몸에 익힌 지혜를 이제라도 배워야만 한다. 태평양의 생존에 세계의 생존이 걸려 있기 때문이다.

새로운
세계 질서

식민주의가 구미 국가를 우리의 광대한 바다로 이끈 뒤부터 고향인 태평양에 사는 우리는 열강의 '태평양 주인 되기' 경쟁이라는 파워게임 속에서 노리개 역할을 해왔다. 서양인이 가지고 들어온 다양한 질병으로 인해 수백만 명이 죽은 후, 육체와 정신의 균형을 잃은 원주민은 혼란의 와중에 기독교로 개종했다. 떼죽음이 이어졌고 여러 나라(영국, 프랑스, 네덜란드, 미국)가 경제적, 정치적으로 하와이를 집어삼켰다. 그리고 제2차 세계대전 이후 태평양제도에서 살아남은 우리는 핵이라는 악몽의 목격자가 됐다.

현재 조상 전래의 땅인 하와이와 태평양의 여러 섬은 재편된 신세계 질서의 교차점으로 기획되고 있다. 미국에 의해 하와이는 극단적으로 군사기지화됐고 태평양 지역의 핵 배치도 늘어났다. 일본, 타이완, 한국, 미국, 그 밖의 나라에 의한 해양자원 수탈(독성 물질 투기도 포함), 대규모 관광산업에 의한 원주민 문화의 상품화, 일본과 기타 아시아 여러 나라의 경제 진출과 부동산 사재기, 태평양으로의 핵 반입 등으로 디아스포라라고 이름 붙일 수밖에 없는 원주민의 강제 이주가 일어났다.

초국가적인 기업 활동이 아무런 규제 없이 이루어진 결과 환경과 문화의 파괴는 심각한 지경이다. 선진 공업국의 광기에 물든 민족주의의 범람으로 인해 우리 원주민은 계속해서 죽음의 길로 걸어가고 있다. 여기서 '선진 공업국'이라는 말이 핵심이다. 우리 원주민의 민족주의는 이기적인 소비와 살인적인 불관용에서 태어난 것이 아닌, 고향인 하와이와 태평양(폴리네시아도 그 일부이기 때문에)의 계보상의 연결에서 태어난 것이다.

우리 계보에 따르면 파파하나우모쿠(대지의 어머니)가 와케아(하늘의 아버지)와 만난 뒤 하와이의 섬들인 모쿠가 탄생했다. 사랑해야만 하는 섬들로부터 우리의 직접 창시자인 토란이 태어나고 토란으로부터 우리의 족장을 비롯해 인간이 태어났다. 이처럼 우리와 우주의 관계는 가족적이다. 이런 관계는 폴리네시아의 어느 지역에서라도 그렇고 하와이도 예외가 아니다. 연장자는 연소자를 부양하고 보살펴야만 한다. 그리고 연소자는 연장자를 존경과 사랑으로 대해야 한다. 대지와 물을 귀하게 대하면 그것들이 우리를 부양하고 보살핀다. 하와이어로 이런 관계를 '말라마 아이나(대지를 사랑하라)'라고 하며, 이런 관계에 따라 차례차례 모든 가족 구성원을 보살피게 된다.

이러한 지혜는 하와이 원주민 고유의 것이 아니라 전 세계의 원주민이 거의 공통으로 지닌 것이다. 이 경악할 만한 시대에 많이 대중화되긴 했지만, 원주민의 지혜의 말은 저들 세계의 민족주의와는 다른 울림을 지닌다. 우리가 주장하는 민족의 독자성과 문화의 고유성을 '부족주의'

로 오해해서 받아들일 일이 아니다. 우리는 어머니인 대지의 관리자이고 어떻게 대지의 생명을 보호해야 하는지를, 고대로부터 전해지는 지혜를 탯줄을 통해서 제공할 수 있는 사람이다.

우리 문화가 지닌 이러한 가르침은 지구의 생존을 생각할 때 결정적으로 중요하다. 서양의 표현을 빌린다면 "인간의 다양성이 생물의 다양성을 보장한다". 이 땅에서 수천 년간 변함없이 살아온 우리보다 우리 고향 하와이를 더 사랑할 수 있는 사람은 없다. 지구 반대편의 사막 지대를 가장 잘 이해할 만한 이는 거기 사는 사람이다. 그곳이 어디든 마찬가지다. 숲에 사는 사람은 숲을, 산에 사는 사람은 산을, 평원에 사는 사람은 평원을 누구보다 잘 안다. 이러한 기본적인 지혜가 사라지는 것은 오로지 공업화와 방목된 탐욕 때문이고, 야생적이고 감각적인 것에 대한 증오 때문이다.

이것이 우리의 유산이라면 새로운 세계 질서에 대항하는 일은 더 획일적이고 더 표준적인 것이 아닌, 더 자율적이고 더 지역적인 것이 되어야 한다. 자율적이고 지역적인 권한이 원주민에게 주어져야 우리의 자원과 문화를 유지해 나갈 수 있기 때문이다. 말 그대로 '인간의 다양성이 생물의 다양성을 보장'한다.

현대사는 강자에 의한 약자의 순응이 끝없이 진행되는 역사이고, 학살과 생태계 파괴가 끊임없이 일어나는 역사다. 우리가 서로 닮아가면 닮아갈수록 우리가 살아가는 주위의 환경도 닮아간다. '현대적인(공업화가 진행되는)' 생활을 강요받는 '뒤처진' 사람들은 이미 자신의 환경을 사랑할 여유가 없다. 원주민이 변신(그전에 멸종할 확률이 더 크지만)하게 된다면 그를 둘러싼 환경도 차차 악화되고 어떤 부분은 영구적으로 파괴될

지도 모른다. 물리적인 파괴는 문화의 질적 저하에 반영된다. 인간이 죽으면 그 뒤를 따르듯이 대지도 죽는다. 예를 들어 원주민의 언어가 보편적인(식민주의적) 언어에 자리를 뺏기면 곧바로 사어死語가 생긴다. 그러나 '죽거나' '잃는' 것은 언어뿐만이 아니다. 전부터 그 언어를 말해온, 모국어를 세대에서 세대로 전해온 민족도 죽는다. 언어와 언어가 가리키는 대상도 잃는다. 하와이에서는 영어가 지배적인 언어지만, 우리 섬의 아름다움을 묘사하는 데 이르면 하와이어가 가진 독보적인 엄밀함에는 도저히 미치지 못한다. 어떻게 우리가 동물에 대해 가족이나 다름없이 알게 되었는지, 어떻게 대양의 리듬을 활용해 거대한 양어養魚 연못을 만들었는지, 어떻게 원양어의 회유와 물떼새의 이동을 알게 되었는지, 어떻게 별 하나만을 이정표로 삼아 적도를 넘어 항해할 수 있었는지 영어로는 이 모든 것을 밝히지 못한다. 영어는 우리에게는 이방인의 언어다. 우리가 태어난 고향, 우리 조상이 지식을 창조했으나 지금은 그것을 '잃어버린' 고향에 대해 영어는 무엇 하나 밝힐 수가 없다.

어떤 대지에 감춰진 비밀은 거기에 사는 사람의 죽음과 함께 봉인된다. 이것은 현대인에게 씁쓸한 교훈이다. 서로 다른 인간 집단을 강제로 동화시키다가는 언어도, 환경도, 민족도 곧 사멸한다. 대지는 거기에 사는 사람을 빼고는 존재할 수 없고, 사람은 어머니인 대지라는 유산을 사랑하지 않고는 살아갈 수 없다. 이것은 원주민의 문화에 뿌리박힌 지혜다. 원주민이 멸망함과 동시에 대지의 파괴가 급속히 진행되는 것은 이 때문이다. 하와이에서는 원주민이 쫓겨나고 떼죽음을 당한 결과 대지가 되돌릴 수 없는 급격한 변화를 겪어야만 했다. 하와이는 미국의 지배 아래서 과거의 화사한 아름다움을 잃고 현란한 장식뿐인 섬으로 전락했다. 19세기의 플랜테이션 경제가 쇠퇴하고 현대의 관광·군사 경제가 번창하면서 우리 하와이의 대지는 차례차례 개발되고 오염되고 결국에는 완전히 파괴돼버렸다. 21세기를 목전에 두고 하올레의 미국 문화를 대표하는 (두 엔진이라고 부를 만한) 군수산업과 관광산업이 탐욕을 격화시켜 우리의 물질적, 문화적 유산을 마음껏 짓누르고 있다.

오늘날 우리 원주민은 거대한 관광산업을 통제할 힘을 가지고 있지 않다. 하와이의 두 산업은 우리의 작은 섬들에 연간 700만 명 이상의 외국인을 불러들인다. 다국적기업이 하와이의 아름다움을 팔고 세계의 부자가 2~4주간의 패키지여행으로 밀어닥쳐 그 아름다움을 사들인다. 외국인 방문자의 대부분을 차지하는 하올레와 일본인은 우리 고향에서 마치 제 땅인 양 군다. 요컨대 돈을 지불하고 왔으니 하와이를 더럽히고 파괴해도 상관없다고 생각하는 듯하다. 원주민으로서 우리가 떠맡은 역할은 이들 방문자를 받들어 모시고 기쁘게 하며 그들의 꿈을 이루어주는 것뿐이다. 제1세계의 관광객은 태평양 어디를 가든 '남쪽 섬에서의 바캉스'라는 인종차별적 환상을 추구하고 물과 대지를 더럽히고 우리의 문화를 욕보인다. 그리고 하와이라는 대지에 원주민이 산다는 것을 전혀 깨닫지 못하고 날아가 버린다. 대지의 목소리에 귀를 기울이지도, 대지의 노래를 한번 듣지도 않고.

그리고 여전히 서양의 어리석음에는 끝이 없다. 우리의 섬들도 핵을 품은 위험 지대다. 관광객이 우리 고향에 아무리 몰려들어도 미군은 기지와 공항과 저장 시설과 폐기물 처리장과 관측소를 존속시킨다. 핵잠수함과 핵미사일을 포함한 하올레의 무기는 언제고 명령만 떨어지면 출동할 준비 태세를 갖추고 있다. 태평양의 다른 섬과 마찬가지로 하와이는 '핵을 품은 낙원'이다.

물론 태평양 전역의 급속한 핵 확산에 대해 원주민은 곳곳에서 저항한다. 오늘날의 세계 질서에 짓눌려도 오뚝이처럼 다시 일어서는 힘을 가진 원주민이다. 그러나 원주민의 회복력이 아무리 좋아도 어떤 물리적인 조건이 갖추어지지 않으면 소용없다. 우리 고향은 최소한 삼림 벌채, 공장 건설, 대규모 관광단지라는 파괴적인 개발로부터 보호되어야만 한다. 원주민 거주 지역으로의 외국인 이민이나 다른 지역으로부터의 이주를 원주민 스스로의 힘으로 규제하거나 제한할 수 있어야 한다. 또한 '원주민의 권리에 관한 유엔 결의'에서 선언한 원주민의 인권이 보장되어야 한다. 이러한 권리에는 조상 전래의 토지에 관한 자결권과 원주민 고유의 언어, 종교, 경제 활동 또는 민족으로서의 독자성, 가족(특히 아이)의 안전을 주장할 권리 그리고 아마 가장 긴급한 것으로서 육체적·문화적 학대로부터 보호받을 권리가 포함된다. 그중에서도 현대의 국민국가, 특히 일본, 미국, 유럽 국가와 같은 고도로 산업화한 열강이 이러한 권리를 존중하고 옹호해야만 한다. 장기간에 걸친 인권 침해의 책임이 이들 나라에 있기 때문이다.

그러나 우리 원주민만으로 새로운 세계 질서에 대항하는 일이 가능할까? 아마 무리일 것이다. 세계의 상황을 보면 거의 절망적이다. 원주민의 저항은 진압 가능하고, 지금까지 진압돼왔다. 원주민 국가가 소멸하고 나면 우리 원주민은 돌이킬 수 없는 피해를 입게 된다. 원주민 인구 유지가 불가능해질 뿐만 아니라, 다양한 문화를 잃게 되고, 대지의 관리라는 역할도 포기해야 한다. 우리 원주민의 종말을 꾀하고 있으면서도 제1세계 국가와 그들을 동경하는 나라들은 우리의 퇴장을 추모하는 척한다. 우리는 칭송할 이가 사라진 세계에 사는 영웅도 아니고 모델도 아니다.

선택의 길은 분명하다. 원주민으로서 우리는 파파하나우모쿠(어머니인 대지)를 위해 싸워야 한다. 대지가, 그리고 우리가 이 순간에도 죽어가고 있다. 선진 공업국 사람들은 어디에 자신들의 전선을 그을 것인가? 어머니인 대지 쪽에? 소비 쪽에? 제1세계의 민족주의 쪽에?

만약 인류가 원주민이나 비원주민이나 할 것 없이 현재진행형인 신세계 질서의 대안을 만들어내려면, 제1세계 사람들은 자신들의 지도자뿐만 아니라 자신들의 문화 자체도 바꾸어야 한다. 그렇다면 누가 가장 큰 책임을 져야 하는가? 누가 의무라는 짐을 수행할 것인가? 누가 어머니인 대지를 지켜줄 것인가?

주권:

하와이의
맥락

4

Sovereignty: The Hawai'i Context

쿠파아 아이나:
하와이 원주민의
민족주의

원주민 정부의 전복(1893) 그리고 미국의 강제합병(1898) 이후 백인 설탕 플랜테이션 경영자가 하와이를 완전히 지배한 탓에 긴 정치적, 문화적 억압의 시기가 시작됐다. 하올레 사업가는 공화당을 조직해 무제한의 권력을 누렸다. 하와이 원주민 인구가 계속 줄었기 때문에 아시아에서 농장 노동자로 이민자를 불러들이고, 공화당원은 정부·운송·교육·경제 체계를 완전히 제 것으로 만들었다.

  초기에는 자치를 주장하는 다양한 단체가 정치 활동을 펼쳤지만, 하올레의 공화당이 하와이 정치를 완벽히 지배하는 상황에서 교육받은 하와이 민중 가운데 정치에 눈을 뜬 사람들이 대항 세력으로 민주당을 내세웠다. 원주민에 의한 하와이의 통치가 전복과 합병으로 종식된 사실을 받아들이면서, 원주민은 미국적인 양당제의 틀 안에서 정치 단위를 만들어냈다. 하와이가 미국의 해외 영토인 한, 정치적 권력을 자신들의 손에 넣을 수 없다고 생각했기 때문이다. 이런 상태가 지속되면 전권

주권: 하와이의 맥락

을 가지는 주지사는 미국 대통령의 뜻대로 임명되고, 플랜테이션 경영자가 좌지우지하는 공화당의 지배가 이어지게 된다. 그래서 원주민과 아시아계 이민자가 하와이의 정치적 운영에 조금이라도 참여하려면 주지사 자리를 빼앗아와야만 했다. 주지사 자리를 차지하면 모든 관리직의 임명권을 손에 넣을 수 있다고 생각했다.

그리하여 하와이 주민 가운데 정치적인 사람들이 50년 넘게 논쟁한 끝에 하와이를 주로 승격시키려고 단결했다. 최종적으로, 합병 이후 2세대가 지난 1959년에 하와이는 미국의 일부가 되었다(대부분의 하와이 원주민은 주 승격에 찬성표를 던지지 않고 기권했다). 1959년 이후 하와이 주지사는 예외 없이 모두 민주당 후보가 선출됐다.[1]

주가 되고 나서 하와이 경제에 근본적인 변화가 일어나기 시작했다. 20세기 전반까지 하와이 경제는 군수산업과 환금작물(설탕과 파인애플)에 의존했지만, 후반에는 다국적기업에 의한 투자 증대로 관광과 토지 투기에 의존하는 체질로 점점 변해갔다.

집중적 토지 소유는 1800년대에 플랜테이션 농업이 하와이를 지배하면서부터 시작된 문제지만, 실은 20세기 이후에도 문제는 점점 심화됐다. 소규모 토지 소유자의 지분은 전체의 10퍼센트에도 못 미쳤고 군대, 주정부, 대농장, 미국과 일본의 개발업자가 나머지를 소유했다. 결과적으로 대지주는 주 승격 후의 상업 개발, 특히 호텔 개업 붐을 이용해 지가를 폭등시켰다.

하와이 원주민이 사는 시골은 이미 경제적 수탈과 문화적 억압을 받고 있었지만 그래도 플랜테이션 시대에는 개발의 피해를 입지 않은 상태였다. 그러나 1960년대 후반이 되자 농경지가 급속히 개발되기 시작

했다. 이런 지역(하나·동몰로카이·케아우카하·나나쿨리·와이아나에·와이마날로·
카할루우)에는 토란 재배, 재래식 어업, 옛 하와이어 등 전통적인 관습이
다행히도 많이 남아 있었다. 식민주의에 따른 학살의 영향, 특히 인구
감소를 생각하면 지금 예로 든 하와이 원주민의 주거지도 한때의 생기
넘치는 문명의 잔재에 지나지 않지만, 그래도 전통문화 전승의 중요한
거점이다. 많은 원주민은 도시화로 대표되는 다양한 개발로 인한 절멸
의 위협을 조상의 땅에서 원주민다움을 송두리째 앗아가는 최후의 계
획으로 똑바로 인식하고 있다. 하와이원주민운동은 시골에서 시작되어
세력을 늘려갈 것이라고 예측할 수 있었다. 토지 반환을 요구하는 목소
리가 가장 크게 나올 곳이 이런 지역이기 때문이다.

도시화에 의해 발발한 시골 지역의 퇴거반대투쟁과 토지를 둘러싼
투쟁 가운데서 원주권운동이 태어났다. 이 운동은 태평양 지역의 타
히티 주민과 마오리 같은 다른 식민화된 원주민의 움직임과 비슷하다.
1970년에 시작된 하와이원주민운동은 토지의 부정 사용에 대한 일련
의 항의에서 시작되어 현재 원주민의 괴로운 처지를 선명하게 어필하
는 데모와 점거에 의해 고조되고, 대지와 바다에 대한 원주권에 근거한
원주민의 주권 회복 요구로 고양됐다.

1970년대 초반 하와이의 다양한 공동체는 자신들의 싸움을 '로컬' 주
민의 요구를 실현하는 투쟁으로 규정했다. 로컬이라는 말에는 하와이
원주민만이 아니라 장기간에 걸쳐 하와이에 거주하는 비원주민도 포함
된다. 이렇게 해서 로컬의 거주권이 주와 기업과 대농장주라는 토지 소
유자의 개발권과 정면으로 충돌하게 됐다.

그러나 1970년대 중반에 들어서면서 하와이 원주민은 자신들을 역

사적으로나 문화적으로 하와이의 고유한 존재라고 주장하기 시작하고, 로컬에서 비원주민운동 지지자와는 분명하게 구별 짓게 된다. 원주민은 토지 점거 그리고 주택·상업용 개발 용지로부터의 퇴거 거부 등을 통해서 밀려드는 도시화에 반대의 뜻을 표명했다. 대규모 시위와 법적 투쟁 그리고 어촌 만들기 같은 문화적 투쟁이 일상적으로 전개됐다. 하와이 원주민은 민족 집단으로서 운동의 최전선에 서서 자신들의 요구를 내걸었다. 그렇다고 비원주민의 권리에 반대하지는 않았다. 하지만 하와이 원주민의 (자신들이 최초이자 원래의 권리자라는) 토지에 대한 역사적이고 문화적인 주장은 점점 증가하고 있다.

전형적인 퇴거반대투쟁(그리고 원주민운동의 계기가 된 투쟁)은 1970년 오아후 섬의 칼라마 계곡에서 시작됐다. 하와이 주 최대의 개인 토지 소유자인 비숍 에스테이트가 카이저 애트나의 고급 주택지 개발을 구실로 거기에 사는 농민을 퇴거시키려 한 것이다. 그러자 주 전체에서 저항운동을 지지하는 움직임이 터져 나왔다. 그 과정에서 '코쿠아 하와이이(하와이를 구하라)'라는 핵심 단체가 조직돼 비록 주거권 문제는 다루지 못했지만 토지 사용과 토지 반환 문제를 향후 30년에 걸쳐 투쟁의 쟁점으로 만들었다.

자금이 부족한 대지주와 하와이 바깥의 돈 많은 기업 간의 합작이 기업 진출의 익숙한 형태가 되기 시작했다. 이런 결합에 의해 골프 코스와 콘도미니엄, 레스토랑을 갖춘 대규모 리조트가 하와이 전역의 해안과 환경보전지구에 출현했다. 대지주(캠벨 에스테이트, 캐슬&쿡, 딜링햄 코퍼레이션, 아메리칸 팩터스, 알렉산더&볼드윈)는 거의 미국인 선교사와 사업가의 자손으로, 이들은 미국과 일본의 다국적기업과 손을 잡고 하와이의 코나

1970년대의 철거반대투쟁 당시 노동자, 학생 그리고 여러 인종의 지역 민중이 연대해서
하와이의 해변과 계곡을 리조트 개발로 상업화하는 데 저항했다. (사진: 에드 그리비)

해안과 몰로카이 섬 동단, 카우아이 섬의 남·북 해안, 마우이 섬 서부를 개발하기 시작했다. 이러한 리조트와 주택지의 개발은 곳곳에서 반대운동에 부딪히게 된다.

한편 원주민의 정치 단체는 토지 반환을 주장하기 시작했다. 법률 단체(예를 들면 하와이원주민투쟁연합), 정치 단체 그리고 느슨하게 결합된 지역 연합 그룹 등이 1893년의 왕조정부 전복, 1898년의 강제합병, 그 결과로 인한 하와이 왕조와 원주민의 주권 상실에 대해 그동안 미국이 해온 일에 배상을 청구해야 한다는 주장을 펴기 시작했다. 게다가 '호알라 카나와이(법률에 눈떴다)'와 같은 그룹이 약 2000만 에이커의 '신탁'지를 두고 소송을 제기했다. 이것은 미국 정부가 원주민에게만 사용을 허가한 토지지만, 주정부와 연방정부가 소유하고 부정하게 관리해왔다. 그 결과 결국 원주민의 원초적 지위를 근거로 한 거주권으로서의 토지 반환 청구 소송이 제기된 것이다.[2]

이와 같은 요구와 함께 군에 의한 토지 수용과 이용에 대한 관심도 높아졌다. 미군은 오아후 섬의 인구 밀집지 가운데 약 30퍼센트를 점유하고 있다. 군 소유 토지에는 전시 중에 미국의 행정 명령에 따라 수용된 신탁지도 포함된다. 예를 들어 제2차 세계대전 중에 수용된 600만 에이커의 토지(카호올라웨 섬 전체가 포함된다)와 베트남 전쟁 때 수용된 수백 에이커의 원주민 신탁지도 현재까지 군 소유 토지다.[3]

조지 헬름과 키모 미첼은 1977년 미군의 포격 훈련 중단을 요구하며 카호올라위 섬을
점거하려다 해상에서 행방불명됐다(암살됐다는 설도 있다). 조지(사진 가운데)는 시골인
몰로카이 섬 출신이다. 조지의 아름다운 가성(假聲)은 유명한데, 관광객은 물론 하와이
원주민도 그의 목소리에 매료되곤 했다. 다른 많은 활동가처럼 조지도 음악 재능을 통해
원주민운동에 합류했다. 하와이 음악이 관광산업에 착취당한다고 느꼈기 때문이다. 오늘날
젊은 원주민이 저항정신과 음악 양쪽 모두에서 그의 영향을 받는 것을 보면 조지가 남긴
유산은 문화적인 동시에 정치적이다. (사진: 에드 그리비)

1970년대에 토지를 둘러싼 투쟁을 벌이면서 젊은 원주민 가운데 지도력이 뛰어난 인물들이
나타났다. 하날레 '솔리' 니헤후도 그중 하나다. 솔리는 칼라마에서 일어난 토지투쟁의 선두에
섰을 뿐만 아니라, 1980년대에는 하와이와 남태평양에서 원주민의 주권 회복을 주창했다.
직업이 목수인 솔리는 하와이 원주민의 자결권을 위해 풀뿌리운동을 하와이 전역으로
확대하려고 노력한다. (사진: 에드 그리비)

'아무 일도 하지 않는' 하와이원주민사무국

1976년에 이런 문제가 카호올라웨 섬을 둘러싸고 '폭발'했다. 카호올라웨는 하와이의 주요 여덟 섬 가운데 가장 작지만, 1941년 이후 미군의 실탄 포격 훈련장이 됐다. 하지만 이 섬은 종교적 예배를 부활시킨 하와이 원주민에게는 성지인 곳이다. 원주민 활동가들이 이 섬을 점거한 사건은 다음에 거론할 몇몇 이유에서 주 전체의 하와이 원주민을 각성시켰다. 토지가 한정된 열도에서 군이 토지를 파괴적으로 사용한 점, 토지 사용에 관한 원주민의 윤리, 즉 '말라마 아이나(대지를 사랑하라)'를 군의 사용에 대한 대안으로서 제시한 점 그리고 주정부가 일반 민중을 위해 토지를 지키지 못했다는 점이 그 이유다.

1990년 두 활동가의 죽음과 카호올라웨 섬의 국립 사적지 지정 이후에야 포격 훈련은 마침내 중지됐다. 그리고 군에 의한 토지의 부정 사용에 관한 논쟁이 퍼져 나가면서 원주민 신탁지의 불법적 사용(군이 연간 1달러만 지불하는 경우도 있었다)과 모든 섬에 미군이 주둔한다는 식민지적 현실에 대한 비판도 커져갔다.

1980년까지는 하와이 원주민의 신탁지(약 20만 에이커)를 주·연방 양 정부가 오용한 데 대한 시위와 점거와 소송이 줄을 이었다. 신탁지를 공항으로 불법적으로 사용하고(힐로·카무엘라·몰로카이 공항 등), 군용 보류지로 사용하며(루알루알레이 계곡 등), 공립학교로 사용하고(나나쿨리와 몰로카이의 고등학교 등), 주립공원으로 사용하며(아나홀라 그리고 와이마날로 해안공원 등), 민가로 사용하고(카와이하에 주거단지 등), 쓰레기 처리장으로 사용했기(몰로카이 처리장 등) 때문이다. 1998년 현재 오아후, 마우이, 하와이, 카우

아이, 몰로카이 섬에서 목축 용지와 주택 용지의 신청은 2만 9000건에 이른다. 한편 비원주민에 의한 불법 사용도 13만 에이커 이상의 신탁지에서 볼 수 있다. 신탁의 수익자인 원주민이 특히 괘씸해했던 것은 이런 부정 사용이 주정부의 감독 아래 이루어졌다는 점 그리고 주나 연방 어느 쪽의 법원에도 그것에 대해 소송을 제기할 수 없었다는 점이다.[4]

주정부는 또 하나의 토지 신탁(할양지)을 수익자인 하와이 원주민을 위해 사용한 적이 한 번도 없었다. 그래서 원주민 측은 신탁지의 부정 사용과 하와이 왕조 전복·합병 시의 토지 탈취를 연결해 생각하게 되었고, 똘똘 뭉쳐 영토를 되찾자고 요구하기 시작했다. 원주민 국가의 소멸에 가담했다는 역사적 사실에 비추어 영토 반환과 금전적 보상을 미국 정부에 요구하는 일과, 신탁지 관리를 원주민의 손에 되돌려주어 주권의 요체로서의 영토를 되찾는 일을 결부시키는 것이 가능하다고 본 것이다.

1980년대에는 하와이 원주민의 주권회복운동을 옹호하는 다양한 주장이 분출됐다. 예를 들어 샌드아일랜드와 마쿠아 계곡의 퇴거 거부 사건으로 체포된 피고들의 주장이 그렇다. 또한 하와이 원주민 활동가가 유엔과 기타 국제 포럼에 참석해 발언하거나, 변호사와 정치 단체가 원주권을 침해하는 온갖 사례에 대해 손해배상을 청구했다. 국제 네트워크도 넓어져서 '핵 없는 독립된 태평양을 외치는 회의'와 태평양, 남아메리카, 아시아 전역에 걸친 제3세계의 모임 등에서 원주민끼리 의견을 교환하게 됐다. 1970년대에 보상 요구라는 형태로 시작된 운동이 확대되어 1980년대에는 하와이 원주민의 주권 회복이라는 확실한 요구를 내놓는 데 이르렀다.

이런 강력한 압력은 주·연방 양쪽의 정치가를 모두 움직이게 만들었다. 미국에 강요당한 선거제도 아래서는 투표율이 낮았기 때문에 오랫동안 상대도 되지 않던 원주민이었지만, 이제 다양한 선거를 차례로 치르며 캐스팅 보트를 쥘 가능성이 있는 존재임이 드러났다. 질 게 뻔한 선거도 표가 조직되면 아슬아슬한 승리가 나올 수도 있다. 이렇게 원주민이 조직적으로 선거에 개입하기 시작했다. 1978년 주 헌법 수정 회의에 출마한 입후보자는 원주민의 요구를 천명했다. 여기서 그치지 않고 주 의회와 주지사 선거 그리고 연방의회 선거 등 다양한 선거를 통해 원주민의 요구가 옹호되기 시작했다. 그 결과 1970년대 말부터 원주민 출신 선출직 공무원 수가 늘기 시작했다. 1981년에는 하와이 원주민 주택 신탁지와 원주민의 일반적 지위를 재검토하기 위해 두 개의 대통령 직할 위원회가 설치됐다. 또한 1978년에는 하와이원주민사무국이 창설됐다.[5]

하와이원주민사무국은 하와이 원주민의 권리를 원주민의 대표로서 주장하는 기관(전체 이사를 모두 원주민으로 선출할 수 있는 유일한 기관)으로 표면적으로는 인정받지만, 실제로는 주정부의 앞잡이였다. 하와이원주민사무국은 자치정부의 기구라기에는 무력했고, 신탁지에 대한 통제권(즉 수용과 부정 사용을 정지시킬 법적 지위)을 일절 가지지 못했으며, 하와이 원주민 문화의 악용(예를 들면 관광산업의 원주민 문화에 대한 괴상하고 굴욕적인 표현)을 금지하는 법률적 힘도 가지지 못했다.

당초 하와이원주민사무국 이사는 무급이었기 때문에 많은 이사가 돈을 벗 수 있는 직장으로 이직하는 일이 생겼다. 초기 이사 가운데 세 명은 첫 임기만 마치고 사직한 뒤 이사를 역임했다는 지명도를 이용해 주의회 선거에 출마했다. 이사회 의장 두 명이 재직 중에 하와이원주민사무국의 공금을 횡령했지만 그로 인해 면직된 이는 한 사람뿐이었다. 발족이 후 10년 동안 하와이원주민사무국은 온갖 스캔들로 얼룩졌다. 섹스 스캔들, 공금 횡령, 이사직의 비밀 유지 의무 위반 그리고 주 의회에 대한 허위 사업 보고 등이 있었다.

이런 스캔들은 차치하더라도 하와이원주민사무국을 '아무 일도 하지 않는' 기관이라고 비난하는 원주민이 많다. 예산을 원주민에게 이익이 되는 프로그램에 집행하지 않고 주로 인건비나 사무실 임대료, 운영비 등에 써버렸기 때문이다. 게다가 논쟁적인 사안이 생기면 고속도로나 상업 진흥을 위한 개발 같은 자연 파괴가 염려되는 프로젝트에 찬성하는 쪽으로 돌아서는 일이 잦았다.

무엇보다도 하와이원주민사무국을 비난하는 이유는 하와이 주 민주당과의 지속적인 야합 때문이다. 원주민에게 도움이 될 거라는 달콤한 사탕발림을 쏟아내면서 하와이원주민사무국은 지열발전 계획 같은 파괴적인 개발을 그저 지지하기만 한다. 이 사업으로 인해 청정 원시림이 벌채될 가능성도 있고, 근린 지역이 오염될 우려 또한 농후하다. 발전용 시추가 이루어지는 구역의 화산 활동이 불안정해지는 것도 걱정스럽다. (와이키키 5분의 1 크기의) 웨스트비치로 불리는 초대형 리조트 설립 계획도 하와이원주민사무국 이사 몇몇의 지원을 받고 있다. 호텔·요트 정박지·레스토랑·골프장 등이 들어서면 어업이 피해를 받고, 사적지가 파괴되며, 부족한 수자원이 고갈되고, 비옥한 경작지가 포장도로 아래 영원히 묻힐 우려가 있다. 환경 파괴의 증거가 이렇게 명백히 널려 있는데도 그런 사업을 지원하는 이사가 있다.[6]

하와이원주민사무국이 민주당과의 결속을 강화하자, 세력을 확장해 가는 주권 회복 단체들은 원주민 스스로 토지를 정치적으로 지배할 수 있는 모종의 형태를 모색하기 시작했다. 그 가운데 하나인 카 라후이는 '원주민주택위원회법률'을 만들 연방·주 합동의 태스크포스에 압력을 가하는 감시 단체들이 주축이 되어 탄생했다. 신탁지 부정 사용 사례와 그에 대한 개선안을 첨부한 태스크포스 보고서가 만들어진 후 원주민 단체들은 1987년에 헌법을 만들기 위한 제헌회의 개최를 호소했다. 그리고 하와이의 여러 섬에서 온 250명의 대표자가 모여 헌법 초안을 만들고 과도 내각을 선출했다.

원주민 주도의 자치정부로서 카 라후이는 하와이원주민사무국이 하와이 원주민을 대표하는 유일한 기관이라는 것을 거부한다. 1987년 제1차 대회로부터 3년이 채 안 돼 카 라후이의 회원은 30배(7500명)나 늘어났다. 원주민이 하와이원주민사무국을 지지하지 않을 뿐 아니라 그 이상의 조직을 요구한다는 것이 은연중 드러났다.

사실 카 라후이의 회원이 이렇게 엄청 늘어난 것은 하와이 원주민이 아메리칸인디언에게 주어진 것과 같은 주권을 원한다는 사실을 입증하는 것이다. 카 라후이는 주정부가 신탁지와 세수입의 부정 사용을 계속하는 데 대한 불만의 배출구 역할을 했다. 그리고 하와이원주민사무국이 계속 묵살해온 문제를 꺼내들었다. 거기에는 아메리칸인디언에 대한 연방의 정책을 하와이 원주민에게도 적용하라는 주장도 포함된다. 미국에 있는 300개 이상의 원주민 국가가 주권을 인정받았지만 하와이 원주민은 이런 정책의 적용 대상 밖에 방치되어 있다.[7]

1970년대에 무분별한 관광 개발로 원주민이 쓸 토지와 물이 사라진 탓에 하와이 여러 섬의
해안마다 판잣집이 늘어서게 됐다. 호놀룰루의 산업지구에 인접한 샌드아일랜드 해안의
판자촌에서 퇴거 명령에 맞서 항의운동이 일어났다. 1980년 항의운동 지도자 가운데 한
사람인 푸히바우 아마드가 무단침입 혐의로 주 경찰에 체포됐다. (사진: 에드 그리비)

1970년대에 138가구가 폐자재와 마분지로 집을 지어 샌드아일랜드 해안에 판자촌을
이루었다. 이들 대부분은 하와이 원주민으로, 살인적인 집세를 감당하지 못해 셋집에서
쫓겨난 사람들이다. 1980년 마을 전체가 퇴거될 때 경찰에 체포된 사람도 여럿 있었다.
1990년까지 이 일대가 공원으로 바뀔 예정이었기 때문에 집을 잃은 이들은 공포에 떨면서
생활해야만 했다. (사진: 에드 그리비)

주권 회복을 요구하는 강렬한 기세

1988년 말쯤에는 '주권 회복' 문제가 '국가의 지위' 문제와 동일시됐다. 하와이원주민사무국이 보상에 관한 포괄적 법안을 연방의회에 제출하려고 작업을 진행하고 있을 때, 주권 회복에 관한 연속 회담이 주 의사당에서 열렸다. 여섯 개의 주요 단체가 원주민 신탁지의 이상적인 상태와 원주민에 의한 통치 형태, 국가 수립을 위한 정치적 전략 등에 대해서 다양한 견해를 표명했다.

여섯 개의 단체란 '나 오이위 오 하와이이'(정부 수립 전부터 원주민 교육을 요구), '더 프로텍트 카호올라웨 오하나'(지방분권을 중시하고 각 섬의 지방자치단체를 요구), '에 올라 마우'(건강에 관한 전문직 그룹으로 카 라후이를 지지), '하와이원주민단체협의회'(헌법에 근거한 각 섬의 조직 설립 추진), '하와이원주민문제개선협회'(분리 독립 주장) 그리고 '카 라후이'(하와이 원주민을 미국의 원주민으로 인정하라고 연방정부에 요구, 그리고 본토의 원주민처럼 국가 내 국가를 수립할 권리를 요구)다. 하와이원주민사무국의 이사들에게도 참여를 제안했지만 모두 거절했다.

이 여섯 개 단체는 모두 다음과 같은 출발점에서 논의를 전개했다. 하와이 원주민의 국가가 이전에 존재했다는 것, 1893년에 원주민에게서 강제로 영토를 빼앗은 미국은 비난받아야 한다는 것, 1898년 강제 합병에 의해 원주민의 소속이 일방적으로 미국 국적이 되었다는 것 그리고 모든 민족에게는 자결의 권리가 있고 이 권리는 국제적으로 인정받는다는 것 등이다. 이로써 하와이 원주민과 미국이라는 개별적 문제를 인권이라는 보편적 범주에서 사고하게 되었고, 원주민의 주권을 강하게 옹호하려는 태도가 분명해졌다.

카 라후이는 '주권'을 다음과 같이 간결하게 정의한다.

> 공통의 문화, 종교, 언어, 가치관, 영토를 가진 국민이 다른 국가로부터 간섭받지 않고 스스로 토지와 생활을 관리하는 일이 가능한 것.[8]

1893년에 원주민 정부가 전복되었다는 사실을 전제하면, 하와이 원주민이 무엇보다 먼저 시작해야 할 일은 바로 자치정부 수립에 착수하는 것이다. 어떤 형태의 정부가 되어야 하는지에 대해서 주권회복운동 단체 간에 지금도 격렬한 논의가 이어지고 있다. 그러나 주권 회복을 요구하는 기세는 대단히 강력하다. 1988년 여름 이노우에 상원 의원이 호놀룰루에 와서 인디언문제위원회의 공청회를 개최했을 때, 원주민 단체는 단순한 보상 요구를 넘어 자치정부 수립을 주장했다. 1989년에 개최된 연속 포럼에서도 원주민은 똑같은 반응을 보였다.

미국 관리하의 원주민에 대한 현행 연방 정책을 하와이 원주민에게도 확대해 적용하라는, 하와이 원주민의 주권을 옹호하는 강력한 호소가 이노우에 상원 의원에게 쏟아졌다. 1970년대 닉슨 정권 아래서 연방정부의 원주민 정책은 '보호'에서 '자결'로 공식적으로 변경됐다. 1950년대부터 계속된 종결(터미네이션) 정책으로는 연방정부가 인디언 부족을 승인하지 않고, 따라서 여러 부족의 토지소유권뿐만 아니라 조약상의 권리도 인정하지 않는다. 이런 종결 정책이 각 부족의 자치정부 수립을 원조하고 고무하는 방침으로 바뀐 것이다. 그리고 이 원조에는 보류지의 경제발전 프로젝트에 대한 자금 원조는 물론이고 연방정부의 각 부족에 대한 개별적 승인까지 포함된다. 오늘날 미국 정부와 300개 이상의 인디언 부족 간의 관계는 '국가 대 국가'의 관계로 표현된다.

하지만 연방정부는 하와이 원주민의 자치정부 수립 요구를 여전히 승인하지 않는다. 연방정부의 말을 빌리자면, 하와이 원주민은 자치정부 수립 단계가 아니라 아직 '종결' 단계에 있는 것이다. 실제로 연방의 정책은 양극단을 오간다. 교육과 보건 등의 정책에서는 우리를 원주민으로 인정하지만, 자치정부와 관련된 사안에서는 원주민으로서의 권리를 인정하지 않는다.

이런 주장에 이노우에 상원 의원이 흔들렸다. 연방정부가 어느 원주민은 승인하고 다른 원주민은 승인하지 않는 불공정을 직시하지 않을 수 없었던 것이다. 자치정부를 요구하는 원주민의 압력과 공청회에서 북새통을 이룬 사람들의 호소 끝에, 결국 이노우에 의원은 "본토의 아메리칸인디언에게 주권을 청구할 권리가 있다면, 하와이 원주민에게 그럴 권리가 없다고 주장하기 어렵다"라고 인정했다. 인디언의 권리 옹호에 대해서라면 그 누구에게도 뒤지지 않는다고 호언장담하던 그가 자신을 상원 의원으로 뽑아준 하와이 원주민에게 동등한 자결권을 인정하지 않을 수 없었기 때문이다.[9]

하와이 원주민에게 본토의 원주민과 동등한 자치정부를 요구할 권리가 있다고 이노우에 의원이 공식적으로 표명한 1988년의 사건은 하와이원주민운동의 진전 상황을 보여주기에 충분했다. 그 뒤 하와이 원주민에게 보상을 받을 자격이 있는지 없는지에 대해 수년간 논의가 이어졌다. 와이헤에 주지사는 '왕조 전복에 대한 사과를 미국 정부로부터 받아낸다면 만족'이라고 공공연하게 말했다. 한편 하와이원주민사무국은 포괄적 보상안을 지지하면서 더 많은 금액의 배상금이 하와이원주민사무국에 뿌려지기를 기대했다.

그러나 이런 배상금 쟁탈전은 원주민의 의식이 비약적으로 진화하면서 한 단계 더 성숙한 싸움으로 변해갔다. 이런 현실에 직면해서, 그리고 지난 공청회 때의 준비 부족과 어설픈 조직화를 자각하면서 하와이원주민사무국은 배상금 요구라는 종래의 태도를 바꾸어 주권 회복을 주장하기 시작했다. 자신들이 주정부의 기관임을 인정하지만, 그런데도 하와이원주민사무국이 하와이 원주민의 통치기구가 되어야 한다고 주장했다.

이런 하와이원주민사무국의 주장은 몇몇 이유에서 문제가 있다. 우선, 투표 과정에서 가장 인구가 많은 오아후 섬이 과잉 대표된 결과, 다른 섬들의 이사 선출이 상대적으로 줄어드는 편향성이 생겼고, 따라서 하와이원주민사무국은 처음부터 원주민 전체를 온전히 대표하는 기관이 아니었다. 둘째, 연방정부로부터 하와이원주민사무국에 건네지는 토지와 돈은 모두 주정부의 수입이 되는 것이지 결코 원주민을 위한 것이 아니다. 이유는 간단한데, 하와이원주민사무국이 주정부의 기관이기 때문이다. 이것은 원주민이 자신들의 미래를 결정할 가능성이 더 커지는 것이 아니라 더 작아지는 것을 의미한다. 결국 하와이원주민사무국을 국가의 지위로 격상하는 것은 미국 내무부의 인디언사무국BIA을 인디언 국가로 부르는 것이나 마찬가지다.

그런데도 하와이원주민사무국은 1989년 배상에 관한 상세한 '청사진'을 발표하고 자신들이 이전부터 하와이 원주민을 대표하는 단체였다고 주장했다. 하지만 연방정부의 인디언 정책을 하와이에도 적용해야 한다는 논의는 무시되었고, 하와이 원주민과 신탁지의 관계에 부정이 있었음을 밝히는 문서가 있는데도 하와이 주정부를 상대로 한 배상 청구 사항도 그 '청사진'에는 빠져 있었다. 대신 전복과 합병에 대한 배상은 주정부가 아니라 연방정부를 향해 청구됐다. 그러면서 원주민의 전 재산을 관리할 권리를 하와이원주민사무국에 허용해달라고 제안한 것이다.[10]

1990년 2월 30개월에 걸친 밀실 협의 끝에, 하와이원주민사무국과 주지사는 주에 대한 할양지 반환 건의 해결에 합의를 보았다. 합의에 따르면 하와이 원주민은 150만 에이커의 할양지에 대한 권리를 포기하고, 하와이원주민사무국이 1991년에 1억 달러를, 그리고 그 후 매년 850만 달러를 수령하게 됐다. 이렇게 해서 '토지'가 아닌 '돈'이 합의의 핵심이 됐다. 수년에 걸쳐 주권회복운동 단체들이 예측한 대로 두 정부기관이 배신행위를 하면서 원주민의 요구를 '해결'해버렸다.

하와이원주민사무국, 하와이를 지역구로 하는 이노우에 상원 의원 그리고 (소문에 따르면) 하와이 주지사, 이렇게 3자가 '협력'이라는 핑계를 대고 다음의 내용을 재확인했다. 하와이 신탁지는 모두 주와 연방정부의 관리 아래 있다는 점, 하와이 원주민은 계속해서 주와 연방정부의 보호 아래 있다는 점 그리고 하와이 주의 시민으로서 갖는 원주민의 시민권은 물론이고 자결이라는 인권도 인정할 수 없다는 점이 그것이다.

1992년 하와이원주민사무국은 주권 회복의 절차와 계획을 주제로 공청회를 개최했다. 예상대로 하와이 원주민의 자치에 책임을 지는 기관으로서 언급된 것은 하와이원주민사무국뿐이다. 토지, 자원, 언어, 기타 문화에 관한 문제를 해결할 당사자로 하와이원주민사무국만이 원주민의 유일한 정치적 대표체라는 태도를 계속해서 고집했다.

물론 하와이원주민사무국에 반대하는 목소리도 만만찮다. (가장 온건하고 관대한 단체까지 포함한) 몇몇 그룹이 하와이원주민사무국의 태도를 공공연하게 비난하며 주권 회복을 주창하는 조직을 스스로 결성하기 시작했다. 이들 단체 가운데 최대 규모인 '카 라후이'는 차근차근 회원 수를 늘려 1998년에는 2만 명이 넘을 정도로까지 성장했다. 하와이원주민사무국이 할양지 문제를 해결한 방식에 대해 카 라후이는 1994년 이래 '카 라후이 마스터플랜'에 따라 자신들의 입장을 명확하게 밝혔다.

카 라후이 마스터플랜

카 라후이는 원주민 주도의 자치정부로서 자결이 실제로 어떻게 이루어질 수 있는지를 보여주는 최고의 사례다. 1987년에 창설된 카 라후이는 원주민 사이에 점점 퍼져 나가 1993년에는 전 열도에 지부 조직을 가진 단체로 성장했다.

1994년 카 라후이는 하와이 원주민의 주권 회복에 더할 나위 없는 종합적인 계획을 잘 손질하여 마무리했다. 이 '마스터플랜'[11]은 카 라후이의 지도자인 밀릴라니 트라스크가 고안했다. 밀릴라니는 1980년대 내내 국제적인 활동에 참여해왔다. 유엔의 원주민 실무 그룹에 참가하고, 달라이 라마나 리고베르타 멘추 같은 세계적 지도자와 회동하는 등 하와이 주를 넘어 활동한 결과, 밀릴라니는 하와이의 문제를 더욱 넓은 틀에서 생각할 필요가 있음을 통감했다. 밀릴라니의 국제적인 경험과 지도자로서의 자질은 '마스터플랜'의 기본 틀을 만드는 것뿐 아니라 시야를 확장하는 데도 발휘됐다. 원주민 출신 변호사로서 국제적인 원칙을 하와이 원주민의 가치로 변환할 수 있다는 점에서 밀릴라니는 독보적인 적임자다. '마스터플랜'이 지니는 포괄성은 국제법에서 사용하는 용어와 하와이 원주민의 전통문화에 내재한 행동 규범이 딱 들어맞아 합치됐기 때문에 확보된 것이다.

'마스터플랜'은 우선 제1부에서 평화, 군축, 비폭력 등 기본적인 원칙을 지지하면서 시작한다. 동시에 하와이 원주민과 자손의 불가침 권리도 인정한다. 이 권리는 '유엔헌장', '원주민의 권리에 관한 유엔 선언', '경제·사회·문화적 권리에 관한 국제규약', '시민·정치적 권리에 관한 국제규약'에 규정된 것이다.

다음으로 자결과 자기계발의 권리가 이어지는데, 여기에는 전통적 활동을 자유롭게 행사할 권리도 포함된다. 그러나 이 조항에서 결정적인 선언은 하와이를 옥죄는 미국의 보호 정책(미국의 이익을 우선하는 '명백한 사명' 정책 그리고 특히 그런 기조를 태평양 지역에까지 확장한 '타일러 독트린')을 거부한다는 점이다.

'마스터플랜'의 후반부에서 내세우는 '보호 정책 거부'라는 자세는 자결과 주권 회복이 하와이 원주민 인권의 일부라는 주장으로 이어진다. 역사적으로 보면 하와이 원주민은 민주당에 참여함으로써 (왕조 전복 당시 강탈된 시민권이 미국의 시민권으로 바뀐 현실에 만족하여) 보호 정책에 대한 자세를 애매하게 취해왔던 셈이다. 1994년 현재 '카 라후이 마스터플랜'이 존재한다는 것 자체는 하와이 원주민의 토지 반환 요구와 자치정부 수립 문제가 민주당에 의해 해결되지 않았음을 분명하게 드러내는 것

밀릴라니 트라스크. 변호사이기도 한 밀릴라니는 원주민운동의 정신적 지도자로서
아메리칸인디언 식의 국가 내 국가인 '카 라후이'를 조직했다. 하와이 원주민의 주권 회복에
헌신하는 한결같은 모습은 태평양제도와 미국 본토 전체에 널리 알려졌다.
(사진: 앤 랜드그래프)

이다.

제1부에서는 '카 라후이'의 관할권에 대한 다양한 주장을 정리했다. 여기에는 국민에 대한 정의, 사법제도의 운영, 특정인의 국외 추방 문제, 무역에 대한 규제, 과세, 주권국가의 면책 특권 등이 포함된다. 이 부분을 읽으면 미국의 승인을 얻지 않은 망명정부라고는 하지만 카 라후이가 스스로를 하나의 국가 조직으로서 자리매김하고 있음을 알 수 있다.

제2부에서는 카 라후이의 활동 내용을 표방한 후 수많은 업적 가운데 첫째, 원주민의 투표로 대리자를 선출하고 자결이 실행 가능한 민주적인 국가를 수립한 것, 둘째, 정신적·문화적·전통적인 가치관에 근거한 헌법을 기초한 것, 셋째, 헤이그에 본부를 둔 '대표 없는 국가와 민족 기구UNPO'의 일원이 되어 국제적인 명성을 확립한 것 등을 들었다.

'마스터플랜'은 제3부에서 미국과의 역사적 관계를 상세하게 기술했다. 1826년부터 1842년까지 평화·우호 정책을 취하던 미국이 타일러 독트린 아래 식민주의 정책으로 전환하여 영국과 프랑스 세력의 하와이 진출을 저지하기 위해 하와이를 자국의 영향권에 두게 된 경위를 묘사했다. 1842년 이후 미국과 하와이 왕국 사이에 체결된 조약과 협정은 모두 미국 측에 유리한 내용이었다.

미국 군대와 당시의 미국 공사가 하와이 왕조를 전복한 것은 1893년의 일이지만, 군의 개입 정책은 1874년과 1889년 해병대가 하와이 땅에 상륙을 시도한 뒤부터 있어왔던 일이고, 최종적으로는 1898년 하와이 제도의 미국 합병이라는 형태로 완료됐다. 합병에 대한 하와이 원주민의 의견은 조금도 고려되지 않았고 투표는 상상조차 할 수 없었다.

1900년에 하와이는 미국의 영토가 됐다.

1946년 유엔이 창설될 때 하와이는 미국 행정부 아래의 비자치 영토 가운데 하나였다. 미국과 하와이의 지위는 '신탁' 관계로 간주되었고, 그것은 자치정부를 향한 하와이 원주민의 정치적 소망을 촉진하는 책무가 미국에 있음을 의미했다.

1959년 하와이는 미국의 한 주가 됐다. 주 승격 투표에 즈음해서는 해외 영토로서의 지위를 계승하거나 주가 되는 두 개의 선택지밖에 없었다. 연방의 일부로서의 지위 또는 독립이라는 선택지는 투표의 대상이 아니었다.

물론 미국은 하와이 원주민에 대한 비승인 그리고 하와이 주정부에 의한 보호라는 제국주의적인 정책을 지속했다. 보호 정책에서는 원주민 문제가 발생했을 때 연방정부가 원주민을 상대하지 않고 주정부하고만 협의하게 되어 있다. 한편 주정부는 원주민의 주택 신탁지(약 20만 에이커)와 할양 신탁지(약 200만 에이커)를 부정하게 사용해왔다. 하와이자문위원회가 연방시민권위원회에 보낸 보고서에서 분명히 밝힌 것처럼 하와이 원주민의 시민권도 계속 소홀히 다루어졌다.[12]

(하와이 원주민의 정치적 소망을 촉진하는) 책무의 '포기'는 레이건, 부시, 클린턴 정권의 공통 정책이었다. 연방정부에는 신탁에 관한 책임이 전혀 없다고 세 명의 대통령은 입을 모아 주장해왔다. 실질적으로 연방정부가 주정부의 행동을 감독하지 않는다고 선언한 것이나 마찬가지다. 1993년 미국 의회를 통과한 '사과법안'은 "하와이 원주민은 미국에 대해서 그들의 군주를 통해서든, 국민투표를 통해서든 국민으로서 자신들의 고유한 주권과 고유한 국토를 직접적인 형태로 포기한 적이 없다"라

고 적시하여 사실을 인정했다.[13]

원주민은 사과법안이 통과되는 것을 보고 일말의 기대를 가졌지만, 하와이 원주민에 대한 연방의 정책에 어떤 실질적인 변화가 나타나지는 않았다. 하와이 원주민과 미국 정부 사이의 '화해'가 언급되기는 했지만, 화해를 위한 절차와 인계받을 기관에 대한 법안 마련에는 아무런 진척이 없었던 것이다.

'마스터플랜'에서 카 라후이는 미국 측의 사과를 받아들여 화해에 이르를 때까지의 구체적인 방법을 제안했다. 화해의 목표는 다음과 같은 것이다.

첫째, 왕조 전복에 관한 역사적 요구의 최종적 해결. 즉 원주민의 신탁지와 자원을 주·연방 정부가 부정하게 사용하는 문제, 인권과 시민권을 침해하는 문제 그리고 연방에 소유된 토지와 자원의 문제

둘째, 연방정부가 하와이 원주민의 자결권(보호 정책의 거부 포함)을 인정

셋째, 카 라후이를 하와이 원주민의 주권국가로 연방정부가 인정. 또한 원주민의 자산, 토지, 천연자원에 대한 카 라후이의 관할권 인정

넷째, 비자치 영토에 대한 유엔의 중재를 통해서 하와이의 탈식민화를 도모

다섯째, 조상 전래의 토지, 천연자원, 해양과 에너지 자원을 카 라후이 내셔널 랜드 트러스트에 반환. 이러한 토지 가운데에는 원주민 주택 신탁지, 할양지, 연방 소유지가 포함되기 때문에 다른 공공용지와는 분리되어야 함

'마스터플랜'에는 보호 정책을 종결하는 절차가 상세하게 명시되어 있어 주정부가 적절한 법제화를 실시하도록 요구한다. 원주민의 신탁지와

자산을 일반적인 공공 토지·자산과 구별하고, 원주민 국가의 내셔널 랜드 트러스트에 양도하도록 요구하는 법률적 정비가 그것이다.

내셔널 랜드 트러스트에는 주 소유의 모든 신탁지, 지표수와 지하수, 200마일 경제수역 내의 해양자원과 어업, 에너지 자원, 영공 그리고 카메하메하 스쿨/비숍 에스테이트를 비롯한 원주민의 사적인 신탁지와 자산 등이 포함된다.

경제개발 분야에 대해서 '마스터플랜'은 내셔널 랜드 트러스트의 창설과 자산·수입 관리, 세금징수권, 지역사회 중심 경제개발, 국제적인 무역 협정 등을 요청한다.

국제 문제에 관해서 '마스터플랜'은 탈식민화 추진, 자치정부 수립, 유엔의 비자치 영토 목록에의 복귀를 반복해서 기술한다.

다른 원주민 단체(하와이원주민사무국, 민간의 수탁 단체, 시민 클럽과 같은 자원봉사 단체)의 경우 카 라후이의 정세 분석이나 실질적인 자치 수준에 한참 못 미친다. '마스터플랜'이 카 라후이의 독자적인 위업으로 남는 것은 의심할 여지가 없다. '마스터플랜'은 하와이 원주민에 대한 호오쿠푸(선물)로서 주권 회복을 논의하는 데 앞으로도 나침반 구실을 할 것이다. 일반 하와이 원주민들까지 '마스터플랜'에 나오는 많은 용어를 이미 숙지했기 때문에 유엔 목록에의 복귀, 내셔널 랜드 트러스트, 보호 종결 등은 열성적인 원주민 사이에서 주권 회복 논의의 중심 주제가 됐다.

카 라후이를 비롯한 다른 주권회복운동 단체의 유연하고 창조적인 자세에 압도된 하와이 주는 기만적인 주민투표('하와이 원주민 표결'로 사칭) 실시를 요청해서 민족주의 운동을 둔화시키려 했다. 하지만 카 라후이를 중심으로 한 주권회복운동 단체가 공동 투쟁 태세를 취한 덕분에 주민

투표는 완전히 수포로 돌아갔다. 우송된 8만 2000장의 투표용지 가운데 되돌아온 것은 불과 3만 3000표였다. 그 가운데 주정부의 권한 행사에 '예스'라고 답한 것은 2만 2294표로 유권자의 27퍼센트에 지나지 않았다. 투표로 권한을 얻지 못했기 때문에 주정부는 어떻게 주권회복운동을 통제해야 할지 난감해졌다. 그래서 주 의회는 충분한 예산을 들여 원주민의 투표를 감시하기 위한 기관인 '원주민주권선거심의회HSEC'를 고안했다. 그러나 또다시 카 라후이가 커다란 힘을 발휘해서 주권회복운동을 민주당의 관리 아래 두려는 주정부의 획책을 좌절시켰다.

1998년 마침내 하와이 원주민이 조직적인 항의 행동으로 합병 100주년을 맞아 싸울 준비를 하던 때, 의회는 항상 그러했듯이 하와이 원주민의 주권회복운동을 억압하려고 했다. 하와이민족문제위원회의 백인 위원장 에드 케이스가 하와이원주민자치법안을 제출한 것이다.[14] 원주민의 의식이 높아진 것을 간과한 케이스는 법안에 대해 노도와 같은 저항이 몰려들 것을 예측하지 못했다. 홀라 할라우(홀라단체협의회)가 의사당 앞에서 행진 시위를 하며 비로소 정치 단체들과 보조를 맞춰 주권회복운동에서의 공동 투쟁과 법안의 폐지를 요구한 것이다.

이 법안과 입안자가 인종차별적이라고 정확하게 인식한 원주민은 마침내 지도부가 수십 년 동안이나 계속 말해온 것을 공공연히 힘차게 외쳤다. "하와이 원주민의 주권은 주정부와 그 대리 기관이 아닌 원주민 자신에 의해 논의되고 결정되어야만 한다." 더욱이 케이스가 하올레라는 사실도 인종차별적인 면을 강조하는 데 도움이 됐다. 지금 다시 하와이 원주민 문제가 하올레, 즉 백인에 의해 논의되어 처리되려 하고 있다. 이 법안 자체가 인종차별적이라는 것과 함께, 원주민의 요구에 반대하여 주정부를 대변하는 것이 인종차별적이라는 것을 케이스는 증언석에서 반복해서 들었을 것이다.

현재(20세기 말) 하와이 정부의 역할은 19세기 말과 정확히 똑같다. 1898년에는 하올레만으로 수립된 하와이공화국이 하와이 제도와 원주민의 생득권을 깡그리 미국의 백인 정권에 건네버렸는데, 1세기 후인 1998년에도 하올레 의원이 주정부의 개입을 통해 하와이 원주민의 자결을 방해하고 있다.

어쩌면 지난 100년간 하와이 원주민의 처지가 전혀 달라지지 않았음을 하와이원주민자치법안만큼 분명히 보여주는 사례는 없을지 모른다. 백인이나 아시아계 같은 이주자가 하와이의 정치를 여전히 지배하고 있다. 원주민의 주권 회복 요구는 계속되고, (우리의 친애하는 릴리우오칼라니 여왕 치세에 그랬던 것처럼) 그것은 여전히 오늘날 우리의 지상 과제다. 그리고 이제 하와이 원주민은 자신들이 놓인 상황을 미국의 헌법상 권리 혹은 시민권이라는 틀이 아닌 자치정부 또는 인권이라는 맥락에서 파악하려 하고 있다. 신세기를 맞이하며 하와이 원주민은 과거의 교훈을 확실히 가슴에 새기고 있다. 우리는 미국인이 아니라 하와이 원주민이라는 것을.

여성의 힘과
하와이의
주권

아득한 저 멀리 남태평양에서 주권을 요구하며 싸우는 마오리 동포와 마찬가지로 우리 하와이 원주민은 동떨어진 북태평양에서 약 30년에 걸쳐 하와이 원주민으로서의 계보를 주장해왔다. 그러나 폴리네시아의 오하나(가족)와는 달리, 우리는 독립된 섬나라 안에서 싸우는 것이 아니다. 또한 아오테아로아(뉴질랜드)처럼 광대한 국토에 인구가 얼마 안 되는 복 받은 섬도 아니다. 더욱이 불운한 것은 마오리와는 달리 싸우는 상대가 단 하나의 주요한 이민 집단이 아니라는 점이다.

남태평양의 동포 대개가 주장하듯이 우리는 태평양 섬들 가운데 가장 종속적인 지위에 놓인 원주민의 하나다. 우리의 토지 면적은 아오테아로아의 6분의 1이고 우리 원주민은 하와이의 다섯 개 주요 민족 집단의 하나에 지나지 않는다. 민족 집단 가운데 일본계와 하올레(백인)는 원주민에 비해 인구도 많고 경제적으로도 힘이 세다. 우리의 대지와 해변에는 외국인이 밀려들고 미국의 군인과 그 가족 그리고 다양한 나라에

248

서 온 이주자, 그중에서도 아시아 이민자와 관광객이 넘쳐난다.

하와이 원주민이 인내해온 고난과 수탈은 (앞으로도 계속되겠지만) 인종차별적인 이데올로기에 의해 정당화되곤 했다. 말하자면 우리 원주민은 독립국가의 국민이었던 때에 비해 미국 시민으로서의 지금이 훨씬 혜택을 받는다는 주장이다. 하와이 원주민은 미국의 시민이 되기를 바라지 않았고 1893년 왕조 전복과 1898년 미국으로의 합병 때도 그런 취지로 저항했다는 역사적 사실이 있는데도 미국의 애국주의자는 이렇게 말한다. "미국의 시민권을 부여받아 비로소 하와이 원주민은 인류의 선택받은 계급에 끼이게 됐다."

미국의 일부가 됨으로써 우리에게 '권리'가 주어졌다고 말하지만, (대단히 칭송받는) 개인적 보상으로서의 권리라는 것도 정복된 민족의 면전에서 미국인이 흔드는 성조기와 같은 것이다. 그마저도 숨진 병사의 묘에 장식된 작은 깃발에 지나지 않는다. 보통선거권, 재산의 사적 소유, 공교육은 대량소비, 매스컴, 대중문화 등 미국인이 자랑하는 것과 마찬가지로 이러한 권리의 일부다. 미국인은 그와 같은 권리야말로 문명 세계의 척도라고 굳게 믿는다. 미국적인 이데올로기에 따르면 만인은 (아프리카, 인도, 구소련, 남북아메리카, 태평양제도, 아시아 어디라도) 바로 그 권리를 획득하기 위해 미국인이 거쳐온 길을 필사적으로 걸으려 한다. 이러한 권리가 저항하는 민족에게 대포를 들이대고 정복군의 면전에서 강요된 것이라는 사실이, 우리 같은 원주민 앞에선 무시되곤 한다. 권리의 이데올로기는 제국주의의 현실과 공존할 수 없기 때문이다.

미국인은 '권리'라는 말을 원주민이 자신들의 문제를 해결하거나, 토지와 자원을 개인이 아닌 민족 전체가 집단적으로 소유하거나, 자신들의 언어를 배우고 종교와 가족제도를 다음 세대로 계승하는 이유로는 사용하지 않는다.

이데올로기적으로 보면 이러한 '권리'는 커다란 차원에서 위대하게 포장된 미국 식민주의라는 역사적 실체의 일부분이다. 제2차 세계대전 이후 미국의 지배가 세계화되었는데도 지배의 주체인 미국은 그와 같은 지배는 존재하지 않는다고 세계를 향해 하소연한다. 미국에는 식민지가 없고, 미국은 그저 푸에르토리코나 미크로네시아나 하와이 같은 작은 섬에서 '민주주의'를 키우고 있을 뿐이라는 주장도 그런 하소연의 일부다. 이렇게 멀리 떨어진 식민지에서는 '시민권'이라는 말이 미국의 통치를 정당화하는 도구가 된다.

예를 들면 미국적인 제도에 푹 빠져서 법률적 논의를 시작하자마자 원주민은 스스로의 정신을 식민화하는 데 가담하게 된다. 원주민이 언어의 '권리'나 매장지의 '권리' 같은 용어를 사용하기 시작했다는 것은 그들이 자신의 문화적 우주로부터 멀어지게 되었다는 것을 의미한다. 언어와 매장지는 모두 우리의 근원인 대지와 우리 사이의 전통적인 연결 속에서 태어난 것이기 때문이다. 원주민의 이러한 관행은 우리가 도대체 누구이며, 어디에 살고 있고, 어떻게 느끼는지를 분명하게 해주는 것이지 식민지 정부로부터 부여받은 권리가 아니다.

하와이 원주민이 권리의 관점에서 생각하기 시작할 때 '미국인'과의 일체감이 생겨난다. 그래서 합병 직후 우리 가족 몇몇을 포함해서 주 승격을 위한 단체를 조직하려는 사람이 생겨났다. 그들이 믿은 것은 하와이 주지사를 자신의 투표로 선출할 권리를 포함해서, 미국인과 같은 시민권이 자기 손에 들어온다면 하와이 원주민으로서 자신의 운명을 지배할 수 있으리라는 희망이었다. 수십 년에 걸친 주 승격을 위한 노력은 1959년에 마침내 열매를 맺게 됐다.

그 후 30년 가까이 흐른 지금, 하와이는 문화적으로나 생태학적으로나 정치적으로나 하와이다움을 잃어버렸다. 하와이 원주민 스스로 캘리포니아를 비롯해 미국 본토로 차례차례 이주하고 있다. 그리고 하와이 제도는 미군이 태평양을 순시하고 핵무장을 하기 위한 최적의 군사기지가 되어버렸다. 완전한 미국 시민권, 즉 미국인으로서의 완전한 권리를 얻으면서 하와이 원주민은 1890년대 내내 정부와 토지와 언어를 빼앗기기 시작했다. 한번 시작된 하와이의 비원주민화 흐름은 이후 가속화됐다. 우리 원주민이 주 승격과 함께 얻은 것이라고는 상실감과 절망감뿐이다. 토지도 자치정부도 언어도 잃었다. 정치적 의지는 허약해졌고 문화는 매매춘에 가까운 상품으로 전락했으며 경제적 수탈은 우리를 절망감에 빠뜨렸다.

시민권이 주어졌지만 원주민에게는 고향땅(물과 지하자원을 포함한 약 200만 에이커의 토지)을 지배할 권리가 없다. 주정부와 연방정부(군을 포함해)가 우리 고향땅을 '신탁지'로 소유하고 있기 때문이다. 공교육을 받을 권리라고 하지만 그것은 하와이어를 사용하지 않는, 우리에게는 외국어인 영어를 교육 용어로 하는 교육 제도 안에서의 권리일 뿐이다. 그리고 민족으로서의 법률적, 즉 사법적 권리를 주정부로부터 획득하려는 정치 투쟁이 이어지고 있지만, 그 권리는 아직 하와이 원주민에게 주어지지 않았다. 더욱이 1998년 시점에서 하와이원주민사무국의 이사와 주·연방 정부에 대해 신탁 의무 위반을 소추하는 법정에 우리는 서본 적도 없다. 주정부는 한술 더 떠서 우리 토지 전체에 대해 현금 지불로 신탁

의무의 종결을 도모하려는 자세를 여전히 고집한다. 이제 주로 승격된 하와이에는 연간 700만 명의 관광객이 몰려든다. 가짜 낙원에서 빈곤에 허덕이며 구석에 내몰린 원주민에게는 그야말로 악몽이다.

어떠한 식민지 상황에서든 원주민으로서 생존하는 데는 거부, 창조 그리고 자기주장이 이상하게 뒤섞이기 마련이다. 하와이 원주민이 놓인 상황은 특히 더 분통 터질 만하다. 미국적 민주주의라는 이데올로기가 원주민의 저항을 억압하는 동시에 흡수하기 때문이다. 그래서 하와이 원주민이 저항을 시작하려면 가장 초보적인 차원에서 시작해야 한다. 서양 복장을 선호하는 생활방식이나 영어의 절대적 우위성에 도전하는 일이 그런 것이다. 이러한 도전은 비록 속도가 늦더라도 더 광범위하고 더 정치적인 저항으로 이어질 가능성이 크다. 군사기지와 군사훈련 반대 운동, 습지와 삼림 등의 자연환경을 보존하는 운동 그리고 최종적으로는 자결을 요구하는 정치 투쟁이 이러한 초보적인 차원의 도전에서 비롯된다.

저항의 첫 단계는 강요받은 행동양식을 떨쳐버리고 거기서 벗어나는 것이다. 서양에 동화된 조작된 삶의 껍질이 대안의 삶(원주민 문화에 뿌리내린 삶)과 맞닥뜨리면서 하나씩 벗겨지게 된다. 대개 이런 과정에는 무서울 정도의 심리적 긴장이 동반된다. 식민주의 교육, 종주국의 언어 그리고 지배자(백인)와의 무시무시한 일상의 관계에 의해 새겨진 문화적 습성을 의식적으로 배제하는 일부터 시작해야 하기 때문이다. 프란츠 파농은 이런 과정을 '새로운 혁명적 인간의 탄생'으로 간주했다. 그리고 아프리카의 위대한 작가인 응구기 와 티옹오는 이것을 '정신의 탈식민화'로 명명했다.

태평양제도 곳곳에서 그리고 적어도 과거 40년간 원주민은 스스로 정신의 탈식민화를 실행해왔다. 하와이 원주민도 이런 탈식민화 운동에 참여하고 있는데, 이것이 이상하게도 '문화 복원'이라는 엉뚱한 말로 언급되곤 한다. 인류학자와 정치가는 정치적인 함축이 없다는 이유로 '문화 복원'이라는 용어를 손쉽게 사용한다. 이 표현은 진기한 풍습과 신앙을 하찮아 보이게 만드는 데 일조할 뿐, 문화 제국주의에 대한 의식 있는 원주민의 저항을 지지하는 데는 도움이 되지 않는다. 그러나 탈식민화의 핵심은 결국 정치적이다. 그것은 외국의 용어, 외국의 개념 그리고 외국의 해법에 대한 비판적인 의식을 만들어냄으로써 식민주의 세력의 권력을 해체하는 데 기능하기 때문이다.

충분히 예상할 만한 일이지만, 근원적인 변화가 일어날 때면 항상 그러하듯이 탈식민화의 초기 단계에서도 다양한 난제가 생겨난다. 예를 들어 단순한 레크리에이션 활동으로 원주민 문화에 참가하는 것이 비판적인 정치 자세의 성장을 오히려 방해할 때도 있다. 개념 정의상으로도 레크리에이션으로서의 문화 활동은 주변적인 것이다. 그것은 일상생활의 중심이 아니라 가장자리에 위치한다. 이런 종류의 문화 활동에 참가한다고 해서 그것이 곧바로 사회에 숨어 있는 지배적인 힘(우리 일상생활을 좌우하는 힘)에 대한 직접적이고 정치적인 도전이 되는 것은 아니다. 게다가 공교롭게도 하와이 원주민의 문화는 끊임없이 상업주의의 위험에 노출되어 있다. 훌라와 하와이어는 관광객 유치를 위한 선전과 호텔의 마케팅 또는 하와이 제도에 몰려든 상업주의 이데올로기의 파도 속에서 아주 간단하게 삼켜지고 원래의 형태를 잃어버린다.

그러나 역설적이게도 레크리에이션으로서의 문화 활동이 사람들을 정치화하는 데 풍부한 매개가 되기도 한다. 관광산업에 의해 교묘히 이용되는 경우라도 하와이 원주민다운 것을 통해 우리 토지와 계보에 근거한 독특한 삶의 이해와 결부된 전통적인 생활양식을 되살리는 일이 가능하다. 상업주의로 기운 충동을 물리치기 위해서는 정치적인 활동가가 이와 같은 매개 활동에 들어가 참여자의 정치적인 자각을 촉발해야만 한다. 그 활동가가 원숙한 어른이라면 참여자로 하여금 전통문화로부터 배어 나오는 지혜에 정치적 감각이 깃들어 있음을 알게 만들 수 있다. 그리고 그 사람이 쿠아아나(동년배의 친구나 친척)라면 젊은 원주민을 탈식민화를 향해 의식적으로 조직하고 지도하기 쉽다. 이런 사람은 이미 정치화된 세계에서 활약한다. 실제로 주권회복운동이 시작되고 나서 15년이 경과한 지금, 이들은 일반인으로부터 커다란 지지를 받으며 활동하고 있고, 일반인도 주권 회복을 일상의 요구로 이해하며 제국주의에 대한 전 세계의 저항에도 관심을 가지게 됐다.

자결을 요구하는 하와이 원주민의 운동에 깊이 관여하면서 확실히 경험한 것은 이러한 정치 활동을 지탱하는 것이 대개의 경우 여성, 그것도 젊은 민족주의자 여성이라는 점이다. 간혹 문화적 지식을 갖춘 나이든 여성이 민족주의자로 진화하는 일도 있지만, 그를 이끈 것은 정치적인 마나(영적인 힘)라기보다 문화적인 마나일 때가 더 많다.

마나, 정치 지도자의 필수 자질

우선 하와이 원주민에게 마나는 다음과 같이 이해된다. 말하자면 지도자의 역량은 하올레가 카리스마(개인적 매력)라고 부르는 것을 훨씬 넘어선다. 지도자는 마나를 갖추고 그것을 구체적인 형태로 내보여야만 한다. 마나의 원천이 개인적인 능력에 있는 것은 아니다. 그렇다고 영적으로 이어진 계보상의 조상에게서 비롯되는 것도 아니다. 고위 족장 계통에 마나의 잠재력이 흐르고 있는지는 모르겠지만, 정치 지도자로서 마나를 현실화하고 달성하려면 계보 이상의 것이 요구된다. 마치 예전의 알리이(족장)가 자신의 백성을 어떻게 돌보았느냐에 따라 판단되듯이, 지도자는 민중과의 구체적인 공감대 없이는 마나를 갖추기 어렵다.

마나를 갖춘 지도자의 출현은 민중이 마나를 정치 지도자의 필수적인 자질의 하나로 인정할 때만 가능한 일이다. 하와이 원주민의 탈식민화의 미덕 가운데 하나는 주권회복운동 과정에서 마나가 문화적, 정치적 지도력의 결정적 요소로 다시 등장했다는 점이다. 민중과 지도자 모두 마나와 포노(인간, 대지, 우주 사이의 균형을 존중하는 하와이 원주민의 전통적 가치관)의 연결을 이해한다. 원주민과 대지 사이의 이런 가족적·계보적 연결을 이해하는 지도자만이 포노를 하와이 땅에 다시 세우는 희망을 실현할 수 있다. 하올레의 도래 이후 전통적인 균형감각이 하와이 원주민의 우주에서 점점 사라져버렸기 때문이다. 포노라는 가치관을 되찾기 위해서라도 민중은 마나를 갖춘 지도자를 염원한다.

이렇게 탈식민화가 진행되는 상황에서 지도자의 자질, 즉 마나를 요구하는 것은 식민지 체제에 대한 엄청난 도전이다. 왜냐하면 식민지 체제에서는 정치적 지도력을 민주적 리버럴리즘, 즉 선거에 의한 승리라는 관점에서 정의하기 때문이다. 동시에 마나는 주권을 쟁취하려는 야심만만한 하와이 원주민 지도자에 대한 도전이기도 하다. 정의상 그리고 역사적으로 지도자는 스스로 포노일 때만, 말하자면 그가 대지와 민중을 믿고 대지와 민중의 안녕 속에서 일할 때만 주권을 구현할 수 있기 때문이다. 이렇게 해서 지도자가 (하와이 주민 전체, 선거구 혹은 관료의 소망대로 일하는 것이 아니라) 하와이 원주민의 소망에 대해 말하고 원주민의 대표가 될 수 있다면, 그것이 곧 마나를 보여주고 키우는 것이 된다. 따라서 마나는 선거에 의해 권력을 잡는 미국적인 제도와는 정면으로 부딪친다. 하와이 원주민의 문화적 신념에 기초한 정치적 지도력을 되찾으려는 노력이 마나를 통해 이루어진다.

원주민 출신이면서 개발 이익의 필요에 원주민의 안녕을 포함하거나 하와이 주민 전체의 관심사를 우선해서 원주민 문제를 제외하는 정치가는 포노의 자질을 가진 지도자가 될 수 없고, 마나를 갖춘 지도자라고도 말할 수 없다. 존 와이헤에는 원주민 출신으로서는 처음으로 주지사로 선출되었지만 지사 재임 중 하와이 원주민의 지도자다운 모습은 보이지 않았다. 즉 와이헤에는 원주민의 안녕을 위해 일하려 하지 않았다. 예를 들면 와이헤에는 신탁지에 대한 원주민의 요구를 보상금으로 갈음하려는 법안을 의회에 제출해서 이 문제를 종결하려 했다. 이 한 건만 봐도 와이헤에가 원주민의 전통적인 지도자가 아니라는 것을 알 수 있다. 그저 와이헤에는 민주당의 지도자일 뿐이다. 전형적인 미국 정당으로서의 민주당은 정권을 획득하고 유지하는 것만을 목적으로 한다.

여성의 마나

하와이 원주민 출신의 정치가가 와이헤에만은 아니다. 남성 중심의 선거 정치를 뒤따른 여성 정치인 몇몇을 포함해 많은 원주민 출신 정치가가 있다. 실제 상당수의 하와이 원주민이 이질적인 미국 제도에 동화하는 것을 선택해왔다. 그 가운데 원주민으로는 처음으로 연방 상원 의원이 된 대니얼 아카카도 있다. 그러나 이처럼 남성이 정치가로 변신하는 일이 보통인 반면, 많은 원주민 여성은 탈식민화의 길을 선택하고 주권 회복운동 속에서 자신의 지도력을 검증받는다.

미국의 문화는 일반적으로 서양 문명이 그렇듯이 남성 중심적이다. 미국의 문화가 여성과 자연에 대한 남성의 지배를 강조하는 가치관에 따라 구성되고 정당화되는 탓에 미국의 여러 제도 역시 남성과 남성 지배적인 행위에 권력과 지위를 안겨준다. 이런 식으로 가부장제가 미국 사회에 깊이 뿌리내리게 됐다. 그 결과 공적 세계, 즉 정치·경제·관료 세계가 일반적으로 '남성의 세계'라고 불리는 데 비해, 가족과 친척으로 연결된 세계는 '여성의 세계'로 불린다. 남성은 권력을 지향하고 키우는 데 반해, 여성은 가족의 영역에서 한 걸음만 밖으로 나가도 무력해진다.

식민주의 때문에 하와이 원주민의 세계는 하올레의 세계에 자리를 내주었다. 원주민 여성은 지위 고하를 막론하고 (바로 원주민 남성이 그랬던 것처럼) 모두 자신의 자리를 잃게 됐다. 전 세계 식민지의 대부분의 원주민과 마찬가지로, 우리가 주변으로 내몰리는 것은 곧 우리가 경제적으로 게토화되는 것을 의미한다. 우리 운명은 하올레 자본가를 위해 일하는 반半숙련 노동자가 되는 것이었다. 무엇보다 생활의 기반인 땅을 잃었다는 것은 곧 우리가 정치적, 경제적 권력을 빼앗겼다는 것을 뜻한다.

60년이라는 긴 세월에 걸친 해외 영토 시대 동안 아시아에서 온 이민 노동자는 꾸준히 증가했다. 이민 노동자가 원주민보다 많아졌고, 여전히 하올레는 필사적으로 자신의 지배적인 지위를 지키려 했다. 한편 원주민 출신 남성 가운데 의회에 들어가는 이도 조금씩 나오기 시작했다. 그들은 아시아 이민자의 자손과 주 승격을 향해서 협력 관계를 구축했고, 결국 주정부 권력을 (공화당에서 민주당으로) 교체했다. 주가 되고 나서도 나의 아버지와 삼촌 같은 일부 원주민 남성은 여전히 선거를 통한 권력에 집착했다. 이들은 모두 미국식 학교에서 교육받은 탓에 오로지 미국식 제도를 통해서만 권력에 이르는 길이 열린다고 믿게 됐다. 그리고 원주민의 방식은 이제 영원히 사라졌다고 믿었다. 그러니 만약 하와이 원주민이 자신의 운명을 개선하려 한다면 미국의 방식을 배워야만 한다고 여겼다.

물론 이것이 바로 이른바 '미국화'가 추구하는 것이다. 정복된 민족에게 미국의 방식을 따라가는 길 외에는 선택지가 없다고 설득하는 것이다. 미국화라는 이데올로기는 성공 신화를 유포한다. 누구든 선거 절차를 통해 정권을 손에 넣기만 하면, 이제 그는 무슨 일이든 할 수 있다는 신화 말이다. 단 '무슨 일이든'에서 '원주민으로서 살아가는 것'은 예외다. 그런 체제 아래서 원주민답게 사는 것은 불가능하기 때문이다.

원주민 남성은 미국적인 정치제도 안에서 권력을 추구하면서, 미국적인 제도의 가치를 내면화하게 됐다. 이를테면 정치는 남성의 세계, 가정은 여성의 세계로 양분하는 사고방식 따위를 받아들인 것이다. 교육받은 원주민 남성 가운데 정치계에서 두각을 드러내는 이가 나오는 반면, 원주민 여성은 가족을 돌보거나 저임금 서비스업에서 일할 수밖에 없는 구조가 만들어졌다. 적어도 표면적으로는 미국화가 승리를 쟁취한 것이다.

그러나 어느 세대나 그전 세대를 놀라게 하는 법이다. 주 승격 후에도 하와이는 내 아버지 세대가 기대한 것 같은 '기회가 균등한 꿈의 나라'는 되지 않았다. 부패한 선거제 정치는 적에게 협력하는 엘리트를 낳았다. 이런 엘리트는 이전의 선교사 일당이 그런 것처럼 하와이와 원주민을 경제적으로 착취하고 자신의 권력을 강화하는 데 전념했다. 관광산업이 설탕 플랜테이션을 대체하고 미국과 일본과 유럽으로부터 연간 700만 명의 관광객이 몰려들게 됐다. 원주민 정부의 전복으로부터 100년도 지나지 않은 사이에 내 조상의 고향이 지녔던 영혼과 풍요는 상상할 수 없을 정도로 황폐해졌다. 우리 원주민은 점차 주변으로 내몰렸다. 생활수준은 낮아지고 건강 상태는 나빠졌다. 게다가 토지는 마구 개발되어 오염됐다.

하지만 1970년에 들어서 마치 신의 계시가 있었던 것처럼 열도 여기저기에서 저항과 반대의 목소리가 터져 나오기 시작했다. 개발 반대 투쟁을 실마리로 가난하고 못 배운 사람이 퇴거 명령에 단호한 반대 입장을 취했다. 그들의 용기에 힘입어 원주민은 주정부가 멋대로 사용하던 신탁지를 점거하고 주권의 상징으로 하와이어를 전면에 내세웠다. 20년이 지난 지금, 토지권의 요구는 자결을 요구하는 목소리의 일부가 됐다.

그리고 그 싸움의 최전선에서, 원주민 문화가 몸에 밴 여성 지도자가 탐탁잖아하는 대중의 시선을 느끼면서도 용감하고 당당하게 발언했다. 여성의 마나가 결집하면서 전통적 가치관에 근거한 지금까지는 볼 수 없던 형태의 힘이 생겨났다. 비록 선거나 주권회복운동을 펼칠 때 남성 지도자와 왕왕 충돌하는 일이 있긴 하지만, 여성이 국가를 위해 지도력을 발휘하기 시작한 것이다. 지금 이 순간에도 민족주의적인 여성 지도자는 원주민을 조직하고 이끌어간다.

원주민 남성이 연방과 주 의회의 의원과 주지사로 활약하는 동안, 여성 지도자는 주권회복운동에서 두각을 나타내왔다. 물론 우리 운동에 남성 지도자가 전무하다는 것은 아니다. 그러나 남성 지도자는 그다지 눈에 띄지도, 당당하지도, 창조적이지도 않다. 아무튼 원주민에게 훌륭한 지도자로 받아들여지는 남성은 적다. 어떠한 기준(공적, 사적, 정치적)에서 보더라도 주권회복운동은 여성이 이끌고 있다.

이렇게 된 이유의 하나로 식민주의를 들 수 있다. 남성은(원주민을 포함해서) 적에게 협력하면 보상을 받는다. 한편 여성이 협력자가 되려면 정치적 권력을 직접 휘두르는 것이 아니라 권력을 행사하는 남성의 보조 역할을 맡아야 한다.

그러나 오늘날의 민족주의적인 싸움을 여성이 이끄는 데는 더 결정적인 이유가 있다. 바로 여성이 라후이(국가)를 한순간도 놓치지 않고 지켜본다는 것이다. 국가를 소중히 하는 것과 가족을 소중히 하는 것은 같은 연장선상에 있다고 하와이 원주민은 믿는다. 이때의 가족은 넓은 의미로 대지와 인간 모두를 포함한다. 우리 어머니는 하와이의 섬을 낳은 파파하나우모쿠(대지)다. 그렇기 때문에 원주민 여성 지도자에게는 계보상으로도 국가의 지도자가 될 만한 힘이 있다.

하지만 당연히 지도자의 조건으로서 계보만으로는 충분하지 않다. 최고위에 있는 원주민 여성이 인생을 어떻게 보내왔는지 잠깐만 들여

다보아도 계보가 지도력이나 마나를 결정짓지 않는다는 것을 금방 알 수 있다. 알리이 자리가 어느 정도까지 지도력을 보증할는지는 모르지만 그것만으로 훌륭한 지도자가 되는 일은 확실히 불가능하다. 오히려 지도자로서의 자질을 좌우하는 것은 마나다. 마나가 있다면 민중의 존경을 얻는 일이 가능하다. 마나는 국민과 대지를 대신해서 말하는 능력이고, 라후이에 이익이 되는 쟁점을 공론의 장에 세울 수 있는 능력이다. 주권의 지위를 만들어낼 때, 하와이 원주민 여성은 포노의 자질을 가진 지도자가 어떠해야 하는지를 강력히 선보였다.

아마 민족주의적인 여성 지도자는 그 누구도 선거로 뽑는 관직에 몸담지 않을 것이다. 이런 현실이야말로 여성이 개인적이 아닌 집단적인 시점을 가지고 미국식 제도에 불신감을 품고 있다는 가장 좋은 증거다. 여성 지도자는 모두 하와이 원주민의 정치 단체와 문화 단체에 속해 있고 서양 제도와의 사이에 알력이 있음을 의식한다. 그 결과, 이러한 여성이 발언할 때, 그것은 자신의 단체뿐 아니라 카 라후이의 국민을 대표하는 것이다. 민족주의적인 여성 지도자는 우리 원주민의 전통문화를 옹호하고 원주민으로서 살아온 경험 위에서 발언한다. 이런 자세 때문에 그들은 선거로 선출된 지도자와 곧잘 충돌한다. 원주민 출신 정치가를 포함해서 선거로 선출된 지도자는 유권자와 미국 정부에 얽매여 있고, 승진과 수입이라는 사익을 추구하여 정계에 입문하는 경우가 많기 때문이다.

그러나 (공통점이 있다고는 하지만) 원주민운동을 하는 여성 지도자의 확실한 모델이 있는 것은 아니다. 한두 가지 형태로 그들을 단정할 수는 없다. 사실 여성 지도자는 놀라울 정도로 저마다 매력 있고 독특하다.

다나 나오네는 시인인 동시에 민족주의자로서 마우이 섬의 하와이 원주민운동에 오랫동안
관여해왔다. 주로 원주민 매장지의 존엄성을 지키기 위해 골프장, 호텔 등 파괴적 개발 저지에
힘을 쏟아왔다. 사진에서 다나가 서 있는 와이헤에 해안은 일본 기업의 개발로 매장지 등
고대 유적이 훼손되기 직전의 상태에 놓여 있다. 다나의 태도는 원주민운동에 참여하려는
젊은 여성에게 좋은 자극을 준다. (사진: 마고 베데셰브스키)

학력이나 재능은 물론이고 성장 과정과 집안 환경도 마치 무작위로 추첨이나 한 것처럼 저마다 다르다. 원주민 여성 지도자는 모두 마나를 갖추고 있고 그것을 민족을 위해 행사한다. 그들이 어디에서(정부 내에서든, 매장지 보호를 위해서든, 훌라를 위해서든) 마나를 행사하든 그 방식은 저마다 색다르다.

지명도와 공헌도가 높은 여성 세 명을 들어보자. 먼저, 시인이자 원주민 단체 활동가이며 정치적 전략가인 다나 나오네는 (마우이 섬 호노카후아에 있는) 주 최대의 국립묘지에 자리한 조상의 유적을 보존하려 애쓴다. 그리고 푸아 카나카올레 카나헬레는 쿠무 훌라(훌라 스승)임과 동시에 원주민의 신인 펠레와 펠레의 가족(화산과 삼림 등)을 지키는 움직임에 전념한다. 마지막으로, 변호사이자 정치 지도자인 내 여동생 밀릴라니 트라스크는 카 라후이(원주민 주도로 창설된 원주민의 국가)의 지사로 선출되어 활약한다.

강제적 동화를 목적으로 하는 미국식 학교에서 교육받았지만 이들은 육체적, 심리적, 정신적 식민화에 저항해왔다. 외국의 투자와 지방정부의 부패 그리고 반反원주민적 기관이 지배하는 체제 안에서 저항의 자세를 고집해온 것이다. 우리 원주민의 소멸을 예언하는 인류학자와 정치가의 희망을 쳐부수듯이 그들은 관광산업이라는 큰 파도에 맞서, 그리고 하와이의 민주당 조직까지 가세한 탐욕에 맞서 당당하게 싸운다. 그렇게 대지와 가족과 우리 가슴 속에 이어받은 원주민의 유산을 필사적으로 지키고 있는 것이다.

이들이 개인적인 출신 배경 덕에 지도자가 되었다고 생각하는 사람이 있을지도 모르기 때문에 따로 말해둘 것이 있다. 그런 견해는 (개인 중

하와이 원주민의 주택단지에 물 공급을 요구하며 주 의회 의사당 앞에서 시위 중인 밀릴라니 트라스크와 하우나니-카이 트라스크. (사진: 에드 그리비)

심의 사고에 근거한) 서양적인 것일 뿐 아니라 사실과도 명백히 다르다. 이들의 경제적인 배경을 안다고 해도 이들이 왜, 어떻게 지도적인 위치까지 진화할 수 있었는지, 그리고 왜, 어떻게 저항의 자세를 굽히지 않을 수 있었는지를 설명하기는 쉽지 않다. 그 대답은 이 여성 지도자들이 원주민 사회에서 경험을 쌓고 원주민으로서의 자신을 하와이 국가(우리의 라후이)와 결합하여 일체화한 데서 구할 수 있을 것이다. 바꾸어 말하면, 식민주의가 우리 문화와 민족을 어느 정도 훼손했다 해도 아직까지 원주민 전원을 말살하거나 하와이에서 몰아내거나 민족의 언어와 대지에 대한 우리의 애정을 빼앗는 것은 불가능하다는 것이다.

우리 세대는 원주민 여성의 경이적인 에너지를 생생히 목도했다. 하와이의 빅아일랜드에서는 푸아 카나헬레가 하와이 제도 가운데 가장 권위와 전통이 있는 할라우(훌라를 가르치는 곳)의 하나에서 쿠무 훌라로서 활약하고 있다. 성가와 훌라 전승자인 쿠무 훌라로서의 카나헬레는 전통문화의 지혜를 정치 분야에 끌어와 화산의 신 펠레와 화산의 숲에 사는 펠레의 여동생 히이아카를 계속 지키고 있다. 지열발전소 건설에 반대하여 카나헬레는 펠레의 가슴 부분에서 벌어지는 시추 조사와 시설 건설을 중지시키려고 오랫동안 싸워왔다. 더욱이 카나헬레는 고대의 매장지를 파괴하는 데 맞서 완고하게 거부 투쟁을 지속해왔다.

하와이 제도 한가운데 자리한 아름다운 마우이 섬에서는 다나 나오네가 매장지, 헤이아후(종교 사원), 해안, 계곡 등 인간의 손에 닿지 않은 지역을 수년에 걸쳐 지켜왔다. 온화하지만 쉽게 굴하지 않는 나오네의 자세는 선명할 정도로 정치적이다. 지도자로서의 역량은 푸아 카나헬레와 달리 전통문화에 대한 헌신에서 나오는 것이 아니라 '대지를 지켜야만 한다(말라마 아이나)'는 책임감에서 나온다. 각자 다른 분야에서 활동하지만, 두 사람 모두 자신의 삶을 하와이의 대지와 그 아이인 원주민에게 바친다.

마지막으로 내 여동생 밀릴라니 트라스크도 카 라후이로 불리는 자치정부의 모델을 만들어내고 원주민 국가를 계속 지켜 나가는 데 정치적으로 공헌해왔다. 변호사 자격을 가졌을 뿐 아니라 정치 이론과 실천면에서도 풍부한 재능을 지닌 밀릴라니는 1989년 하와이 원주민의 단체를 조직하고 원주민 주도의 자치정부인 카 라후이를 수립했다. 그 뒤로 카 라후이는 주권 회복을 요구하는 원주민운동의 선두에 섰고 회원수는 수천 명이나 늘었다. 밀릴라니는 국제무대에서도 활약하는데, 노벨평화상 수상자인 리고베르타 멘추와 달라이 라마 그리고 여러 지원그룹과 만나고, '대표 없는 국가와 민족기구', 아메리칸인디언에서 오스트레일리아 원주민 애버리지니까지 세계 각국의 원주민 그룹과 공동작업을 해왔다.

이들 여성 지도자는 물론 뛰어난 능력을 가졌지만, 특히 대지와 거기에 사는 인간을 사랑하는 조상의 가치관을 구체화한다는 공통점도 갖고 있다. 이런 정치적, 문화적 주장이 식민주의에 반대하는 세력을 북돋음으로써 원주민 국가의 앞길에 도움이 되는 것은 물론이다. 그러나 더 중요한 것은 이런 주장이 하와이라는 땅이 우리 원주민의 어머니고, 우리가 그 어머니의 아이라는 사실을 스스로 다시금 제기한다는 데 있다. 우리에게는 가족의 책임이 생긴 것이고, 그러니 이제 전통에 따른 삶을 살아야만 한다는 것이다. 우리 가족을 보호하고 보존해야 하는 것, 그것이 하와이의 대지를 상속한 자로서 생존하는 길이다.

신식민주의와
원주민의
사회정치
구조

1990년 8월, 여동생 밀릴라니와 나는 북극권의 사미인Sami(노르웨이·스웨덴·핀란드 등 스칸디나비아 북부와 러시아 북서부에 사는 원주민. 라프Lapp라는 이름으로도 알려졌다. 유럽 최북단 지역을 일컫는 라플란드라는 지명도 여기에서 유래했다-옮긴이)이 주최한 '원주민 여성 세계회의'에 참가하기 위해 노르웨이 카라쇼크(노르웨이 북동쪽 끝의 핀란드 접경에 있는 도시. 수도 오슬로와 1700킬로미터 떨어져 있으며 사미의 자치의회가 이 도시에 있다-옮긴이)로 떠났다. 참가자는 지리적·문화적으로나 체형으로도 크게 달랐지만, 남북아메리카·태평양·서남아시아·아프리카·유럽·아시아 각지의 식민화된 대지에 사는 원주민 여성이라는 점에서는 모두 같았다. 다음의 연설은 우리 원주민 사이에 공유점이 많다는 점을 강조하기 위한 것이었다.

주권: 하와이의 맥락

얼음과 백야로 신비로운 이 북방의 땅에서, 우리 전 세계의 원주민 여성은 새로운 길을 찾아 나서고 있습니다. 원주민 여성에게 초점을 맞춘 이 회의가 개최됨으로써 이미 새로운 역사가 만들어지고 있습니다. 우리가 여기에 모인 것은 원주민 여성의 목소리를 대변하여 전략을 결정하고 장래의 계획을 세우기 위해서입니다. 우리는 소수 그룹의 일원 혹은 남성 단체의 부속물로서 여기에 모인 것이 아니라, 자결이라는 공통의 목표 아래 단결하기로 결의한 원주민 여성으로서 모였습니다.

출신지가 다양하듯이 강제 동화, 경제 착취, 종교 전도, 정치적·문화적 억압, 민족 말살이라는 점에서도 우리는 각각 조금씩 다른 단계에 있습니다. 과거의 집단학살에서 살아남은 사람이 많이 있습니다. 그중에는 아마 현재진행형인 대량학살에 대항하는 사람도 있을 겁니다. 우리는 분명 서로 많이 다릅니다. 단순한 지리적인 차이를 넘어 문화도, 언어도, 역사도 다양합니다.

그런데도 서로 다른 점보다 비슷한 쪽이 훨씬 많다고 생각합니다. 우리는 원주민, 즉 세계의 첫 번째 민족First Nation으로서의 공통의 유산을 지녔습니다. 우리는 모두 대지에서 자라난 민족입니다. 그중에는 대지와 바다 양쪽 모두에서 자라난 민족도 있겠지요. 우리는 조상 전래의 땅에 친숙하게 길들여지고 그 속에서 보호받으며 고향땅의 숨소리에 맞춰 살아온 민족입니다. 우리는 제국주의 국가의 식민지로 전락한 공통점도 가지고 있습니다. 그리고 자결과 자치라는 기본적 인권을 요구하며 정도의 차는 있어도 모두 저항해왔습니다. 더욱이 현재 우리는 심각한 문제에 직면해 있습니다. 환경오염, 핵 오염, 높은 유아사망률에서 시작해 토지 강탈, 경제적 착취, 고향땅의 군사기지화 등을 목도하고 겪고 있습니다.

이처럼 공유하는 것이 많기 때문에 우리는 원주민 여성으로서 연대할 수 있습니다. 자신의 민족을 위해, 고향땅을 위해 그리고 무엇보다 원주민으로서 살아남기 위해 같이 싸우는 일이 가능합니다.

경험을 공유한다는 점을 근거로 하여 나는 '신식민주의와 원주민의 사회정치 구조'라는 주제로 연설해줄 것을 부탁받았습니다. 분명히 이 주제는 넓은 영역에 걸친 다양한 것을 포괄합니다. 문화와 지리와 식민주의에 대한 우리의 대응이 각각 다른 것이기 때문에, 원주민으로서 무엇을 어떻게 경험했는지도 당연히 다를 것입니다. 그러나 설령 그렇다고 하더라도 폭넓게 일반론을 편다는 입장에서 다양한 문제점의 줄거리라도 이야기하고자 합니다. 부족한 점이 있다면 여기 모인 여러분께서 보충, 수정해주시거나 혹은 잘못을 지적해주시기를 희망합니다.

"우리는 스스로를 대지의 사람들이라고 부릅니다"

논의를 시작하기에 앞서 '신식민주의'를 '명목상으로 독립 또는 자치 상태로 정의되는 단계에서의 억압의 경험'이라고 정의해두겠습니다. '명목상'이라고 한 것은 식민주의 권력으로부터의 독립이 법적인 것일 뿐 경제적 자립에 이르지 못한 현실을 강조하고 싶기 때문입니다. 신식민주의의 사례로는 일찍이 식민지로 전락한 지역에서 있었던 다국적기업에 의한 지배를 들 수 있습니다. 라틴아메리카, 아프리카, 아시아의 나라가 떠오릅니다. 그리고 식민지 권력이 제국주의의 초기 단계에서 억

누른 사회적·문화적 관행이 독립 후에까지 이어지는 경우도 신식민지의 사례에 들 수 있습니다. 필리핀, 피지, 아프리카의 몇몇 나라 등 다양한 곳에서 앵글로아메리카의 법제도와 토지소유제도가 지속된다는 점이 눈에 띕니다. 마지막으로, 신식민주의는 식민 통치의 유지뿐 아니라 식민주의로 인한 정신적 상처를 입은 피지배자가 여전히 정신적, 물질적 삶으로 고통받고 있다는 사실과 관련이 있습니다.

물론 신식민주의에는 '모든 게 괜찮다'는 이데올로기적인 면이 있습니다. 바꿔 말하면 탈식민화가 일어났다는 말입니다. 그러므로 다양한 문제와 충돌은 포스트 식민주의적인 것이어서 독립을 주장하는 민족의 책임이라고 말합니다. 이보다 애매하고 무책임한 표현은 있을 수 없습니다. 무엇보다 정의상, 원주민은 자치도 독립도 인정받고 있지 못하기 때문입니다.

전후 세계에서 우리 원주민은 다른 강력한 국가에 둘러싸여 있습니다. 이 나라들은 필사적으로 원주민의 토지와 자원을 뺏으려 하기 때문에 우리가 저항하면 노골적으로 불쾌감을 드러냅니다. 남북아메리카의 원주민만 그런 것이 아니라, 인도와 태평양 지역의 원주민에게도 마찬가지로 똑같은 상황이 적용됩니다. 이런 현실은, 전부라고는 말할 수 없지만 대부분의 원주민에게 경제적인 문제인 동시에 정치적인 문제이기도 합니다. 원주민을 지배하고 천연자원을 수중에 넣기를 바라는 사람과 우리 원주민의 관계는 '이전에 그랬던' 식민주의적 관계가 아닌 '현재진행 중'인 관계입니다. 즉 현재의 우리는 자립하는 것이 아닌 의존하는 존재입니다. 혹은 의존과 동시에 종속되었다고 말하는 편이 옳을지도 모르겠습니다. 종속되었다는 것은 많은 식민지 개척자와의 불평등한 관계를 보면 알 수 있습니다.

오늘의 세계 질서에서는 천연자원과 인적 자원, 시장 그리고 기술이 식민주의 권력에 대한 원주민의 가치를 결정합니다. 비극적이게도 여기에 모인 여성에게 이것은 자명한 진리입니다. 그리하여 대지는 더 이상 우리의 어머니가 아닙니다. 물질적으로 그리고 정신적으로 우리 생명을 유지해주는 근원이 아니라, 이제는 소비와 이윤을 위한 수단이 되어버렸습니다. 우리 아이들이 민족의 꽃으로 불리는 일은 이제 없고, 다만 공장과 군대의 노동력 일부로 간주됩니다. 전통과 문화도 이제는 원주민과 신神 사이의 조화와 아름다움을 표현하는 본래의 모습을 잃어버리고, 전 세계에서 몰려드는 부자를 위한 오락과 레크리에이션으로 전락했습니다.

우리의 정신으로 이어지는 가치관도, 지혜의 체계도 우리 일상과 세대 간의 다리가 되는 지침으로서의 역할을 하지 못하고, 제1세계로부터 찾아온 탐험가의 장난감이 되고 말았습니다. 사망한 지 오래인 조상조차 이러한 멸시에서 벗어날 수 없습니다. 유골과 부장품마저 박물관이나 앤티크 숍에 '원시적인' 골동품으로 전시되기 때문입니다.

이와 같은 변형은 물질적이고 경제적인 폭력의 결과일 뿐 아니라, 우리 문화 형태를 교묘하게 포섭한 부산물입니다. 그리고 이런 변형은 여전히 일어나고 있습니다. 지나친 일반화인지 모르겠습니다만, '포섭'이 나타나는 다섯 개의 영역을 든 다음, 제가 속한 문화로부터 생생한 예를 추려내어 이런 포섭 전략이 얼마나 성공적으로 '식민주의적'인 기능을 다하는지를 묘사하고자 합니다.

우선 우리의 자기 정의 즉 원주민이 자신을 어떻게 부르는지부터 시작하죠. 내 기억이 틀림없다면, 대개의 원주민은 자신을 단순히 '사람' 또는 '대지의 사람' 아니면 '인간'으로 부릅니다. 이런 정체성에 대한 인식은 땅에 대한 애착을 보여주는 동시에, 자연계의 다른 생물과의 구별을 나타냅니다. 원주민의 이런 정체성에 대한 인식은 식민주의 아래서 법적 강제성을 가지는 경멸적인 범주로 변형됩니다. 예를 들면 미국 정부는 하와이 원주민을 50퍼센트 이상 원주민의 피를 받은 자로 정의해 왔습니다. 이 조건에 맞는 자만이 적격자로서 토지와 보상금을 받습니다. 맞지 않는 자는 완전히 내쫓깁니다. 그 결과 하와이 원주민은 인권이라는 틀에서 민족으로서의 정체성을 확인하는 데 무리가 있습니다.

'누가 원주민이고 누가 원주민이 아닌가' 하는 문제의 너머에 장래의 원주민을 정의하고 결정하는 권력의 모습이 어른거립니다. 강요된 자기 정체성의 구조는 원주민을 자신의 토지로부터, 그리고 원주민끼리의 관계로부터 제도적으로 영구히 분리합니다. 다시금 제 민족을 예로 들어 보겠습니다. 피의 농담에 따른 기준을 만들어낸 백인이 바라는 것은 50퍼센트 이상의 피를 지닌 하와이 원주민이 늦건 빠르건 멸족하고 토지와 보상금을 50퍼센트 미만의 사람이 아니라, 주정부와 군 정부에 남기는 것이었습니다.

법률로 민족의 정체성을 규정하는 것은 다른 정체성의 규정과 마찬가지로 심리적인 동시에 정치적인 것입니다. 자기가 누구라고 믿는 것과 식민주의 법제도에 의한 정의와는 다를 때가 많습니다. 이 괴리는 어떤 종의 고통을 불러일으키게 되고, 원주민에 대한 식민주의적인 정의를 파기하지 않는 한, 고통을 없애는 것은 거의 불가능합니다. 괴리에 항의해서 원주민은 정부기관과 끊임없이 싸우고 더러는 원주민끼리 의견을 다투는 일도 있습니다. 우리는 우리의 수를 줄이려는 국가권력에 포위되어 있습니다. 그들은 우리의 인구를 줄이는 것만이 아니라 요구 자체를 봉인하려 들고 있습니다. 혹은 조상 대대로 이어온 민족에 대한 애착을 짓누르려 하고, 전통문화와는 이질적인 방법으로 우리를 정의하려 합니다.

우리가 부족이라면 식민주의 권력은 부족의 힘을 최소화하기 위해 우리를 정의합니다. 부족이라고 간주되지 않는 경우는, 우리의 자기 정의를 역이용하여 '부족이 아니기 때문에 원주민이라고 할 수 없다'고 주장합니다. 혼혈이라면 원주민으로 인정받지 못하는 경우가 많고 토지권도 청구할 수 없습니다. 그러나 혼혈이 아니라면 조상을 특정해야 할 의무가 주어집니다.

따라서 이러한 정의 자체가 우리 정체성을 포섭하도록 기능해왔다고 말할 수 있습니다. 이름을 짓는 것은 많은 원주민에게 모계의 가계를 빼앗긴 채 서양풍의 부계로 옮기는 것을 의미합니다. 하와이 원주민의 경우 영어 세례명을 부계 측에 준하여 붙이도록 법률로 강요되기 때문에 조상 전래의 이름은 이제 사라져버렸습니다. 이런 강제적인 명명법은 우리 원주민의 계보에 의한 명명이라는 관행을 현저하게 약화시켜, 어느 지역에서는 아예 전통적인 이름이 사라지기도 했습니다.

우리가 누구인가 하는 정의는 우리가 누구와 함께 어디에 살고 있는가 하는 것과 밀접하게 얽혀 있습니다. 그래서 원주민의 확대가족은 부모와 아이만으로 구성된 핵가족으로 분산되도록 끊임없이 압력을 받아왔습니다. 핵가족에서 여성은, 어머니의 힘이 일반적으로 그렇듯이 생명을 내려주는 지위에서 가정 내의 하인처럼 추락해 멸시받고 있습니다. 자본주의가 원주민 사회에 침투하자 우리 원주민은 노동시장에 내몰렸습니다. 거기에서는 생산이 가족 밖에서 이루어지기 때문에 가족은 단순한 소비의 단위로 전락합니다. 우리의 기능에 대한 이러한 분리가 원주민을 전통적인 직업으로부터 떼어내는 요인이 됩니다. 전통문화에 근거하는 일이 가치를 잃으면서 원주민은 노동시장으로 흘러들어가지 않을 수 없습니다. 그래서 어디에 살고 있느냐에 따라 여성의 '일'은 가사노동과 매매춘에서부터 점원과 훌라 댄서에 이르기까지 여러 갈래로 나뉩니다. 그와 같은 일은 우리 문화에서는 어떤 의미도, 지위도 가지지 않습니다. 그렇기 때문에 우리가 잃은 것은 전통적인 직업뿐이 아닙니다. 우리 각자의 역할에 부여되었던 높은 가치도 함께 잃은 것입니다.

"포섭 정책이 원주민의 자결이라는 외피를 쓰고 승리의 축가를 부르고 있습니다"

태평양을 '강대국'이 지배한다는 것은 미국, 프랑스, 일본, 뉴질랜드, 오스트레일리아의 대기업이 요구하는 대로 맞추는 형태로 노동시장이 변한다는 것을 의미합니다. 잘 알려진 예를 두 가지만 들어도 제가 말하고자 하는 바를 아시리라 믿습니다.

우선 태평양을 지배하는 미군의 경우입니다. 막대한 토지와 물을 비롯한 기타 자원이 미군의 요구를 만족시키기 위해 쓰이고 있습니다. 마셜제도와 하와이는 그 좋은 예로, 강대국의 이른바 '국익'이 어떻게 토지의 손실과 고용기회의 왜곡을 야기하는지를 단적으로 보여줍니다. 군인, 기지, 훈련장, 공항이라는 애물단지가 존재하기 때문입니다. 광범위하게 미군이 자리를 잡은 결과 군에 필요한 직종은 늘어가는 반면, 농업과 어업 등 전통 부문에서는 고용기회가 제한됩니다. 미군의 주둔은 또한 제2의 경제를 만들어냅니다. 주택과 고급 소비재, 외부인 출입 금지의 레크리에이션 시설이라는 특권을 군 관계자에게 주는 것입니다. 미군의 이러한 토지의 부정 이용은 주민의 육체적, 정신적 건강에 해를 끼치게 됩니다. 최종적으로는 파국적인 피해가 기다립니다. 초강대국의 정치 게임 속에서 '중요한 전략적 기지'가 되는 위험을 떠안게 되는 것입니다.

외부로부터의 침해가 노동의 형태를 변질시키는 것은 미군에 의해 증명되었습니다만, 태평양에 침입한 일본 기업 때문에도 이 지역의 취약한 경제가 외부의 지배에 종속될 우려가 생깁니다. 그들이 관광산업에 투자한 결과를 볼까요? 작은 섬과 거기에 사는 사람은 방문자의 홍수에 떠밀려나갈 지경입니다. 투자가 이루어지면 원주민에게 고용기회가 주어질 거라 말하지만, 사실 그 일이란 것이 관광객 상대의 웨이터나 웨이트리스의 서비스, 객실 청소, 공예품 판매 그리고 생계를 위해 짓는 미소 같은 것입니다.

하와이 원주민 여성이 매력적이고 아주 에로틱하다는 정의는 관광객 상대의 경제가 조작해낸 것입니다. 이런 경제는 우리 문화를 심하게 상품화함으로써 돌아갑니다. 대중을 상대하는 관광산업에 최선을 다하기 위해 원주민 여성은 춤과 언어와 섬, 바꿔 말하면 우리에게 관련된 아름다운 것 모두를 제공하는 주체가 되었습니다. 이것이야말로 문화적 매매춘입니다. 그리고 이런 일이, 확실하지는 않지만 대개의 경우 원주민 자신의 손을 통해 이루어지고 있습니다.

태평양에 사는 우리는 문화에 대한 이와 같은 모욕을 가볍게 받아넘길 수 없습니다. 특히 일본인이 태평양 전체(피지, 바누아투, 타히티, 사모아 그리고 하와이)에 걸쳐 놀라울 정도로 많은 금액을 투자하고 있기 때문입니다. 떼로 몰려드는 관광객으로 인해 섬 문화가 커다란 타격을 받는 모습은 하와이에서 가장 잘 관찰할 수 있습니다. 수십억 달러에 부풀어 오른 하와이의 관광산업은 우리 원주민의 문화를 일그러진 형태로 상품화하고, 인종 간의 계층차를 확대하며, 박봉의 하인을 낳고, 주요 섬 곳곳을 고층의 도시로 바꾸고 있습니다. 수원을 오염시킨 끝에 결국 고갈시키고, 인구의 과밀화를 불러일으키며(홍콩보다 심한 과밀 지역도 있습니다), 관광객 상대의 절도와 폭력 범죄를 증가시키고, 결국 기업의 투자에 대한 의존도를 깊게 만들고 있습니다.

원주민다운 삶을 포섭할 때, 원주민 가운데 공모자가 없다면 그 일은 원활하게 이루어지지 않습니다. 어떤 원주민은 매수되고, 어떤 원주민은 실현 불가능한 요구에 짓밟히며, 어떤 원주민은 탈탈 털린 채 자신의 원래 모습은 껍데기만 남기도 합니다. 저항하는 자에게 곧바로 가해지는 보복은 무시무시합니다. 그 어느 곳보다도 격리된 열도인 하와이에서는 원주민의 저항이 예전처럼 죽음과 투옥으로 이어지는 일은 이젠 없습니다만, 그런 보복으로 인해 만성적인 실업 상태에 처하거나 끊임없는 소송에 시달리거나 공중의 면전에서 웃음거리가 되어 정신이 이상해져버린 사람도 있습니다. 사랑하는 사람을 위해, 가족을 위해, 노인을 위해, 친척을 위해 우리는 임금노동에 종사할 수밖에 없습니다. 그것 말고는 다른 방법이 없다고 여기기 때문입니다.

그런데도 원주민이 사는 곳 어디에서라도 자급자족 체제를 재건하려는 시도가 시작되고 있습니다. 우선 전통적인 자급자족의 생계 활동(예를 들면 농업, 어업, 채집)에서부터 시작하여 원주민 고유의 공예, 춤과 연극 등을 공연하는 움직임으로까지 이어지고 있습니다. 이러한 것은 원주민다운 삶을 포섭하려는 책동에 대한 건강한 저항의 표현이지만, 우리 원주민 모두가 이런 기회를 얻는 것은 아닙니다.

온갖 명칭과 가족의 형태가 서양의 제도에 종속되어버린 것처럼, 토지의 소유 형태와 상속 방식도 이제 모두 포섭되고 말았습니다. 한때 모두 공동으로 사용하던 토지는 곳곳에서 사유화의 위협에 노출되었고, 등기 권리증과 저당 증서와 금융채권 증서 같은 관공서의 서류에 의해 꼼짝달싹 못하게 되었습니다. 미국, 하와이, 뉴질랜드, 오스트레일리아 등 세계 각지에 사는 원주민의 토지와 물에 관한 싸움은 줄곧 재산법 용어를 사용하며 펼쳐지고 있습니다. 토지를 공동으로 이용할지, 사적 재산으로 소유할지를 둘러싼 피할 수 없는 충돌은 결코 끝나지 않을 것입니다. 그 것은 가치관이 정면으로 충돌하는 문화 간의 충돌이기 때문입니다.

우리 원주민에게 토지 탈취는 단순히 건강 상태의 악화, 빈곤한 생활 환경, 도시화 그리고 끊이지 않는 도둑질만을 의미하지 않습니다. 선진 공업국은 폐기물과 잉여 무기의 증대에 직면하자 그것들을 어딘가에 묻어버릴 필요가 생겼습니다. 물론 명시되지 않은 '어딘가'란 바로 우리 원주민의 토지와 바다입니다. 예를 들면 일본은 핵폐기물을 마리아나 해구에 버리려 하고, 서구 여러 나라는 태평양의 존슨 섬에서 화학물질을 소각하려 하며, 프랑스는 타히티에서 핵무기 실험을 한 뒤에 방사능으로 오염된 해수는 태평양을 환류하지 않는다고 변명합니다. 여기 사미인의 땅에서도 북극권에 핵폐기물을 매립하려는 계획이 있다고 들었

주권: 하와이의 맥락

습니다. 노동력이 착취되는 것과 같이 우리 원주민의 토지도 착취되고 있습니다. 우리는 제1세계의 요구에 맞춰져 있습니다.

그리고 이것이 나를 정치적인 포섭에 관심을 갖도록 이끌었습니다. 우리 지도자는 식민지 정부, 교활한 인류학자, 탐욕스러운 금융업자 그리고 다양한 약탈자의 압력에 엄청나게 취약한 존재입니다. 바꿔 말하면 포섭의 정치는 기만적이고, 곧바로 눈에 띄지 않습니다. 예를 들면 식민지제도 아래서 교육을 받고 식민지풍의 것을 동경하는 원주민은 자신의 민족을 돕기 위해 돌아서기로 결심하기가 쉽지 않습니다. 그렇다고 해서 식민주의 권력과 제도를 잘 아는 변호사나 과학자, 기타 전문가가 불필요하다는 말은 아닙니다.

그러나 밖의 세계에 관해서 배우고 이해하는 데는 개인적인 성공이나 돈 이외의 다른 목표가 있다는 것을 원주민으로서 우리는 젊은 세대에게 전할 필요가 있습니다. 우리 목표는 우리 민족을 돕는 것입니다. 원주민 일부가 동포로부터 한번 떨어져나가면 곧바로 포섭 작업이 빈번히 일어납니다. 그런 이유로 식민주의자는 우리 아이들을 수중에 넣고 가족을 도시에 가두고 세대 간의 단절을 꾀합니다. 실제 원주민에 관한 미국의 정책을 보노라면 어떻게 우리 원주민을 없애버릴까, 혹은 어떻게 원주민을 포섭할까 사이에서 혼란을 겪는 것이 보입니다. 박멸 정책에 실패하자 자연스럽게 회유 정책으로 갈아탄 것입니다.

최근 미국은 우리 원주민과의 충돌을 피해서 가짜 원주민 정부를 수립하고 있습니다. 부족의회로 불리는 경우도 있습니다만, 하와이에서는 하와이원주민사무국이 그것에 해당합니다. 브라질, 뉴질랜드, 캐나다 등의 정부도 같은 움직임을 보이고 있습니다. 이러한 가짜 기관이 일단 만들어지면 천연자원, 군사화, 폐기물 매립 등의 많은 안건이 눈 깜짝할 사이에 합의되어 계약이 마무리됩니다. 포섭 정책이 원주민의 자결이라는 외피를 쓰고 승리의 축가를 부르고 있습니다.

**"저항하고 살아남기 위해 새로운 길을 모색합니다.
여성의 조직과 함께"**

하와이에서는 원주민에 대한 포섭 정책의 효과가 눈에 아주 잘 드러납니다. 우리 주지사는 원주민계입니다만, 백인처럼 행동합니다. 주 의회에도 연방정부에도 원주민계 의원이 있지만 자본주의적 기업가처럼 생각하고 말하고 행동하면서 우리의 천연자원과 인적 자원을 싼값에 팔아넘기곤 합니다. 그리고 내가 가르치는 원주민계 대학생도 많은 이들이 하와이 각지에서 관광객을 상대로 우리 문화를 파는 데 몰두합니다.

이러한 원주민은 모두 정도의 차는 있지만 자신의 행동이 '동포에게 도움이 된다'고 생각합니다. 개인의 성취가 곧 자결의 증거라는 어리석은 생각이 버젓이 횡행합니다. 조금 전에도 언급했습니다만, 민족 집단으로서의 정체성 붕괴로 인해 개인주의적 정체성이 점점 더 강해지고 있습니다. 개인주의적 사고방식은 대중문화와 시장의 구조, 일상생활의 관료화에 의해 길러지는 것입니다. 그 결과 개인의 업적은 우리 운동의 신기루가 되었고, 원주민에게 허위와 겉치레의 길로 오라고 손짓하게 되었습니다.

하와이 원주민에게 그리고 아마 다른 많은 원주민에게 신식민주의는 원주민을 포섭하는 이데올로기일 것입니다. 토지를 빼앗고 원주민으로서의 정체성과 집단성을 분열시키고 심리적 쇠약 상태로 몰 뿐 아니라, 이 포섭 정책은 원주민 배신자에 의해 이용되어 우리처럼 원주민을 조직하려는 자에 대한 준비된 답변의 구실이 되었습니다. 특히 젊은 세대는 이런 포섭의 유혹에 취약합니다.

그래서 여기에 있는 우리 모두는 결의를 더욱 강화하고, 교섭의 전략과 외교 방법에 대해 서로 배우고, 새로운 선택지를 만들어내야 합니다. 이 가운데 세 번째가 가장 실현하기 어려운 과제입니다. 그러나 그러기 위해 우리는 여기에 모였습니다. 그저 단순히 머리를 맞대고 의견을 나누고 서로 위로하는 것만이 아닌, 원주민으로서 저항하고 살아남기 위한 새로운 길을 모색하기 위해서 말입니다. 그중에서도 특히 세계 각지의 여성과 그 가족의 요구에 초점을 맞추는 여성의 조직을 세우기 위해 우리는 모였습니다. 그런 조직이 정치적 힘을 기르고 우리 원주민의 대들보 같은 존재가 되기를 기대합니다.

그리고 이것을 달성하기 위한 놀라운 재능이 우리 여성에겐 선천적으로 있습니다. 제 고향인 하와이에서는 여성이 원주민운동을 이끕니다. 카 라후이의 수장인 제 여동생 밀릴라니도 그중 한 사람입니다. 남성도 있긴 합니다만, 완고한 여성 지도자의 그늘에서는 눈에 잘 띄지 않는 존재입니다. 정치적으로 동화된 나머지 체제 편에 선 하와이 원주민과 끊임없이 각을 세우는 것은 여성입니다.

실제 태평양 지역 곳곳에서 원주민 여성의 강한 지도력은 이제 당연한 것이 되었습니다. 예를 들면 팔라우의 여성은 항의를 하러 미국 의회에까지 가서, 레이건의 정책이 경제와 정치를 혼란시키고 작은 국가를 폭력의 소용돌이 안에 가라앉혀버렸다고 비판했습니다. '아오테아로아'와 '테 와이 포우나무(하얗고 긴 구름과 비취의 나라)', 즉 뉴질랜드에서는 여성 지도자가 원주민의 언어와 토지와 문화에 관한 권리를 요구하며 일어섰습니다. 괌에서는 원주민인 차모르 여성이 단결하여 미국 정부로부터 자치권을 획득하려 하고 있습니다. 서파푸아와 동티모르에서는 인도네시아에 의한 학살로 수천 명의 난민이 생긴 결과, 새로운 젊은이들이 지도력을 갖게 되었습니다. 카나키(누벨칼레도니)에서는 카나키해방전선이 프랑스 군대와 맞서고 있습니다. 타히티에서는 폴리네시아해방전선이 독립을 목표로 분투하고 있습니다. 또한 말할 것도 없이 '핵 없고 독립된 태평양을 위한 범태평양운동'에는 태평양 지역 곳곳에서 원주민 여성이 모여들고 있습니다. 그리고 바누아투의 월터 리니와 아오테아로아의 힐다 하라위라 등이 지도적인 역할을 해왔습니다.

이야기를 마무리하면서, 제 마음속에 담아두었던 몇 가지를 말씀드리고자 합니다. 우리는 분석의 범주에 우리 모두의 문제를 포괄해야 합니다. 토지 등의 자원 문제, 가족 문제, 군사기지화와 핵 확산의 움직임 그리고 물론 자치정부 수립에 관한 결의를 정리하기 위해 우리는 함께 협력하며 일해야 합니다. 하와이 원주민이 좋아하는 말을 하나 소개할까 합니다. 위대한 족장 가운데 한 인물이 그 자신의 생애에서 가장 어려운 싸움에 임할 때 한 말입니다.

젊은 형제들이여, 전진하라
쓰라린 물을 마셔라
승리의 화환을 받을 때까지

섬과 원주민
그리고
이른바 문명의 배반

나는 저 어둔 강으로

끝없이 추락한다.

술에 취한 채 세례를 베푸는

혀로 가득한 강에 삼켜진다.

외국 깃발과 양피지를

흔들어대며 욕심 많은 은행가를

정복한 땅으로

불러대는 새 성직자

돈 때문에, 타락한 선박 때문에

성지는 사라지고

오염된 바다를 타고

들어와 퍼지는 질병

푸르스름한 빛에

내 얼굴과

질리도록 새하얀 별을

가로지르는 채워지고

못질된 관

의지할 데 없는 바람 소리,

살해된 목소리

그 안에서 내 비명 소리만 들리는구나

— 팍스아메리카나: 하와이 1948년, 하우나니-카이 트라스크

2006년 9월, 나는 하와이 7번 부두에 정박한 한국해양과학기술원KI-
OST의 과학탐사선 온누리호에 여장을 풀고 하와이 시내를 어슬렁거리
고 있었다. 비숍 박물관의 유물을 찍고 폴리네시아센터를 방문하는 식
이었다. 그때 서점에서 하우나니-카이 트라스크를 '발견'했다. 매우 놀
랐다. 태평양 지역에 관한 박물지적·안내기적 책자는 더러 있지만, 원주
민의 관점에서 '타자' 아닌 '주체'적 목소리를 내는 책은 드물기 때문이
다. 이듬해 펴낸 졸저에서 트라스크를 짧게나마 소개할 기회를 가졌다.[1]

그 뒤로 그의 책을 한국에 번역, 소개하자고 제주의 벗들에게 권했다.
왜냐하면 제주도의 처지가 하와이와 너무도 흡사했기 때문이다. 그러나
일은 쉽게 풀리지 않았고, 잠시 잊고 있던 터에 유능한 출판사를 만나서
한국어본이 나오게 되었다. 관광 위주로 사고하는 하와이의 숨은 역사
와 문화적 진실이 뒤늦게나마 한국 사회에 소개되는 본격적인 작업이
아닐까 한다.

1

하와이 역사는 대항해시대 훨씬 이전 폴리네시아인의 대항해에서부터 시작되었다. 폴리네시아인은 바람을 타고서, 침묵의 바다인 적도의 무풍대를 거치면서, 거친 바다와 폭풍우를 용감하게 헤쳐 나가며 새로운 섬에 계속 의문을 가졌다. 폴리네시아인의 대항해는 인류 문명사에서 가장 위대한 분산과 전파의 하나였다. 그 뒤로 이어진 역사는 그 자체로 위대한 서사시였으니 하와이는 머나먼 섬의 극심한 고립 속에서 벗어나, 인종을 떠나 모두가 평등한 삶을 꿈꾸는 모든이의 고향으로 거듭나게 되었다.

하와이에 닿은 폴리네시아인은 대단히 실용적인 이들이었던 것 같다. 그들은 바다와 땅을 두루 이용했다. 수동적이지 않았으며 주어진 에코 시스템을 상호 이용할 줄 알았다. 1200년경까지는 바람이 부는 해안에 영구적인 정착지를 마련한다. 뱃길 운항에는 바람이 절대적이었기에 바람이 부는 해안이 중요했다. 1400년경에 이르면 해안은 거대한 타로 농경지와 감자밭으로 변한다. 언어, 예술, 수공업 등의 다양한 문화가 발전했다. 인구는 거의 40만 명에 이르렀고 사회 자체가 복잡하게 진화한다. 물론 언제나 평화로운 상태로만 존재한 것은 아니다. 작은 규모의 부족이 여러 곳에서 번성했으며 주도권을 잡기 위한 무자비한 전쟁도 잇따랐다.

그런데 하와이 원주민만이 모여 살던 섬에 가장 극적인 외래인의 첫 방문이 있었다. 그의 이름은 제임스 쿡. 쿡은 1778년 1월 오아후에 당도하여 원주민의 따스한 환대를 받았으며, 하와이를 샌드위치 섬으로 명명한다. 그러나 1779년 2월 14일, 쿡 선장은 하와이 원주민과 다툼을 벌인 끝에 현지에서 죽임을 당한다.[2]

하와이 원주민이 서구인을 처음 만났을 때 총은 놀라운 물건이었다. 비록 그전에는 유럽인을 몰랐지만 이제 그들은 '쇠'를 알았다. 그들은 쇠를 요청했고, 선물로 받아들였다. 그러나 서구 문명이 신세계에 안겨준 최대 '선물'은 전염병이었다. 그 어떤 질병보다 더한 질병이 퍼지기 시작했다. 자본주의의 개념조차 몰랐던 원주민 사회에 자본이란 이름의 질병이 퍼진 것이다. 돈이 최고의 가치를 발휘한다는 사실을 알았을 때 돈이 없는 원주민 사회는 절망했다. 땅 소유는 생각지도 못했던 이들에게 땅을 사고판다는 개념은 받아들여지기 어려웠다. 자신들의 땅 대부분을 외래인에게 빼앗기고 난 다음, 땅에서 추방된 원주민은 또 한 번 절망했다.

태평양의 모든 고래를 멸종 위기로 몰아간 '포경시대'가 하와이를 휩쓸었다. 포경시대를 마감하면서 '설탕시대'가 열렸다. 인류학자 시드니 민츠Sydney Mintz의 표현대로 설탕은 권력과 깊숙이 연계되었다.[3] 하와이에서 설탕농장이 시작되기 직전 원주민을 땅에서 쫓아내는 일이 벌어졌으니, 이는 양털로 옷감을 짜기 위해 목장을 만들면서 농민을 땅에서 쫓아낸 인클로저 운동에 비견된다. 자본을 가진 미국인은 하와이에서 사탕수수농장을 시작했으며, 이제 남은 문제는 노동력 공급뿐이었다.

자본가는 하와이를 거점으로 한 아시아 노동자에게 주목했다. 사탕수수를 재배하기 위해 중국, 일본, 필리핀, 한국 그리고 포르투갈, 스칸디나비아, 독일, 그리스, 이탈리아 등지에서 노동자가 수입된다. 수는 적지만 다른 이민자, 가령 미국의 흑인, 인디언, 피지인, 라오스인, 파키스

탄인, 타히티인 그리고 인도네시아인도 들어온다.

이 모든 일은 미국이 주도했다. 미국의 해양제국 건설은 서부개척시대보다 빨랐다. 카리브 해 연안에서 시작되었고 동시다발적으로 필리핀과 괌으로 확장되었다. 서부 개척의 최대치가 하와이까지 뻗어 나갔다면, 태평양을 가로지르는 도약은 '미국령' 괌에서 성취되었다. 전선은 괌을 넘어 오키나와 그리고 한반도까지 미친다.

미국인은 하와이 군도에서 파인애플과 사탕수수를 재배하기 시작한다. 1893년 왕에게 충성하는 하와이 정부가 외국의 영향력을 종식하려는 의향을 발표하자, 미국의 실업인은 새로운 정부를 수립한다. 이 새로운 정부는 하와이를 미국에 합방하도록 미국에 요청한다. 미국의 식민지 건설에서 가장 중요한 방식은 전복이었다.[4]

미국령으로 병합된 하와이는 미국의 태평양제국 건설에 전초기지가 된다. 미 해군과 공군기지가 하와이 제도에 들어서게 되고 와이키키는 군인을 위한 휴양소로 발돋움한다. 하와이가 더 급격히 변해간 것은 제2차 세계대전 이후였다. 중부 태평양의 전략상 미 해군과 공군이 주둔하는 이곳은 일반인이 알고 있는 관광지 이전에 군사기지다. 진주만에 가본 사람은 누구나 알게 되지만, 군사통제구역이 길을 가로막고 있으며 섬 자체가 요새다. 진주만은 하와이 관광, 즉 '군사관광 1번지'다.

2

하와이의 중심인 호놀룰루의 상징은 군인·관광·매매춘·상품 그리고 전통일 것이다. 호놀룰루의 그야말로 파라다이스 같던 목가적 풍경은 와이키키 개발 등으로 본격적으로 변질되기 시작한다. 미국 서부 캘리포니아에 할리우드와 최고의 도박 도시 라스베이거스가 건설되었다면, 서부에서 태평양으로 행진한 끝에 하와이에 와이키키가 건설되었다. 군사기지로 변하면서 해군이 몰려들고 기지촌 분위기를 풍기기 시작한다.

20세기 초반부터 와이키키는 관광객을 끌어들이는 환락가로 둔갑한다. 할리우드 스타라면 으레 와이키키에서 한 번쯤 염문을 퍼뜨리거나 파도 앞에서 수영복 차림으로 사진을 찍게 된다. 와이키키의 변형이 괌이며, 괌의 또 다른 변형이 제주도 중문단지라고 한다면 정확할 것이다. 원주민과 분리된, 원주민의 삶과 전혀 무관한 관광단지가 조성되어 무참한 역사를 이끌어온 셈이다.

마시고 놀다 보면 여자가 생각나고, 그다음에 마지막 남은 일은 쇼핑뿐이다. 하와이는 제2차 세계대전 이후 특히나 쇼핑의 본고장이 된다. 오늘날 소비 열광을 찬양하기 위해 세워진 아메리카의 새로운 사원인 쇼핑몰에는 밤낮으로 수많은 신자가 몰려든다. 쇼핑센터의 열기는 로고와 스타, 노래, 우상, 마크, 상표, 휘장, 포스터, 축제 행사를 통해 사람들의 생활양식을 똑같게 만든다. 자본의 힘이다.

미국에 의해 만들어진 상징만 있는 것이 아니다. 흔적이나마 전통은 남아 있다. 무대 위에서는 훌라 춤이 선보이고, 폴리네시아센터에서는 가짜 민속을 판다. 와이키키 호텔 관람석을 꽉 채운 폴리네시안 마술쇼를 보면 사태는 좀 더 정직해진다. 원주민의 토착적 삶은 이제 마술로 변질되었으며, 쇼 오락 프로그램으로 변형되어 관객을 받아들인다. 그리고 타락한 훌라 춤꾼을 연상시키는 반라의 여성이 조개껍데기 목걸

이를 치렁치렁 늘어뜨리고 폴리네시아의 '가장 오리지널!Most Original!' 이라는 선전 팸플릿의 슬로건대로 몸을 흔든다. 하와이 원주민의 언어와 정치 제도, 문화와 종교 전통을 포괄적으로 응축한 홀라 춤을 추는 무용수는 원래 손과 팔의 움직임에 기본적으로 의지하면서 텍스트를 전달하는 이야기꾼이었다. 그러나 미국 정부와 경찰, 선교사는 끊임없이 홀라 춤을 강제했으며 어떤 모임에서도 홀라 춤 공연을 금했다. 홀라는 공식석상에서 금지되다가 마침내 변질되어 이젠 '관광 춤'으로 존재할 뿐이다.

3

시인이자 원주민저항운동가이며 여권운동가인 하우나니-카이 트라스크의 목소리는 이 같은 환경에서 나왔다.[5] '카 라후이 하와이이', 즉 자치정부를 위한 하와이원주민운동의 회원인 그녀는 위스콘신-매디슨 대학에서 정치학 박사학위를 받았다. 원주민의 자결권을 요구하는 많은 책과 글을 썼으며 시집도 발간했다. 하와이 왕국 전복에 관한 다큐멘터리를 감독하고 대본도 직접 썼다. 하와이 대학에서 하와이 원주민 학생에게 자신들의 문화를 가르치며, 하와이 왕국 전복의 부당성과 반역사성, 원주민의 처지와 자결권 요구, 백인의 인종주의와 차별 등을 주제로 집회, 강연, 수업 등을 했다. '원주민 딸'의 목소리에서 진정한 딸과 아들의 이야기를 들을 수 있을 것이다.[6]

거의 한 세기를 넘어서는 원주민의 강력한 발언은 하와이 원주민이 핫도그를 먹고 CNN을 보는 같은 미국인이라고 믿어온 대부분의 미국인을 경악시킨다. 하지만 그 대부분의 미국인은 기회만 주어진다면 제국의 행로를 따라 기꺼이 이 '파라다이스'로 여행을 와서 감미롭고 따뜻한 햇볕이 내려쬐는 야자수 아래 머물며 훌라 걸을 취하려고 할 것이다. 하지만 그녀는 외친다. 하와이 원주민의 목소리는 죽지 않았다고!

그녀는 매우 부드럽게, 그러나 때로는 단호하면서도 격정적으로 원주민의 이야기를 풀어낸다. 이런 '단도직입적'인 목소리를 듣는 것은 쉬운 일이 아니다. 하와이는 엄연히 국내법적으로 또한 국제법적으로도 미국령이며 미국의 51번째 주정부이기 때문이다. 그러나 원주민 지도자는 '하와이는 제국주의 미국의 식민지'라고 선언한다.

하와이 주정부는 수백만 달러를 관광산업에 퍼부으며, 하와이관광청은 그네들의 텔레비전과 라디오 프로파간다처럼 '그대가 관광객에게 더 많이 준다면, 더 많은 것을 그대가 갖게 될 것'이라고 부추긴다. 그러나 정작 하와이 원주민이 얻는 것은 어떤 지역에서는 홍콩과 같은 높은 인구밀도이며, 미국 본토와 아시아로부터 밀어닥치는 이민자 탓에 늘 부족한 주택난, 흥청거리는 관광객 탓에 지방민을 가난케 하여 점증하는 높은 범죄율 그리고 모두를 파국으로 몰아넣게 될 물 부족으로 상징되는 생태적 위기 등이다.

35쪽의 시위대 사진을 보자. '하와이 원주민 자치국가'라고 쓰인 플래카드를 내세운 시위대의 모습이다. 원주민과 일부 백인이 행렬에 섞여 있다. 하와이 왕조 정부 전복 100주년을 맞이하여 호놀룰루 시내에서 이올라니 궁까지 행진을 했다. 원주민의 토지와 권리 그리고 자치권을 요구하는 이 운동은 1970년대 이후 계속되어왔으며, 하와이 전체에 대한 새로운 시대를 요구하는 중이다. 이 사진에서 휠체어에 앉아 있는 사람 바로 오른쪽에 서 있는 여자가 하우나니-카이 트라스크다. 그녀는 1993년 1월 17일에 열린 집회에서 이올라니 궁 앞에 모인 1만 5000여 명의 군중을 향해 격정적으로 연설했다.

원주민자치권을 요구하는 트라스크의 역동적인 모습이야말로 하와이 문화 연구의 새로운 맥락, 아니 가장 진실한 영역에 속하는 것일지도 모른다. 서구 중심의 민족지 작성에서는 원주민의 역동성과 저항성, 주체성과 객관성은 무시되고 가능한 한 유별남과 특이함, 괴기스러움과 별남, 나태함과 패배의식 등만 강조된다는 사실을 주목하게 된다.

4

트라스크의 책을 읽으면서 시애틀 추장을 연상한 것은 당연한 일이다. "어떻게 인간이 공기를 팔 수 있을까?"[7] 시애틀 추장은 아주 준엄하게 되물었다.[8] 트라스크의 연설문은 시애틀이 '문명 세계에 보낸 편지'와 너무도 흡사하다.

> 우리 조상의 태곳적 무덤이었던 대지에 풀밭과 쇼핑몰이 자동차 주차장과 더불어 세워졌습니다. 그 땅은 대부분 타로가 재배되던 땅이며, 우리 수백만 명을 수천 년간 먹여살려온 곳입니다. 그러나 모든 땅은 백인의 손으로 넘어갔으며 백인은 그 땅 위에 주차장과 빌딩, 골프장과 백화점, 호텔과 술집, 비행장과 해군기지를 지었습니다. 아주 오래전부터 견고하게 세워진 고기잡

이 연못이 즐비한 커다란 만灣은 지금은 조각조각이 나서 분절된 채로 제트 스키와 윈드서프, 요트 등으로 그득 찼습니다. 연간 600만 명에 이르는 관광 객을 담아내는 초고층 호텔이 태양이 빛나는 아름다운(쉽게 말해 오염된) 해 안에 속속 건설되고 있습니다. 중요한 섬인 하와이와 마우이, 오하우, 카우 이에서는 군사비행장과 훈련 캠프, 무기 저장고, 게다가 특권적인 집과 해안 이 하와이 원주민의 본디 소유지에 들어섰습니다. 그 외국, 즉 식민지 나라 를 이름 하여 아메리카합중국이라고 합니다.

– 하우나니-카이 트라스크

만약 트라스크의 메시지를 오늘의 제주도에 빗대서, 조금 작위적인 면이 있기는 하지만, 그대로 번안한다면 어떤 내용이 될까? 물론 하와 이와 제주도의 역사적 조건과 현실 조건이 동일하지는 않다. 그러나 아 주 많은 면에서 공통점을 발견하게 된다. 어쩌면 하와이의 과거는 제주 의 미래일 수 있다. 이것이 이 책을 한국 독자에게 권하게 된 직접적인 이유이기도 하다.

우리 조상의 태곳적 터전이던 대지에 골프장과 테마파크가 들어섰습니다. 그 땅은 대부분 메밀이 재배되던 땅이며, 말이 뛰놀고 노루가 넘나들던 곶자 왈의 땅입니다. 그 많은 땅이 외지인의 손으로 넘어갔으며 속속 중국인에게 도 넘어가는 중입니다. 외지인은 그 땅 위에 주차장과 빌딩, 골프장과 대형 마트, 호텔과 술집과 카페, 비행장과 해군기지를 지었습니다. 오래전부터 돌 담으로 세워진 원담과 포구의 만은 지금은 무너지거나 콘크리트 벽으로 바 뀌는 중입니다. 연간 1000만 명이 넘는 관광객을 담아내는 호텔과 펜션, 타운하우스 단지가 속속 건설되고 있습니다. 알뜨르비행장은 언젠가 군사비행장과 훈련 캠프로 쓰일 것이고, 강정에는 해군기지가 들어섰습니다. 그 '식민지 나라'를 이름 하여 '제주특별자치도'라고 합니다.

– 트라스크의 메시지를 한국식으로 번안

하우나니-카이 트라스크는 한국어본 《시대의 양심 20인》[9]에 에드워드 사이드, 놈 촘스키 등과 더불어 소개되었다. 그러나 한국의 지적 풍토는 편중과 편향이 심하여 이제야 비로소 그녀의 책과 이름이 본격적으로 소개되기에 이르렀다. 한국, 특히 제주도와 비교하며 일독을 권한다. "알로하 누이!" 이 책이 나오기까지 애쓴 모두에게 고마운 인사를 전한다.

주강현(제주대학교 석좌교수)

머리말 · 하와이 역사

1   후이 알로하 아이나의 발언은 〈Reports of the Commissioner to the Hawaiian Islands〉(53차 의회 2회기, 1893, 일명 블라운트 보고서) 929쪽에서, 카모킬라 캠벨의 발언은 〈하와이 주 승격 청문회〉(79차 의회 2회기, 1946) 증언에서, 세 번째 발언은 〈Hawaii Free People's Press 1〉(1971)에 실린 케하우 리와의 인터뷰에서, 네 번째 발언은 〈Senate Select Committee on Indian Affairs〉(1990년 여름)의 증언에서 인용했다.

2   하올레(haole)는 하와이 말로 '백인 이방인'을 뜻한다. 하올레 이전은 1778년 백인 이방인 세계와 접촉하기 이전 시대를 말한다.

3   Marion Kelly, *Majestic Ka'U*, Bishop Museum Press, 1980, p.vii.

4   하와이 원주민과 서구 세계와의 광범위한 접촉으로 인해 발생한 재앙에 가까운 인구 감소에 대해서는 스태너드의 책을 보라. David Stannard, *Before the Horror* : *The Population of Hawaii on the Eve of Western Contact*, Social Science Research Institute, University of Hawaii, 1989.

5   David Stannard, "Disease and Infertility: A New Look at the Demographic Collapse of native populations in the Wake of Western Contract," *Journal of American Studies* 24, 1990, pp.325~350.

6   하와이 원주민의 관점에서 마헬레를 설명한 선구적인 연구가 있다. Lilikala Kame'eleihiwa, *Native Land and Foreign Desires*, Bishop Museum Press, 1992.

7   농산물 유출로 인한 원주민 수탈에 대해서는 다음의 분석을 보라. Noel Kent, *Hawaii*: *Islands Under the Influence*, Monthly Review Press, 1983, pp.20~58.

8   Neil Levy, "Native Hawaiian Land Rights," *California Law Review* 63, 1975 July, p.857.

9   다음의 책을 보면 당시의 역사적 상황을 알 수 있다. Ralph Kuykendall, *The Hawaiian Kingdom 1854~1874*, University of Hawaii Press, 1966; Merze Tate, *Hawaii: Reciprocity of Annexation*, Michigan State University Press, 1968.

10   James H. Blount to Mr. Gresham, report/letter, 1893. 7. 17., *The Executive Documents of the House of Representatives for the Third Session of the Fifty-third Congress. 1894~1895.* 35권, Government Printing Office, 1895, p.579.

11   릴리우오칼라니 여왕이 샌퍼드 B. 돌에게 쓴 편지. James H. Blount to Mr. Gresham, report/letter, 1893. 7. 17., *The Executive Documents of the House of Representatives for the Third Session of the Fifty-third Congress*, p.586에서 인용.

12   대통령의 메시지와 릴리우오칼라니의 진술은 〈블라운트 보고서〉 445~461쪽에 실려 있다.

13   국제적 인권의 맥락에서 살핀 원주민의 인권에 대해서는 다음의 논의를 보라. *Without Prejudice: The EAFORD International Review of Radical Discrimination* 2:2, 1989.

14   미군이 원주민의 신탁 토지를 불법으로 점유하고 사용한 일에 대한 상세한 보고서가 있다. *Report of the Federal-State Task Force on the Hawaiian Homes Commission Act*, Department of the Interior, 1983.

15   하와이어 사용 금지에 대해서는 다음의 논의를 보라. Larry Kimura, "Native Hawaiian Culture," *Native Hawaiian Study Commission Report*, Department of the Interior, 1983, 1권, pp.173~197.

16   매년 하와이를 찾는 관광객의 유형과 지출에 대한 통계적 설명은 하와이 은행의 금융 보고서인 *Hawaii, 1990: Annual Economic Report*, 12쪽을 보면 된다. 이 보고서는 하와이를 찾는 관광객의 흐름을 도표로 보여준다. 미국에서 오는 연간 관광객은 430만 명이고 그 밖의 외국에서 오는 관광객은 240만 명 정도다. 그 가운데 일본 관광객은 130만 명인데, 그들이 하와이에 머물며 쓰는 돈은 미국 관광객에 비해 4.5배나 많다. 바로 이런 이유로 주요 리조트의 안내판에 영어와 일본어가 나란히 적혀 있으며, 하와이 관광 선전이 일본 관광객을 맞이하는 데 초점이 맞춰져 있는 것이다.

1   Frantz Fanon, *The Wretched of the Earth*, Grove Press, 1968, p.210; 프란츠 파농,
남경태 옮김,《대지의 저주받은 사람들》, 그린비, 2010, p.239.

2   Gavan Daws, *Shoal of Time: A History of the Hawaiian Islands*, University
of Hawaii Press, 1968; Hiram Bingham, *A Residence of Twenty-one Years in the
Sandwich Isles*, Huntington 1848; Sheldon Dibble, *A History of Sandwich Isles*,
Thrum Publishing, 1909; Ralph Kuykendall, *The Hawaiian Kingdom 1778-1854:
Foundation and Transformation*, University of Hawaii Press, 1978, 최초 출판 1938;
Andrew Lind, *An Island Community: Ecological Succession in Hawaii*, University of
Chicago Press, 1938; H. David Tuggle, "Hawaii," *The Prehistory of Polynesia*, Harvard
University Press, 1979; Abraham Fornader, *An Account of the Polynesian Race, Its
Origin, and Migrations and the Ancient History of the Hawaiian People to the Times
of Kamehameha*, Charles E. Tuttle, 1969, 최초 출판 1878~1889.

3   Samuel H. Elbert and Noelani Mahoe, *Na Mele o Hawaii Nei: 101 Hawaiian
Songs*, University of Hawaii Press, 1970, pp.62~64.

4   하버드 대학의 컬처 서바이벌(Cultural Survival, Inc)과 덴마크의 원주민에 관한 국제
실무 그룹(International Work Group on Indigenous Affairs)은 모두 비원주민 단체지만,
전 세계의 원주민을 지원하는 활동과 관련이 있다. 이 두 단체는 모두 인류학자가 주도해
발족됐다. 원주민의 생존을 위한 투쟁을 지원하는 동시에 원주민의 어려운 처지를
국제사회에 계속 알리고 있다. 원주민의 생명과 문화를 파괴하는 데 인류학자가 한몫을
했다는 인식이 설립의 계기가 됐다.
원주민의 착취라는 관점에서 인류학자 등의 학자를 비판한 에드워드 사이드의 다음 글을
보라. Edward W. Said, "Representing the Colonized: Anthropology's Interlocutors,"
Critical Inquiry 15, Winter 1989, pp.205~225. 사이드는 이렇게 결론을 내린다. "아마도
우리에게 친숙한 인류학은 제국주의 편에서만 지속할 수 있고, 거기서 인류학은 지배와
헤게모니의 동반자로 남는다." 고고학의 유형화를 도모하려는 논문으로는 브루스 트리거의
다음 글을 보라. Bruce G. Trigger, "Alternative Archaeologies: Nationalist, Imperialist,"
Man, N. S. 19, pp.335~370. 이 뛰어난 논문에서 트리거는 미국인에 의해 이루어진 현재
형태의 고고학(당연히 하와이 고고학도 포함된다)은 이른바 미국형 신고고학(제2차 세계대전
이후 미국제국주의의 부산물)의 일부분이라고 역사적으로 규정한다. 트리거는 '신고고학은
미국의 경제적 활동과 정치적 영향력이 갖는 장애 요인을 부정하고, 여러 민족의 전통을 모두
하잘것없는 것이라고 단정'한다. 이 오만한 자세야말로 용역고고학(contract archaeology)이
하와이에서 계속 취해온 태도다. 그러니 매장지 발굴과 건설 용지 개발에 원주민이
조금이라도 반대하면 과학에 대한 장애물로 간주하는 것이다. 게다가 하와이 원주민이

남긴 것, 특히 원주민의 문화적 가치에 관해서는 원주민에게 결정권을 주어야만 한다는 의견에 대해서 '비현실적이고 낭만적'이라고 일축했다. 그러나 사실 이 의견은 '자본주의 사회의 냉혹한 현실에 민족의 전통을 종속시키는 것이 당연하다'는 제국주의적 사고방식에 대한 도전인 것이다. 하와이 원주민의 저항은 또 하나의 다른 전통을 주장한다고 보는 것이 가능하다. 즉 결코 미국적인 것이 아닌, 과거가 직접 현재에 연결되고 그 현재란 학문상의 것도 아니고 인공적인 것도 아닌, 살아 있는 현실이라는 것이다.

5   하와이 고고학회는 원주민과는 아무런 연고가 없는 단체다. 하올레 고고학자가 회원의 대부분을 차지하는 직업적 조직에 가깝다는 점, 민간과 주정부의 지원금을 지속적으로 얻어 하와이 고고학을 연구한다는 점에서 이 학회가 그들의 이데올로기를 반영한다고 볼 수 있다. 하와이 원주민의 유물에 대해서 누가 '전문가'인지, 원주민의 과거에 대해 주장할 권리는 누가 가지고 있는지, 고고학자가 원주민의 유물을 파괴하는 데 관여해온 것은 아닌지 등의 질문이 이 학회에 의해 체계적으로 묵살되어왔다. 학자의 연구에 항의하는 원주민의 목소리도 마찬가지로 계속 무시되어왔다. 대체로 원주민 활동가와 고고학자 사이에는 의견 불일치와 불신감밖에는 존재하지 않는다. 원주민의 처지에서 보자면 이 관계는 건강하다. 우리가 반대하지 않으면 조상의 목소리는 짓눌려버리고 후손과의 연결고리도 잃어버리게 되기 때문이다.

6   마우이 섬 호노카후아의 거대 묘지 유적을 둘러싼 논쟁(교회 소유의 토지에 일본 기업의 호텔이 건설된 경우로, 약 1000점에 이르는 고대 원주민의 유골이 파헤쳐졌을 가능성이 제기됐다)이 일어나 하와이 원주민에 대한 고고학자의 견해가 명백해졌다. 예를 들면 매장물 발굴을 맡은 고고학자와 관련된 기업체(로젠달)의 회장이 원주민을 무시하는 발언을 했다. 항의하는 원주민의 동기가 불순하다고 말한 것뿐 아니라, 지성이 결여되었다거나 정서가 불안정하다고 말한 것이다. 게다가 이 논쟁에 호놀룰루의 일간지들까지 가세했다. 고고학자는 단지 그들의 일을 하는 것뿐이기 때문에 발굴에 반대하는 원주민이 감정적이었다고밖에 말할 수 없다고 여러 신문은 조목조목 써댔다. 내가 아는 한 저항운동의 편을 드는 고고학자는 한 사람도 없었다. 실제 하와이 고고학회 회장 테리 헌트 교수는 골해부학 연구를 위해 호노카후아 유적 조사가 필요하다는 편지를 주지사에게 보내기까지 했다. 학회의 이러한 태도로 인해 이 문제가 주 전체에 퍼져 나갔고, 수천 명의 하와이 원주민이 열도 곳곳에서 항의 행동을 펼쳤다. 우리의 저항운동이 거세지든 말든, 고고학자는 '원주민 유적의 운명은 과학의 입장에서 결정되어야만 한다'는 신념을 그때나 지금이나 주장한다.

7   Jocelyn Linnekin, "Defining Tradition: Variations on the Hawaiian Identity," *American Ethnologist* 10, 1983, pp.241~252.

8   Jocelyn Linnekin, *Children of the Land: Exchange and Status in a Hawaiian Community*, Rutgers University Press, 1985.

9   키싱의 인종차별적인 논문을 보라. Roger M. Keesing, "Creating the Past: Custom

and Identity in the Contemporary Pacific," *Contemporary Pacific* 1, 1989, pp.19~42. 또한 그에 대한 나의 반론도 보라. "Natives and Anthropologists: The Colonial Struggle," *Contemporary Pacific* 3, 1991, pp.111~117.

10   다음을 보라. Sahlins, *Islands of History*, University of Chicago Press, 1985, p.23; Kirch, *Feathered Gods and Fishhooks*, University of Hawaii Press, 1985. 그리고 그에 대한 비평도 보라. Cleghorn, *Journal of the Polynesian Society* 96, 1987, p.133. 종교적이고 학술적인 이 모든 문헌에 대한 비평으로는 다음을 보라. David Stannard, "Recounting the Fables of Savagery: Native Infanticide and the Functions of Political Myth," *Journal of American Studies*, 25, 1991, p.3, pp.381~418. 하울레 도착 이전에는 결핵이 없었다는 사실에 대해서는 다음을 보라. David Stannard, *Before the Horror: The Population of Hawaiian the Eve of Western Contact*, Social Science Research Institute, University of Hawaii, 1989, pp.77~78.

11   '책임 있는 관광을 위한 센터'와 '제3세계 관광에 대한 세계교회연합(ECTWT)'의 압박에 의해 조직된 것이다. 이 조직의 산하에는 All Africa Conference of Churches, Caribbean Conference of Churches, Christian of Asia, Consejo Latinoamericano de Iglesias, Federation of Asian Bishops Conference/ Office of Human Development, Middle East Council of Churches, Pacific Conference of Churches가 있다. 게다가 '관광에 대한 하와이 세계교회연합'과 같은 자매단체가 전 세계에 네트워크를 넓히고 있다. ECTWT가 발행하는 계간지에는 소녀 매매춘에서 원주민에 대한 강탈에 이르기까지 제3세계의 관광이 초래하는 여러 문제를 논한 기사가 게재된다. ECTWT의 주소는 P.O.Box24, Chorakhebua, Bangkok 10230, Thailand다.

12   Eleanor C. Nordyke, *The Peopling of Hawaii*, 2판, University of Hawaii Press, 1989, pp.134~172.

13   Meda Chesney-Lind, "Salient Factors in Hawaii's Crime Rate," University of Hawaii School of Social Work. 저자에게서 구해 볼 수 있다.

14   Nordyke, *The Peopling of Hawaii*, pp.134~172.

15   하와이 은행 연간 경제 보고서, 1984.

16   Kupa'a He'eia, 1990년 2월. 하와이의 주정부와 지방사무국은 수질과 지하수 고갈 문제에 대해 많은 토론을 벌였지만, 정작 리조트 건설 인허가가 문제가 될 때는 이 문제를 묵살하곤 했다.

17   *The Honolulu Advertiser*, 1990. 4. 8.

18   데이비드 스태너드가 웨스트 비치 재단에 맞서 증언한 내용. Land Use Commissions,

State of Hawaii, 1985. 1. 10.

19 하와이 주택토지국과의 전화 인터뷰, 1998. 3.

20 *Honolulu Star-Bulletin*, 1990. 5. 8.

21 하와이 은행 연간 경제 보고서, 1984. 1992년에는 가구당 주거비로 세대 총수입의
60퍼센트를 지출했다. 1984년 이후 10억 달러 이상의 일본인 투자와 다른 투기로 인해 주택
임대료와 구입비가 천정부지로 치솟았다.

22 주정부의 용역을 받아 홈리스 상태거나 홈리스에 가까운 집을 조사한 회사의 추정치다.
이런 증언이 주의회의 1990년 회기에 전달됐다.

23 주 편입 이후 하와이와 대규모 기업형 관광에 대한 분석으로는 다음의 책을 보라. Noel
Kent, *Hawaii: Islands Under the Influence*. 하와이의 외국인 투자에 대한 분석으로는
다음의 논문을 보라. "A Study of Foreign Investment and Its Impact on the State,"
Hawaii Real Estate Center, University of Hawaii, 1989.

24 Lilikala Kame'eleihiwa, *Native Land and Foreign Desires*, Bishop Museum Press,
1992, p.2.

25 Larry Kimura, "Native Hawaiian Culture," *Native Hawaiian Study Commission
Report*, 1권, pp.173~197.

2부

1 이에 대한 날카로운 논평으로는 다음을 보라. Ralph Steuber, "Twentieth-Century
Educational Reform in Hawaii," *Journal of the College of Education*, University of
Hawaii at Manoa, 20, 1981. 이 책은 이렇게 쓰고 있다. "하와이의 학교 교육은 독재적이지만,
태평양에서의 서구와 미국제국주의의 전체적 효과를 감안할 때 의미 있는 부분이다." 하와이
대학의 고용평등사무소에 따르면 1989년 기준으로 원주민 종신교수는 13명인 데 비해
백인 종신교수는 660명에 이른다. 이런 원주민의 과소 대표 현상은 지난 20년 동안 원주민
종신교수가 충원되지 않은 채 그대로 이어져왔다.

2 프란츠 파농은 식민 교육이 끼치는 영향에 대해 내게 많은 이야기를 들려주었다.
파농은 이렇게 썼다. "식민주의는 원주민을 장악하고 원주민의 두뇌에서 온갖 형식과 내용을
제거하는 데만 만족하지 않는다. 일종의 왜곡된 논리에 의해 식민주의는 피억압 민중의
과거를 왜곡하고 훼손하고 파괴한다. 이렇게 식민지 이전의 역사를 평가절하 하는 것은
오늘날 논리적 중요성을 지닌다." Frantz Fanon, *The Wretched of the Earth*, Grove Press,

1968, p.210; 프란츠 파농, 남경태 옮김, 《대지의 저주받은 사람들》, 그린비, 2010, p.239.

3   미국에서의 아메리칸인디언 학살을 히틀러가 어떻게 생각했는지에 대해서는 다음을
보라. John Toland, "red savage" in *Adolf Hitler*, Doubleday, 1976, p.702.

4   하우나니-카이 트라스크의 편지, "Caucasians are haole," Ka Leo o Hawaii, 1990. 9.
19., p.5.

5   하와이 대학 철학부 교수들이 쓴 "A statement on Racism in Academe,"
Restructuring for Ethnic Peace: A Public Debate at the University of Hawaii, Majid
Tehranian 편집, University of Hawaii Institute of Peace, 1991, pp.180~181. 이 글은
하와이 대학 학생신문에 처음 실렸다. *Ka Leo o Hawaii*, 1990년 10월 26일.

6   앨버트 J. 사이먼 총장의 편지(1990년 11월 2일). *Restructuring for Ethnic Peace*, p.174.

7   하와이 대학 교직원조합 명의의 결의안. *Restructuring for Ethnic Peace*, p.174 참조.

8   다음을 보라. *Restructuring for Ethnic Peace*, p.180.

9   다음을 보라. *Restructuring for Ethnic Peace*, p.19.

3부
———

1   *Universal Declaration of Human Rights*(유엔 총회에서 채택, 1948년 12월 10일).
International Covenant on Civil and Political Rights(유엔 총회에서 채택, 1966년 12월 16일).
International Covenant on Economic, Social, and Cultural Rights(유엔 총회에서 채택,
1966년 12월 16일). *American Convention on Human Rights*. O. A. S. Treaty Series No.
36, 1144 U. N. T. S. 123(1978년 7월 18일).

2   15조 1항, *Universal Declaration of Human Rights*. 20조 1항, *American
Convention on Human Rights*.

3   15조 2항, *Universal Declaration of Human Rights*. 20조 3항, *American
Convention on Human Rights*.

4   21조 1항, *Universal Declaration of Human Rights*.

5   21조 3항, *Universal Declaration of Human Rights*.

6   1조, *International Covenant on Civil and Political Rights*. 1조, *International
Covenant on Economic, Social, and Cultural Rights*.

7   내가 '원주민(Native)'이라는 단어의 첫 자에 대문자를 사용하는 것은 서양인과 원주민 사이의 정치적 거리를 강조하고 싶기 때문이다. 동시에 이 단어에 빛을 비추어 지시의 대상을 명확하게 하려는 의도도 있다. 하와이 원주민은 일반적으로 자신을 '하와이안(Hawaiians)'이라고 칭한다. 그러나 주권회복운동 이후 '우리는 원주민(Natives)이고 하와이에 온 이민자(immigrants)가 아니'라는 의식이 대문자화된 'Natives'로 모아지면서 그 의미가 더 커지게 됐다. 하와이의 이민 역사가 원주민의 희생을 대가로 주목받고 과장되었기 때문에 특히 그렇다. '우리는 모두 이민자'라는 주장을 반복해서 펼치는 것은 미국인의 상투적 수단으로, 내가 'Natives'를 사용하는 것은 이 주장에 저항하기 위한 수단인 셈이다. 대문자 'N'은 '이주민이 아닌 자도 하와이에는 있다'는 점을 독자에게 상기시킬 수 있을 것이다. 지금까지 기술한 것처럼 'Natives'라는 말은 몇 가지 차원에서 정치적 의미를 지닌다. 우선 '우리는 하와이의 원주민이고, 고로 미국인이 아니'라는 지리적 차원에서 정치적이고, '우리는 서양인도 동양인도 아닌 태평양의 원주민'이라는 이데올로기적 차원에서 정치적이며, '우리는 하와이로 온 신참 이민자가 아닌, 태어난 고향에 계속해서 살고 대지를 가장 아끼는 문화를 키워온 고대로부터의 민족'이라는 문화적 차원에서 정치적이다.

8   원주민의 '문화적 민족주의'에 대해서는 다음을 보라. Donna Awatere, *Maori Sovereignty*, Broadsheet, 1984; Amilcar Cabral, *Return to the Source: Selected Speeches of Amilcar Cabral*, Monthly Review Press, 1973; Vine Deloria, Jr., *God is Red*, Dell, 1973; Russel Means, "Fighting Words on the Future of the Earth," *Mother Jones*, 1980년 12월; Ngugi Wa Thiong'o, *Decolonizing the Mind*, Heinemann, 1986. 응구기 와 티옹오, 박혜경 옮김,《마음의 탈식민지화》, 수밀원, 2007.

9   하와이와 아오테아로아(뉴질랜드)에서의 언어 복원의 중요성에 대한 사례로는 다음을 보라. Larry Kimura, "Native Hawaiian Culture," *Native Hawaiian Study Commission Report*, Department of the Interior, 1983, 1권 pp.173~197; Donna Awatere, *Maori Sovereignty*, pp.92~108. 원주민 언어의 사용과 탈식민화의 연관성에 대한 사려 깊은 탐색으로는 다음을 보라. Ngugi Wa Thiong'o, *Decolonizing the Mind*.

10   리네킨의 다음 글을 보라. Jocelyn Linnekin, "Defining Tradition: Variations on the Hawaiian Identity," *American Ethnologist* 10, 1983, pp.241~252. 같은 저자의 다른 책도 보라. *Children of the Land: Exchange and Status in a Hawaiian Community*, Rutgers University Press, 1985. 리네킨에 대해 내가 쓴 비평도 있다. The Hawaiian Journal of History 20, 1986, pp.232~235. 태평양에서의 거의 모든 문화적 부흥에 대한 광범위한 비난으로는, 특히 키싱의 인종차별적인 논문을 보라. Roger M. Keesing, "Creating the Past: Custom and Identity in the Contemporary Pacific," *Contemporary Pacific* 1, 1989, pp.19~42. 또한 그에 대한 내 반론도 보라. "Natives and Anthropologists: The Colonial Struggle," *Contemporary Pacific 3*, 1991, pp.111~117. 관광이 원주민 문화를 장려한다는

관광산업의 선전 사례로는 다음을 보라. A. A. Smyser, "Hawaiian Problems," *Honolulu Star-Bulletin*, 1972년 6월 30일.

11　연방정부가 원주민을 어떻게 정의하는지에 대해서는 다음을 보라. *Federal-State Task Force Report on the Hawaiian Homes Commission Act*, Federal-State Task Force, 1983.

12　다음을 보라. Peter Hayes, Lyuba Zarsky, and Walden Bello, *American Lake: Nuclear Peril in the Pacific*, Penguin Books, 1986, pp.337~357.

13　*American Lake*, p.337.

14　다음을 보라. *Pacific News Bulletin*, pacific Concerns Resources Center, Australia 3, 1988, p.2,4,8.

15　다음을 보라. Henningham, "keeping the Tricolor Flying: The French Pacific into the 1990s," *Contemporary Pacific* 1(1&2), 1989, pp.97~132. 다음도 보라. *Pacific Islands Monthly*, 1988년, 1989년 6월, 1989년 7, 10월. *Pacific News Bulletin* 3, 1988, p.3.

16　Henningham, "keeping the Tricolor Flying." 그리고 *Pacific News Bulletin* 4, 1989, p.11. 다음도 보라. David Robie, *Blood on Their Banner: Nationalist Struggles in the South Pacific*, Zed Books, 1989.

17　다음을 보라. *Pacific Islands Monthly*, 1998년 3월. *Pacific News Bulletin* 2, 1987, p.2,3, 1988, p.4,6,8.

18　미국의 팽창주의적 외교 정책과 (아메리칸인디언에서 아시아-태평양 지역 원주민에 이르기까지의) 점령에 대해서는 다음을 보라. Richard Drinnon, *Facing West: The Metaphysics of Empire-Building and Indian Hating*, University of Minnesota Press, 1980.

19　'전략적 거부권'에 대해서는 다음을 보라. John Dorrance, *Oceania and the United States: An Analysis of U. S. Interests and Policy in the South Pacific*, The National Defense University, Monograph Series No. 80-86, U. S. Government Printing Office, 1980. 이에 대한 비판으로는 다음을 보라. James Anthony, "Great Power Involvement in Oceania: Implications for, and Appropriate Response from, Pacific Island Microstates," United Nations University's Project on Militarization in the Pacific, 1985.

20　"Sovereignty and Independence in the Contemporary Pacific," *Contemporary Pacific* 1(1&2), 1989, pp.79~83.

4부

1 하와이의 주 편입 이전 시대에 대한 자세한 분석으로는 다음을 보라. Noel Kent, *Hawaii: Islands Under the Influence*, Monthly Review Press, 1983.

2 식민주의의 맥락에서 하와이원주민운동을 상술한 내 논문을 보라. "Hawai'i: Colonization and De-Colonization," in Antony Hooper, editor, *Class and Culture in the South Pacific*, University of the South Pacific, 1987; Haunani-Kay Trask, "The Birth of the Modern Hawaiian Movement: Kalama Valley, O'ahu," in Hawaiian Journal of History 21, 1987, pp.126~153. 선교사를 조상으로 둔 대토지 소유자와 리조트 및 상업 개발의 관계에 관해서는 다음을 보라. George Cooper and Gavan Daws, *Land and Power in Hawai'i*, Benchmark Books, 1986.

3 20세기 하와이 정치의 맥락에서 군의 토지 소유에 대한 논문으로는 다음을 보라. Ian Lind, "Ring of Steel: Notes on the Militarization of Hawaii," *Social Process in Hawaii* 31, 1984, pp.25~48.

4 하와이 주택 신탁 토지의 여러 문제와 해결책에 대해 초기 단계에서 답신한 것으로 *Report of the Federal-State Task Force on the Hawaiian Homes Commission Act*를 참조하라. 보고서는 신탁 토지의 불법 사용, 부정 취득, 뒷거래에 따른 임대에 대한 정밀한 조사에 근거해 쓰였다. 보고서는 또한 침범된 신탁 권익을 주와 연방 양쪽 법정에 제소할 권리 등도 포함한 다양한 제언을 한다. 하와이 주의 자문위원회와 연방의 시민권조사위원회가 실시한 하와이 주택에 대한 최신 보고서로는 다음을 보라. *A Broken Trust, The Hawaiian Homelands Program: Seventy Years of Failure of the State and Federal Governments to Protect the Civil Rights of Native Hawaiians*, 1991. 12. 대기자 목록은 하와이 주의 하와이주택신탁토지국에서 구해 볼 수 있다.

5 보상과 하와이 주택 신탁 토지의 부정 사용이라는 문제를 둘러싸고 10년간 활발한 정치 활동을 편 결과, 대통령 직할의 위원회가 설립됐다. 1983년 하와이원주민조사위원회는 보고서와 소수 의견자 보고서를 제출했다. 우연이지만 하와이주택조사위원회법에 대한 연방·주합동전문위원회도 같은 해에 보고서를 제출했다. 양 위원회의 보고서는 풍부한 배경 자료를 사용하여 앞의 두 건의 문제를 다룬다.

6 지열발전 계획과 웨스트비치 개발에 대한 하와이원주민사무국의 지원 방침은 하와이 원주민 사이에서뿐 아니라 하와이원주민사무국 이사회 내부에서도 아직도 논쟁 중이다. 어느 쪽 프로젝트도 이사회에 의한 만장일치의 지지를 얻지 못하고 있다.

7 나 마카 오 카 아이나(Nā Maka o Ka'Āina)가 카 라후이를 위해 제작한 비디오 〈민족의 얼굴(*Faces of the Nation*)〉은 카 라후이 탄생의 경위와 기구를 설명한다. 자세한 내용은

〈카 라후이 하와이이(*Ka Lāhui Hawai'i*)〉라는 소책자에 담겨 있다. 이 소책자는 하와이 주 호놀룰루 시에 있는 하와이 대학의 하와이연구센터에서 구할 수 있다.

8   다음의 소책자에서 인용했다. 〈카 라후이 하와이이〉, p.2.

9   *Honolulu Star-Bulletin*, 1988. 8. 22.

10   〈하와이 원주민의 권리에 대한 청사진(Blueprint for Native Hawaiian Entitlements)〉, 1989년 9월. 호놀룰루에 있는 하와이원주민사무국에서 구해 볼 수 있다.

11   *Ho'okupu a Ka Lahui Hawaii-Ka Lahui Master Plan*.

12   *A Broken Trust, The Hawaiian Homelands Program*.

13   Public Law 103-150, 103rd Cong., S.J. Res. 19, 1993. 11. 23.

14   Hawaii State Legislature, House Bill 2340, *The Native Hawaiian Autonomy Act*, 1998.

해제

1   주강현, 《적도의 침묵》, 김영사, 2007.

2   "*The Explorations of Captain James Cook in the Pacific: As told by selections of his own journals 1768~1779*", Dover Book, New York, 1971.

3   시드니 민츠, 김문호 역, 《설탕과 권력(Sweetness and Power)》, 지호, 1998.

4   Stephen Kinzer, "*Overthrow: America's Century of Regime Change from Hawaii to Iraq*", H. B. Fenn and Company Ltd, 2003.

5   www.sovereignstories.org/article/trask-native daughter.htm

6   Haunani-Kay Trask, "*From a Native Daughter - Colonialism and Sovereignty in Hawaii*", Univ. Hawaii Press, Honolulu, 1999.

7   Chief Seattle, "*How Can One Sell The Air?*", Native Voices, Tennessee, 2005.

8   시애틀, 〈문명세계에 보낸 편지〉, 《죽음의 문화》, 일과 놀이, 1984.

9   놈 촘스키 외, 데이비드 바사미언 엮음, 강주헌 옮김, 《시대의 양심 20인 세상의 진실을 말하다》, 시대의 창, 2010.